내란재판
몰아보기

내란재판
몰아보기

12·3 내란 1심 재판

이호준, 신현욱, 이화진
지음

북콤마

계엄이 선포된 겨울, 대부분의 날을

기억은 힘이 세다. 정확하게 기억해야 반복될 수 있는 불행을 막을 수 있다. 정확한 기억을 위해 기록이 필요하다. 기록은 잊히는 머릿속 기억을 잡을 수 있다. 일주일 단위로 연재한 '피고인 윤석열'을 제안한 것도, 내란 1심이 마무리되는 시점에 출간을 기획한 것도 정확한 기억을 위한 기록 작업 가운데 하나다.

'12.3 비상계엄' 선포 당일부터 탄핵 심판, 내란 혐의 재판을 법조 취재 기자로서 지켜봤다. 400일이 넘는 기간 동안 법적 절차는 작동했다. 헌법에 따라 비상계엄을 선포한 대통령이 파면됐고, 형사소송절차에 따라 1년 가까이 재판이 진행되면서 "'12.3 비상계엄'은 내란"이라는 공통의 판단이 나왔다.

법원은 사회 갈등이 해결되는 마지막 터전이다. 우리가 여기서 나온 다양한 주장과 사실 그리고 판단을 기억해야, 민의의 전당에 군과 경찰이 들어간 역사를 반복할지 아니면 봉인할지 결정하고 나아갈 수 있다.

'12.3 비상계엄'에 대해 서 있는 위치와 살아온 배경에 따라 보고 느끼는 바가 다를 수 있다. 그래서 이 책은 각자 읽으면서 생각하고 정리할 수 있게 의견 대신 법정에 나온 객관적 사실을 최대한 전하고자 노력했다. 마지막으로 한 권의 책이 나오기까지 옆에서 응원을 아끼지 않은 아내와 아이, 양가 어른들에게 감사 인사를 올린다. **_이호준**

계엄이 선포된 겨울, 대부분의 날을 한남동 대통령 관저 앞에서 보냈습니다. 손발을 녹여가며 꿈쩍 않던 대통령을 기다리던 시간을 지나, 현장은 국회 앞으로 옮겨갔습니다. 응원봉을 든 시민들은 무리에 끼지도, 떠나지도 못하고 멀찍이 서 있던 제게 커피와 핫팩을 건넸습니다.

헌법재판소의 파면 결정과 특검 수사를 거치며 계엄의 실체가 낱낱이 드러났습니다. 계엄이 관심에서 멀어지던 때, 중앙지법 417호 대법정은 어느 곳보다도 조용하지만 치열한 '현장'이 되었습니다. '모든 책임은 내가 진다'던 대통령은 없었습니다. 자신의 명령을 수행한 부하들에게 '사실은 네 판단이 아니었는지', '강압은 없지 않았는지' 집요하게 따져 물었습니다.

참회의 눈물을 흘린 건 피고인이 아닌 그의 부하들이었습니다. 계엄의 밤 똑똑히 보고 들은 장면과 목소리만큼은 지켜내려는 증인들의 의지, '책임은 내게 있으니 부하들은 지켜달라'는 지휘관의 떨리는 목소리가 법정을 채웠습니다. 비극적인 역사를 반복하지 않기 위해, 계엄에 연루된 하급자들을 단죄하는 일만큼이나 이들의 목소리를 기억하는 일이 중요하다 생각했습니다.

다시 찾아온 겨울, '무기징역'이라는 판단과 함께 내란 재판 1심이 일단락됐습니다. 방대한 재판 기록을 톺아보며 깜빡이는 커서를 노려보던 시간이 길었습니다. 혼자서는 완주할 수 없었던 장정이었습니다. 겁 많은 제가 이 기록을 세상에 내놓을 수 있도록 격려해주신, 존경하는 KBS 법조팀 선후배 동료들께 감사의 마음을 전합니다. _**신현욱**

계엄 날, 부끄럽지만 한국에 없었습니다. 공교롭게도 특파원으로 유럽에 있던 24년과 25년은, 기자로서 현장을 지키지 못한 송구함과 대한민국 공동체에 대한 부채감으로 괴로웠습니다. 대신 유럽 곳곳에서 동시에 울렸던 규탄 집회부터, 대통령 탄핵과 재외국민선거로 이어진 극복과 희망의 열기까지 꼼꼼히 기록하려 노력했습니다. 해외 취재원들뿐 아니라 발이 닿았던 길거리마다 들려주던 한국 사회에 대한 우려와 감탄까지도, 모두 기억하려 눈을 크게 떴습니다.

귀국 후 다시 법조팀으로 돌아왔을 때는, 복잡한 안도감이 들었습니다. 끝없이 쌓이던 특검 수사와 내란 재판에 압도됐지만, 다행히 아직 기록할 현장이 남아 있고 이를 공동체에 전달할 수 있다는 뜨거운 성실함을 스스로 마주했기 때문입니다. 좁은 법원 기자실에 동료들과 어깨를 맞대고 앉아 기사를 쓸 때는 설명할 수 없는 유대감과 동지애가 들었습니다. 몸담은 언론사는 달라도, 모두가 눈을 크게 뜨고 있었습니다.

내란 재판은 마치 마라톤과 같아서, 숨이 가빠도 멈출 수 없고 주변을 돌아봐야 하고 지치지 말아야 합니다. 계엄을 둘러싼 진실은 주요 피고인이 아닌 증인의 진술 한마디와 작은 증거로도 새롭게 밝혀지기 때문입니다. 내란 피고인이어도 때로 억울하기도 하고, 자신의 무죄를 주장하기 위해 다양한 소명과 방어 전략을 고려합니다. 변론이 모두 끝나고 구형과 선고만 남은 것 같던 재판도, 갑자기 다시 변론의 장이 되거나 지연되기도 합니다. 마치 한자의 갈지자를 그리는 것처럼 지난하지만, 결승선을 앞에 둔 마라톤처럼 뒤돌아보면 뚜렷한 궤적이 남아 있고 그걸 기록하는 걸 업으로 생각했습니다.

책을 쓰는 건 처음입니다. 이야기꾼이 되고픈 꿈은 오래됐습니다. 내란 재판을 엮는 일은 건조해 보이지만, 이야기꾼이 아니면 엄두가 안 날 방대한 사초였습니다. 부끄러운 용기입니다. _이화진

차례

일러두기

1. 내란 혐의 재판에 대한 기록은 KBS 구성원이 작성한 자체 속기록과 서울법원종합청사(서울중앙지법과 서울고법 등)에 출입하는 법원 기자단에서 운영하는 속기록을 참고했다.

2. 법정 내 발언은 최대한 원문 그대로 살리되, 가독성을 위해 의미를 해치지 않는 선에서 최소한으로 정리했다.

3. 내란 혐의 1심 재판의 선고 내용은 생중계와 해당 재판 판결문에 기반했다. 즉 윤 전 대통령의 내란우두머리 혐의 재판(2025고합129), 윤 전 대통령의 체포방해 혐의 재판(2025고합1010), 한덕수 전 총리의 내란중요임무종사 혐의 재판(2025고합1219), 이상민 전 장관의 내란중요임무종사 혐의 재판(2025고합1172) 등을 참고했다.

4. KBS '피고인 윤석열' 연재 보도 내용을 바탕으로 내란 혐의 재판 내용을 기록했다.

내란 재판 시작

체포와 구속, 구속 취소

비상계엄이 선포되고 다음 날인 2024년 12월 4일 김용현 국방부 장관이 장관직에서 물러났다. 12월 5일 그의 충암고 1년 후배인 윤석열 대통령이 면직안을 재가했다.

12월 8일 새벽 1시 30분 김장관은 검찰에 자진 출두했다. 검찰은 조사하던 중 그를 긴급 체포했다. 검찰 조사에서 그는 위헌적 내용이 담긴 포고령을 자신이 작성하고 대통령과 상의했으며 위법성은 없다고 진술한 것으로 전해졌다.

12월 9일 검찰 '비상계엄 특별수사본부'는 김장관에 대해 내란중요임무종사 및 직권남용 혐의로 구속영장을 청구했다. 구속영장에는 그가 윤대통령, 박안수 육군참모총장 등과 공모해 국헌문란의 목적으로 폭동을 일으킨 혐의가 있다고 적혀 있었다.

비상계엄 선포 약 1시간 만에 시민 집결

2024년 12월 3일 밤 국회의사당 본관 앞에서 계엄군의 진입을 막아선 시민들의 모습.
사진 KBS 뉴스 화면 캡처

김용현 장관 구속

12월 10일 오후 3시 서울중앙지방법원 남천규 영장전담 부장판사는 김장관의 영장실질심사를 진행할 예정이었다. 김장관이 심사를 포기해 그의 변호인도 나오지 않았다. 심사가 진행되는 동안 고위공직자범죄수사처(공수처)도 김장관에 대한 구속영장을 청구했다. 공수처는 검찰의 구속영장이 기각될 경우에 대비해 예비적으로 청구한 것이라고 설명했다.

같은 날 밤 남천규 부장판사는 "증거를 인멸할 염려가 있다"며 김장관에 대한 구속영장을 발부했다. 비상계엄 사태가 일어난 지 일주일 만이다. 비상계엄과 관련해 첫 구속 사례이자 법원의 첫 판단이었다.

경찰 수뇌부 구속

12월 12일 오후 경찰 '비상계엄 특별수사단'은 경찰 조직의 1인자 조지호 경찰청장과 2인자 김봉식 서울경찰청장에 대해 내란중요임무종사 혐의로 구속영장을 신청했다. 특별수사단은 "국회 발언과 달리, 비상계엄 발령 수 시간 전에 윤석열 대통령과 김용현 전 장관을 만나 비상계엄 관련 내용을 들었던 것이 확인됐다"고 설명했다.

조청장과 김청장은 비상계엄 당일 저녁 7시, 서울 종로구에 있는 대통령 안가에서 윤대통령을 만나 '장악 기관' 등이 적힌 A4 문서를 받았다. 또 그들은 계엄 당일 국회 출입 통제에 관여한 혐의도 받는다.

12월 13일 서울중앙지법 남천규 영장전담 부장판사는 두 청장에 대한 영장실질심사를 진행한 뒤 "증거를 인멸할 염려가 있다"며 구속영장을 발부했다. 김청장은 12월 27일 경찰에 의해 직위 해제되고, 조청장은 그해 12월 12일 이미 국회에서 탄핵 소추된 터라 청장직이 유지됐다.

12월 13일, 새로 선임된 김용현 전 장관 변호인은 "대통령의 비상계엄 선포 자체를 '내란'이라고 주장하고 수사하고 재판하려는 시도 자체가 바로 국헌을 문란하게 하는 '내란'이다"는 내용의 입장문을 냈다. 그들은 비상계엄 선포는 대통령만이 판단할 수 있는 통치행위라 사법 판단의 대상이 될 수 없다고 주장했다.

계엄군 수뇌부, 줄줄이 구속

12월 14일 서울 용산에 있는 중앙지역군사법원은 내란중요임무종사 혐의를 받는 여인형 방첩사령관에 대해 영장실질심사를 거쳐 구속영장을 발부했다. 계엄 당시 국회와 중앙선거관리위원회에 방첩사 요원들을 보내고, 여야 대표 등 주요 인사 14명에 대한 체포조를 운영하고, 선관위 서버를 영장 없이 확보하라고 지시한 혐의다. 여사령관은 윤대통령, 김용현 전 장관과 같은 충암고 출신으로 계엄 사태와 관련해 현역 군인 중 구속된 첫 인물이다. 그날 국회는 윤대통령에 대한 탄핵소추안을 통과시켰다.

12월 16일 같은 법원에서 곽종근 특전사령관과 이진우 수방사령관도 내란중요임무종사 혐의로 영장실질심사를 진행하고 구속영장을 발부했다. 곽사령관은 계엄 당시 국회에 707특임단 등 휘하 부대를 투입한 혐의, 이사령관은 수방사 예하 군사경찰단과 1경비단을 투입한 혐의다.

12월 17일에는 계엄사령관을 맡았던 박안수 육군참모총장이, 12월 20일에는 김용현 전 장관 및 노상원 전 정보사령관 등과 계엄을 사전에 모의한 혐의를 받는 문상호 정보사령관이 구속됐다. 12월 18일, 민간인 신분으로 김장관 등과 계엄을 사전 모의하고 계엄사 합동수사본부 산하에 '제2수사단' 설치를 추진한 혐의를 받는 노상원 전 사령관도 서울중앙지법에서 구속영장이 발부됐다. 군사법원법에 따르면 현역 군인들에 대한 재판 권한은 군사법원에 있다. 경찰과 검찰 등이 내란 혐의와 관련해 수사한 뒤 기소하면 재판은 중앙지역군사법원에서 진행된다.

김용현 장관 및 군 수뇌부 구속 기소

12월 27일 검찰 비상계엄 특별수사본부는 김용현 전 장관을 내란 중요임무종사와 직권남용 혐의로 기소했다. 비상계엄이 선포된 지 24일 만으로 내란 사건 주요 피의자 중 처음으로 기소된 사례다. 국회를 봉쇄하고 계엄 해제 의결을 방해하기 위해 수방사와 특전사 병력 등을 투입한 혐의다. 공소장엔 계엄 당시 윤대통령이 군 수뇌부에게 전화를 걸어 "본회의장에 가서 4명이 1명씩 들쳐 업고 나오라", "총을 쏴서라도 문을 부수고 끌어내라"고 지시하고, 국회에서 '비상계엄 해제요구 결의안'이 가결된 뒤에도 "내가 두 번, 세 번 계엄령을 선포하면 되는 거니까 계속 진행해"라고 말한 상황이 자세히 기재됐다.

이어서 검찰은 12월 31일 여인형과 이진우 사령관을, 2025년 1월 3일 박안수 총장과 곽종근 사령관을, 1월 6일 문상호 사령관을, 1월 10일 노상원 전 사령관을 같은 혐의로 재판에 넘겼다.

서울중앙지법 형사합의25부에 배당

12월 30일 법원은 김용현 전 장관의 내란중요임무종사 혐의 등 사건을 서울중앙지법 형사합의25부(재판장 지귀연)에 배당했다. 해를 넘긴 2025년 1월 9일, 전날 구속 기소된 조지호·김봉식 청장 등 경찰 수뇌부의 내란중요임무종사 혐의 사건도 같은 재판부에 배당했다. 법원은 관련 사건이 접수된 경우 먼저 배당된 사건을 담당하는 재판부에 배정할 수 있다는 대법원 예규에 따라 사건을 배당했다고 설명했다.

1월 13일 서울중앙지법은 노상원 전 사령관의 내란중요임무종사 혐의 사건도 같은 재판부에 배당했다. 이후 김용군 예비역 대령(국방부 조사본부 수사본부장 출신)의 내란중요임무종사 혐의 사건도 같은 재판부에 배당했다. 노씨의 지시를 받고 제2수사단 설치 모의와 선관위 직원 체포 시도에 가담한 혐의를 받는 김씨는 앞서 검찰에 의해 지난 2024년 12월 21일 구속되어 1월 15일 기소됐다. 그로써 비상계엄에 연루돼 조사받은 주요 구속 피의자들(검찰 특수본 구속 기소 총 10명)은 모두 재판에 넘겨지게 됐다.

한편 1월 13일 김장관은 법원에 보석을 청구했다. 김장관 측은 "(윤 대통령에 대한) 탄핵 사유에서 내란죄가 제외됐다면 내란죄 그 자체의 증명을 탄핵소추 주체인 국회가 포기한 것이다"면서 "김 전 장관의 재판에서 중대한 사정 변경이며 명백한 보석 사유에 해당한다"고 주장했다.

현직 대통령 체포영장

2024년 12월 30일 새벽 0시, 공수처와 경찰 등으로 구성된 공조수사본부는 서울서부지법에 내란우두머리 및 직권남용 혐의를 받는 윤 대통령에 대한 체포영장을 청구했다. 현직 대통령에 대한 수사기관의 체포영장 청구는 헌정 사상 처음이다.

공조수사본부는 12월 18일, 25일, 29일 3차례에 걸쳐 소환 조사를 받으라고 통보했으나 그는 '공수처 수사가 적법하지 않다'며 응하지 않았다. 공수처는 관저가 서울 용산에 위치한 점 등을 고려해 서울중앙지법이 아니라 서울서부지법에 청구했다고 설명했다. 공수처법에 따르면, 공수처 검사가 기소하는 고위 공직자 범죄 사건의 1심은 서울중앙지법이 관할하지만, 범죄지와 증거 소재지, 피고인의 특별한 사정 등을 고려해 관할 법원에 기소할 수 있다고 돼 있다.

다음 날인 12월 31일 오전 9시 30분, 서울서부지법 이순형 영장전담 부장판사는 그에 대한 체포영장을 발부했다. 수색영장도 같이 발부했다. 체포영장을 청구한 지 33시간여 만이다. 공수처는 법원에서 발부한 체포영장에는 '내란우두머리 혐의'가 적시돼 있다고 설명했다. 법원은 영장 발부 사유로 "정당한 이유 없이 수사기관의 출석 요구에 응하지 않았고, 또 앞으로 응하지 않을 우려가 있다"는 점, "죄를 범했다고 의심할 만한 상당한 이유가 있다"는 점을 들었다. 발부된 첫 체포영장의 유효기간은 2025년 1월 6일까지였다.

체포된 현직 대통령

2025년 1월 15일 공수처는 두 번째 시도 끝에 조사에 응하지 않고 용산 대통령 관저에서 버티는 윤대통령을 체포했다. 앞서 1월 3일 공수처와 경찰 등 수사 인력들은 체포영장 집행을 시도했지만 실패했다. 이후 공수처가 체포영장을 다시 청구해 발부받았다. 1월 15일 다시 경찰 1천여 명을 동원한 수사 인력이 1차 집행 때처럼 차벽과 철조망을 뚫고 관저로 들어갔다. 하지만 예상과 달리 대통령경호처는 수사기관 인력과 크게 대치하지 않았다. 공수처는 관저로 들어간 지 3시간 만에 윤대통령을 체포하고, 경기 과천에 있는 공수처로 이송한 뒤 조사에 들어갔다.

체포에 순순히 응한 윤대통령, 하지만 조사에 협조하지는 않았다. 전·현직 대통령들이 퇴임 후 검찰 등 수사기관의 조사를 받을 때 진술을 거부한 사례는 없었으나 그는 공수처 수사 자체가 위법하다며 진술

2025년 1월 3일 공수처의 1차 체포영장 집행. **사진** KBS 뉴스 화면 캡처

2025년 1월 15일 공수처의 체포영장 2차 집행 당시 한남동 대통령 관저의 진입로 모습.

사진 KBS 뉴스 화면 캡처

을 거부했다. 또 같은 날 공수처의 '불법 체포영장'을 주장하며 서울중앙지법에 체포적부심사를 청구했다. 다음 날인 1월 16일 서울중앙지법 형사32단독 소준섭 판사는 2시간 동안 체포적부심사를 진행한 뒤 청구를 기각했다.

김용현 장관 1차 공판준비기일

1월 16일, 헌법재판소에선 윤대통령에 대한 탄핵심판이 진행되고 서울중앙지법 417호 대법정에선 '내란 재판'이 시작됐다. 형사합의25부 재판장인 지귀연 부장판사는 이재용 삼성전자 회장의 부당 합병 의혹, 서해 피격 공무원 은폐 의혹 등의 사건을 맡아온 법관이다.

가장 먼저 피고인석에 앉은 이는 내란중요임무종사 등 혐의로 구속기소된 김용현 전 장관이었다. 출석 의무가 없는 공판준비기일이지만 그는 법정에 직접 나왔다. 진한 회색 정장 차림에 마스크를 쓴 채 출석한 그는 가족들이 지켜보는 가운데 두 손을 모으고 재판에 임했다.

김장관 측은 비상계엄 선포가 헌법 제77조 1항에 따른 대통령의 고유 권한이라 사법 심사의 대상이 되지 않는다고 주장했다. 계엄이라는 대통령의 헌법적 권리는 "검사가 옳고 그름을 판단할 수 없고, 사법부에도 심판 권한이 없다"고 말했다. 법원이 계엄의 옳고 그름을 판단하면 되레 "법관들이 정치 행위를 하는 결과가 생긴다"고 주장했다. 또 검찰에는 이 사건에 대한 수사권이 없다며, 공소기각을 결정해달라고 재판부에 요청했다.

반면 검찰 측은 "비상계엄 확대 행위가 범죄일 경우 사법 심사의 대상이 된다는 게 대법원의 확고한 태도"라고 맞섰다. 1997년 4월 대법원 전원합의체는 12·12 군사반란 관련 판결에서 국헌문란을 달성하기 위한 비상계엄은 사법 판단의 대상이라는 취지로 판시했다. 또 검찰은 "구속심사 과정에서 이미 검찰의 수사 개시 권한이 인정됐으므로, 이 사건의 수사 개시와 진행 권한에는 의문의 여지가 없다"고도 반박했다.

재판부는 "법원에 오면 작은 사건이든 큰 사건이든 다 똑같다"며 "재판은 공정할 것"이라고 당부했다.

현직 대통령 구속

1월 17일 공수처는 서울서부지법에 내란우두머리 및 직권남용 혐의로 윤대통령에 대해 구속영장을 청구했다. 비상계엄이 선포된 지 45일 만이자 그가 체포된 지 이틀 만이다. 현직 대통령에 대한 구속영장 청구는 헌정 사상 처음이다.

1월 18일 그는 자신의 영장실질심사에 출석했다. 당초 출석하지 않을 예정이었으나 자신의 명예를 회복하겠다며 직접 법원으로 나간 것. 경찰이 교통 통제를 한 덕에 그는 경기도 의왕에 있는 서울구치소에서 서울 공덕동의 서울서부지방법원까지 30분 만에 도착했다. 하지만 그가 탄 차량은 대통령 경호 차량이 아니라 법무부 호송 차량이었다. 수감된 이상 대통령 경호권보다 교도관 감독권이 우선됐다.

그가 탄 호송 차량은 서울서부지법 1층 로비 앞에서 대기하던 취재진을 그냥 지나쳐 바로 법원 지하주차장으로 들어갔다. 대기하던 취재진들은 그의 모습을 담거나 계엄 등과 관련해 질문할 수 없었다.

현직 대통령으로 구치소 수용자 신분이 된 그는 체포됐던 당시 그대로 정장 차림이었다. 심사를 맡은 담당 법관의 맞은편, 법정 중앙 피의자석에 혼자 앉았다. 법정에선 '피의자'로 불렸다. 심사는 오후 2시부터 오후 6시 50분까지 4시간 50분간 진행됐다. 공수처 검사는 6명, 변호인단은 8명 참석했다.

공수처 검사들은 오후 2시 15분부터 70분간 발언하며 구속 필요성을 강조했다. 내란 혐의를 소명하며 범죄의 중대성에 방점을 찍었다. 이후 변호인단은 오후 3시 20분부터 70분간 공수처의 주장을 반박했다. 윤 대통령은 오후 4시 35분부터 40분간 비상계엄을 선포한 이유 등을 설명하고 심문이 끝나기 5분 전에 최종 발언을 더 했다.

당시 토요일 당직 법관인 차은경 부장판사가 심사 막바지에 그에게 "비상입법기구가 구체적으로 무엇이냐? 계엄 선포 이후 비상입법기구를 창설할 의도가 있었냐?"고 물었다. 그는 "(쪽지는) 김용현이 쓴 것인지, 내가 쓴 것인지 기억이 가물가물하다"고 답했다. 다음 날 새벽

2시 53분 담당 법관은 "피의자가 증거를 인멸할 염려가 있다"며 구속 영장을 발부했다.

서울서부지법 사태

1월 19일 새벽 3시 윤대통령은 현직 대통령 신분으로 구속되어 서울구치소에 수감됐다. 현직 대통령 구속은 헌정 사상 초유의 일이다. 전두환, 박근혜 전 대통령 등처럼 구속된 전직 대통령들은 있었으나 대통령 재직 중에 구속된 건 그가 처음이다. 박대통령도 '국정 농단' 사태 당시 헌법재판소의 파면 선고 전에는 불소추 특권을 고리로 수사와 기소를 피하고 파면된 다음에야 구속 기소됐다. 하지만 윤대통령은 비상계엄 선포로 인해 내란 혐의가 적용돼 불소추 특권에서 제외됐다. 대통령이라도 내란과 외환 혐의에 대해선 불소추 특권이 적용되지 않기 때문이다.

구속이 결정된 직후 역시 전례 없던 일이 발생했다. 윤대통령 지지자들이 구속영장 발부 소식을 듣고 법원을 습격한 것. '서울서부지법 사태' 조짐은 영장실질심사가 끝났을 무렵 포착됐다. 1월 18일 저녁 8시, 심사가 끝나고 서울서부지법을 빠져나가는 공수처의 차량을 지지자들이 에워싸고 훼손했다. 차량 타이어의 바람이 빠지고 앞 유리창과 문손잡이 등이 부서졌다.

1월 19일 새벽 3시 7분, 서울서부지법 앞에 몰려 있던, 윤대통령을 지지하는 수십 명 시위대들이 흥분해 법원 창문을 깨고 법원 청사 안으로 침입했다. 시위대들은 경찰에게 빼앗은 방패 등으로 법원 청사의 유리창과 벽을 훼손하고 소화기를 뿌렸다. 법원 집기를 부수고 구속영장을 발부한 판사 이름을 부르며 "나오라"고 외쳤다.

시위대들은 법원 1층뿐 아니라 영장전담 판사실이 있는 7층까지 난입했다. 새벽에 미처 법원을 빠져나가지 못한 법원 직원들은 옥상으로 대피해야 했다. 영장을 발부한 판사는 경찰에 신변 보호를 요청했다. 현장에서 질서유지를 하던 경찰들도 다쳤다. 50명이 다치고 7명이 중상을 입었다. 현장에 있던 취재진들도 폭행을 당했다.

법원이 내린 결정에 불만을 품은 시위대가 사람을 때리고 법원을 부순 '서울서부지법 사태'는 법치주의에 대한 정면 도전으로 받아들여졌다. 사태 다음 날 현장을 둘러본 천대엽 법원행정처장은 "법치주의에 대한 부정행위이자 형사상 중범죄"라고 밝히고, 대법원은 "법치주의에 대한 부정이자 도전"이라고 강하게 질타했다.

'서울서부지법 사태'로 경찰에 연행된 사람은 87명. 그 가운데 66명에 대해선 구속영장이 발부됐다. 2025년 12월 1일 기준 총 141명이 재판에 넘겨졌다. 그들에게 적용된 혐의는 특수건조물침입, 특수공무집행방해, 특수재물손괴 등이다. 19명은 실형을 선고받았다. 집행유예는 25명, 항소와 상고 등으로 재판을 받고 있는 사람은 63명이다. 그 외에도 사태를 부추긴 유튜버들도 경찰 조사를 받고 있다.

구속된 직후인 1월 21일 윤대통령은 헌법재판소에서 열린 탄핵심판 3차 변론에 출석했다. 또 1월 20일 여인형, 곽종근, 이진우, 문상호 사령관 넷은 모두 보직 해임됐다.

김용현 장관 보석 기각

1월 23일, 내란중요임무종사 혐의로 구속 기소된 조지호 경찰청장이 보석으로 풀려났다. 앞서 혈액암 치료를 받고 있던 그는 병원 치료를 받을 수 있게 보석을 허가해달라고 법원에 요청했다.

반면 같은 혐의를 받는 김용현 전 장관의 보석 신청은 기각됐다. 법원은 보석 예외 사유를 담은 형사소송법 제95조 1호와 3호에 해당한다고 설명했다. 형사소송법 제95조 1호엔 '피고인이 사형·무기 또는 장기 10년이 넘는 징역이나 금고에 해당하는 죄를 범한 때' 보석을 허가할 수 없다고, 동조 3호엔 증거인멸 우려가 있을 때 보석을 허가하면 안 된다고 규정돼 있다.

같은 날 중앙지역군사법원에선 이진우 전 사령관과 박안수 총장, 곽종근 전 사령관의 공판준비기일이 진행됐다. 이사령관은 전투복을 입고 참석했다. 박총장과 곽사령관은 불참하고 이들 변호인들은 구체적 입장을 밝히지 않았다. 여인형 전 사령관의 첫 공판준비기일은 한 차례 연기된 끝에 2월 4일 열렸다.

현직 대통령 구속 기소

1월 26일 저녁 7시쯤, 검찰 비상계엄 특별수사본부는 윤대통령을 내란우두머리 혐의로 구속 기소했다. 비상계엄을 선포한 지 54일 만이다. 검찰은 직권남용 혐의는 적용하지 않았다. 직권남용 혐의는 헌법 제84조에 규정돼 있는 대통령의 불소추 특권이 적용된다는 판단이었다. 앞서 검찰은 그날 오전 구속 기소 여부를 결정하기 위해 전국 고·지검장 회의를 열었다. 회의는 오전 10시부터 시작해 3시간 동안

이어졌다. 심우정 검찰총장을 비롯해 대검 차장·부장과 전국 고검장·지검장 등이 회의에 참여했다.

애초 공수처로부터 사건을 넘겨받은 검찰은 2월 초까지 조사한 뒤 그를 기소하려 했다. 하지만 법원이 구속 기간 연장 신청을 두 차례 받아들이지 않으면서 검찰은 대면 조사 없이 구속 기소하게 됐다. 그 구속 기소로 그는 전직 대통령 사례까지 포함해 법정에 서는 역대 다섯 번째 대통령이 됐다. 그럼으로써 최대 6개월 동안 구속 상태에서 재판을 받게 됐다.

반면 윤대통령 측은 형사소송법상 '영장실질심사와 체포적부심 구속 기간 공제' 규정은 피의자의 이익에 부합하게 해석해야 한다며 구속 기간이 1월 25일 자정까지라고 주장했다.

1월 31일 법원은 윤대통령에 대한 재판을 서울중앙지법 형사합의25부에 배당했다. 김용현·노상원 등 계엄군 수뇌부 사건과 조지호·김봉식 경찰 수뇌부 사건을 담당하는 재판부가 해당 재판까지 맡게 됨에 따라, 그 무렵 서울중앙지법으로 온 내란 사건은 모두 형사합의25부가 맡게 됐다.

"대통령을 우두머리로 한 조직적 범죄"

2월 6일 서울중앙지법 형사합의25부는 조지호·김봉식 청장의 첫 공판준비기일을 열었다. 조청장 측은 "경찰청장으로서 계엄 상황에 당연히 요구되는 치안 유지 활동을 했는데 계엄군 활동 지원으로 오인받고 있다"며 "실제로는 계엄이 성공하지 못하도록 범죄 실현을 막았다"고 주장했다. 김청장 측도 "내란죄와 고의 국헌문란의 공모 관계에 대해서는 전반적으로 부인하는 입장이다"고 밝혔다.

검찰 측은 예상되는 증인 규모가 520명이라고 말했다. 그러면서 "대통령을 우두머리로 한 조직적인 범죄로 전체 기록과 증거가 제출돼야 하는 사안이라 향후 (증인이) 추가될 가능성도 있다"고 설명했다. 검찰 측이 제출한 문서 증거는 4만 쪽에 달하는 것으로 알려졌다.

같은 날, 형사합의25부는 노상원 전 사령관에 대한 첫 공판준비기일도 진행했다. 노씨 측은 "기본적으로 내란죄가 성립하지 않는다는 입장이다"며 "그에 따라 동료 군인이 하는 것에 도움을 준 것도 직권남용이 되지 않아 공소사실을 전부 부인한다"고 주장했다.

2월 11일 서울중앙지법은 형사합의25부에 내란우두머리 혐의 사건을 배당한 이후로 새 사건 배당을 중지하기로 했다. 이는 집중 심리가 필요하면 신건 배당 중지를 요청할 수 있다는 대법원 예규에 따른 것이다.

구속 취소 심문

2월 20일, 헌법재판소가 있는 서울 재동과 법원이 있는 서초동에선 내란 관련 재판 두 건이 오전과 오후로 나눠 진행됐다. 대통령 탄핵심판 10차 변론기일인 그날 오후, 헌법재판소가 탄핵심판 변론을 2월 25일 한 차례 더 열고 끝낸다고 발표하면서 탄핵심판은 마무리 수순에 접어들었다. 반면 서울중앙지법은 내란우두머리 혐의 형사재판을 준비하는 첫 재판에 돌입했다. 윤대통령이 구속 기소된 지 한 달여 만이다.

서울중앙지법 형사합의25부는 그날 오전 10시부터 약 70분간 짧게 내란우두머리 혐의 1차 공판준비기일과 구속 취소 심문을 열었다. 공판준비기일은 본격적인 재판에 앞서 쟁점을 정리하고 입증 계획 등을 준비하는 절차로, 피고인은 공판기일과 달리 출석할 의무는 없다. 하지만 그는 법정에 모습을 드러냈다. 윤대통령 측이 구속이 부당하다며 2월 4일 구속 취소를 청구했는데, 관련 심문이 공판준비기일에 이어 진행되기 때문이다.

재판부는 공판준비기일을 13분간 진행했다. 검찰 측은 이명박, 박근혜 전 대통령 재판 사례를 거론하며 일주일에 두세 번씩 재판을 진행해달라고 요청했다. 이후 구속 취소 심문으로 넘어갔다.

1시간여 진행된 구속 취소 심문에서 윤대통령 변호인단은 구속 기간이 끝난 뒤에 구속 기소가 이뤄져 위법하다고 주장했다. 구속 기간에서 체포적부심사와 영장실질심사에 들어간 시간을 '시간'과 '분' 단위로 계산해야 하고 그렇게 하면 구속 기간이 1월 25일 자정에 끝나는데 검찰의 기소가 1월 26일 오후 6시 52분에 이뤄졌으니 구속 기간이 지나 구속 기소됐다는 설명이다. 제도가 도입된 취지 등을 살피고 인권 등 피의자 이익에 초점을 맞춰야 한다는 것.

반면 검찰 측은 구속 기간을 '날'로 계산하는 게 맞다고 맞섰다. 체포적부심과 영장실질심사에 들어간 기간을 '날'로 계산하면 구속 기간은 1월 27일 자정까지이므로 기간 내에 구속 기소했다는 입장이었다. 그러면서 "피고인 측 주장은 형사소송법 규정 문헌이나 지금까지 법원 판단과도 배치되는 내용으로 구속 기한은 시간이 아니라 날로 계산하는 건 이론의 여지가 없다"고 반박했다.

또 하나 쟁점은 공수처 수사의 적법성이었다. 윤대통령 측은 공수처는 내란 혐의에 대한 수사 권한이 없어 공수처 수사는 위법하다고 주장했다. 공수처가 직권남용 혐의를 수사하다 내란 혐의를 인지해 수사를 벌렸다 하더라도, 대통령의 불소추 특권으로 직권남용 혐의에 대한 소추와 수사 모두 불가능하다는 것. 반면 검찰 측은 법원이 이미 체포영장을 발부함에 따라 그런 적법성 문제는 해결됐다고 주장했다. 재판부는 열흘 안으로 의견서를 내달라고 요청하고 심사숙고해 결정하겠다며 심문을 끝냈다.

군과 경 나눠 재판

2월 27일 서울중앙지법 형사합의25부는 김용현 전 장관의 3차 공판준비기일과 노상원 전 사령관 및 김용군 예비역 대령, 조지호·김봉식 청장의 2차 공판준비기일을 열었다.

우선 재판부는 김장관과 노씨, 김씨 등의 재판을 병합하기로 했다. 조지호·김봉식 청장 등 경찰 수뇌부 재판은 따로 진행하기로 정했다. 재판부는 "조청장과 김 전 서울청장의 경우 내란죄 성립 여부와 상관없이 공모에 가담했다고 보기 어렵다고 주장하고 있다"며 "초반부에 그런 주장이 확실한지 보고 다르게 출발하려고 한다"고 설명했다.

다만 윤대통령의 내란우두머리 혐의 사건과의 병합에 대해선 밝히지 않았다. 재판부는 "처음에만 이렇게 재판을 진행하고 궁극적으로는 (내란 혐의 피고인들) 다 같이 해야 하는 것 아닌가 생각한다"며 "모든 사건의 쟁점이 '내란죄가 성립되는지'라 그건 재판을 합칠 때 (심리)하겠다"고 말했다.

2월 28일 검찰 비상계엄 특별수사본부는 지휘관급 군경 9명을 모두 내란중요임무종사 및 직권남용 혐의로 불구속 기소했다. 이상현 특전사 1공수여단장과 김현태 특전사 707특임단장, 목현태 전 서울경찰청 국회경비대장은 국회 봉쇄 및 침투와 관련해, 김대우 방첩사 수사단장과 윤승영 경찰청 국수본 수사기획조정관, 박헌수 국방부 조사본부장은 '주요 인사 체포조'와 관련해, 고동희 정보사 계획처장과 김봉규 정보사 중앙신문단장, 정성욱 정보사 대령은 선관위 점거 등과 관련해 재판에 넘겼다.

구속 취소

3월 7일 오후 1시 53분쯤 서울중앙지법 형사합의25부는 윤대통령의 구속을 취소하라고 결정했다. 재판부는 구속 기간은 '날'이 아니라 실제 '시간'으로 계산하는 게 타당하다고 판단했다. 지난 1월 15일 체포된 지 51일 만, 1월 26일 구속 기소된 지 40일 만이었다.

재판부는 결정문에서 "구속 기간에 산입하지 않는 기간은 '수사 관계 서류 등이 실제 법원에 있었던 시간'을 의미하는 것으로 제한해 해석함이 상당하다"며 "늘어나는 구속 기간을 시간이 아닌 날로 계산하는 경우 관계 서류 등이 실제로 법원에 있었던 기간보다 길어지는 불합리가 생기게 된다"고 판단했다. 그러면서 "늘어나는 구속 기간은 구속 전 피의자 심문을 위하여 수사 관계 서류 등이 서울서부지법에 있었던 기간인 약 33시간 7분뿐이다"며 "구속 기간 만료 시점은 2025년 1월 26일 오전 9시 7분에 만료됐다고 봐야 하는데, 공소 제기는 2025년 1월 26일 오후 6시 52분이어서 (…) 피고인(윤대통령)에 대한 구속은 적법하다고 보기 어렵다"고 설명했다.

또 재판부는 수사 적법성에 대한 윤대통령 측의 문제 제기에 대해선 "구속 기간의 배분 등에 관한 세부적 사항이나 신병 인치 절차 등에 대해 명확하게 규정하고 있지 않다"며 "대법원의 최종적 해석과 판단 등이 있기 전까지는 변호인들이 들고 있는 사정만으로 피고인 구속에 관한 위법 여부를 섣불리 판단하기 어렵다"고 지적했다. 그러므로 "절차의 명확성을 기하고 수사 과정의 적법성에 관한 의문의 여지를 해소하는 것이 바람직하다"며 구속 취소 결정을 했다고 덧붙였다.

검찰의 항고 포기

법원의 구속 취소 결정에 검찰이 상급 법원에 판단을 구하는 '즉시항고'를 하지 않으면서 3월 8일 오후 5시 48분쯤 윤대통령은 풀려나 서울구치소 정문을 걸어 나왔다. 법원의 구속 취소 결정이 나온 지 28시간 만이었다. 정장 차림의 그는 구치소 앞에 모인 지지자들에게 손을 흔들고 주먹을 불끈 쥐며 인사했다. 그로써 김용현 전 장관 등 비상계엄에 연루된 계엄 수뇌부 인사들은 구속돼 재판받는데 정작 최종 결정을 내리고 내란우두머리 혐의를 받는 대통령은 석방되는 상황이 벌어졌다.

애초 법원의 구속 취소 결정이 나온 뒤 검찰 내부는 의견이 엇갈렸다. 구속 기간에 '날'이 아니라 '시간'이 적용된 것에 일선 검사들이 반발했지만, 심우정 검찰총장은 즉시항고 제도 자체의 위헌 소지를 고려해야 한다며 즉시항고를 포기했다. 하지만 이전에 검찰이 법원의 구속 취소 결정에 즉시항고를 한 사례가 추가로 확인됐고, 일선 검찰청에는 구속 기간 계산에 기존처럼 '시간'이 아니라 '날'로 하라는 지침이

2025년 3월 8일 법원의 구속 취소 결정으로 서울구치소에서 풀려난 윤 전 대통령이
서울 한남동 관저 앞에 도착해 지지자들을 향해 인사하고 있다. **사진** 연합뉴스

내려졌다.

검찰이 수십 년간 내려온 관행을 버리고 같은 사건에도 적용을 달리하는 행동을 함에 따라 법원의 구속 취소 결정과 검찰의 즉시항고 포기는 내란 재판 내내 많은 논란을 일으켰다(향후 내란특검은 지귀연 부장판사를 고발한 사건에 대해 불기소 처분을 하고, 심우정 총장의 '즉시항고 포기' 사건은 경찰로 넘겼다).

한편 헌법재판소의 탄핵심판을 이끌었던 문형배 당시 헌법재판소장 권한대행은 이후 퇴임한 뒤인 2025년 12월, 법원행정처가 연 공청회에서 "구속 기간을 날로 계산해온 확고한 관행이 있음에도 불구하고 시간으로 계산했고, 그 변경을 내란우두머리 사건에서 적용했다는 것은 국민의 불신을 자초했다고 생각한다"고 밝혔다.

대통령 파면

내란우두머리 혐의 1차 공판

김용현 장관 첫 공판

　2025년 3월 17일 김용현 전 장관과 노상원 전 사령관, 김용군 예비역 대령의 내란중요임무종사 혐의 첫 공판이 시작됐다. 검찰 측은 "김 전 장관 등이 윤대통령과 공모해 위헌·위법한 비상계엄을 선포했다"며 "국회와 중앙선관위 등의 권능 행사를 불가능하게 해, 국헌문란의 목적으로 폭동을 일으키려 했다"고 공소사실을 밝혔다.

　이에 김장관은 마이크를 잡고 적극적으로 자신을 변론했다. 그는 "거대 야당의 '패악질' 때문에 비상계엄이 선포됐다"고 반복해 말했다. 그러면서 "국헌을 문란하게 하고 있는 거대 야당의 패악질, 22번의 불법 탄핵, 초유의 예산 삭감, 사법·행정 기능 마비 등 행동을 차단하기 위해 비상계엄을 할 수밖에 없었다"고 주장했다. 또 이재명 더불어민주당 대표 등 정치인을 체포하라는 말은 아예 하지 않았다고 부인했다. 재판부가 "그런 말 자체를 안 했다는 거냐?"고 묻자, "그렇다"고 답했다.

'대통령' 호칭을 두고도 공방이 오갔다. 검찰 측이 공소사실을 낭독할 때 '대통령 윤석열'이라는 표현을 쓰자, 김장관 측은 "대통령에 대해 '윤석열' 이렇게 말하는 게 정당하지 않다"며 바꿔달라고 반발했다. 검찰 측은 공소사실 낭독을 방해하는 건 진술권 침해라고 맞섰다.

경찰 지휘부 첫 공판

3월 20일 서울중앙지법 형사합의25부는 경찰 지휘부의 내란중요임무종사 등 혐의 1차 공판에서, 따로 분리돼 진행되던 조지호·김봉식 청장의 사건과 윤승영 전 경찰청 국수본 수사기획조정관과 목현태 전 서울경찰청 국회경비대장의 사건을 병합해 심리하기로 결정했다.

검찰 측은 그들이 윤대통령과 공모해, 국헌을 문란케 할 목적으로 경찰 약 3800명을 동원해 국회와 중앙선관위 등을 봉쇄하고 정치인 체포조 구성에 관여했다고 공소사실을 밝혔다.

조청장 측은 평소처럼 치안 임무를 수행한 것에 불과하다며 국헌 문란의 목적이 없었다고 주장했다. 또 "포고령이 발표된 후 (조청장이) 계엄사령관의 지시에 따라 국회 통제를 강화한 건 사실이지만, 포고령에 따른 지시로서 위법성에 대한 인식은 없었다"고 반박했다. 그러면서 "실질적으로 월담자를 통제하고 계엄을 조기에 해제할 수 있도록 (조청장이) 사실상 기여했다"고 주장했다.

김청장 측도 국회에 최초로 배치한 기동대 360명으로는 내란죄의 폭동 요건에 해당하지 않는다고 말했다. 윤조정관 측은 "비상계엄이라는 초유 상황과 지극히 제한적인 정보하에 위법성 인식을 전혀 못

윗줄 왼쪽부터 윤 전 대통령, 김용현 장관, 이상민 장관, 박안수 육군참모총장.
아랫줄 왼쪽부터 여인형, 이진우, 곽종근 사령관, 조지호 경찰청장. **사진** 연합뉴스

한 채 신속히 보고하고 처리한다는 경찰 본연의 업무를 수행했을 뿐"이라고 주장했다. 목경비대장 측도 "집에 있다가 언론을 통해 비상계엄을 알게 됐을 정도로 이 사건과 관련이 없다"며 "국회 출입 차단 지시는 포고령에 근거한 것으로 위법성을 인식하지 못했다"고 주장했다.

계엄군 지휘부 첫 공판

중앙지역군사법원에서 진행되는 계엄군 지휘부들의 첫 공판은 3월 하순 시작됐다. 3월 21일에는 문상호 전 사령관, 3월 26일에는 박안수 육군참모총장과 곽종근 전 사령관, 3월 28일에는 여인형 전 사령관과 이진우 전 사령관의 첫 공판이 열렸다. 그들에 대한 공판준비기일은 대부분 1월 말에 열렸으나 2월엔 일정이 잡히지 않아 준비기일에서 첫 공판까지 2개월의 시간이 걸렸다.

박총장 측은 비상계엄 당시 국헌문란과 폭동의 목적이 없었다고 주장하고, 문상호와 여인형, 이진우 사령관들도 혐의를 부인했다. 여사령관 측은 계엄을 사전에 모의한 적이 없다는 주장을 되풀이했다. 이사령관 측은 "계엄을 사전에 알 수 있었다는 건 (군검찰의) 창작 소설이다"고 말했다. 곽사령관만이 모든 혐의를 인정했다. 다만 그는 건강 문제로 불구속 재판을 원한다고 밝혔다.

4번째 구속영장 신청 끝에 기각

3월 21일 서울서부지법 허준서 영장전담 부장판사는 공수처의 체포영장 집행을 방해한 혐의 등을 받는 김성훈 경호처 차장과 이광우 경호처 경호본부장에 대해 영장실질심사를 거친 뒤 구속영장을 기각했다. "범죄 혐의에 대해 다퉈볼 여지가 있다"는 판단이었다. 그들이 구속영장에 대한 법원의 판단을 받은 건 그때가 처음이었다. 앞서 경찰 비상계엄 특별수사단이 김차장과 이본부장에 대해 각각 3차례, 2차례 구속영장을 신청했으나, 검찰이 혐의 소명이 부족하다는 이유 등을 들어 번번이 기각했다.

내란우두머리 혐의 2차 공판준비기일

3월 24일 내란우두머리 혐의 두 번째 공판준비기일에 윤대통령은 출석하지 않았다. 구속 취소 결정으로 석방되고 나서 열린 첫 재판이었다.

검찰 측은 최우선 증인 38명으로 진행한다고 밝혔다. 윤대통령 측은 검찰의 공소사실에 대해 "내란죄 수사 권한이 없는 공수처가 수사했고, 검찰이 이를 받아 공소 제기한 건 불법이며 증거는 위법 수집됐다"고 주장했다. 그들이 한 차례 더 준비기일을 열어달라고 했으나 재판부는 받아들이지 않았다.

김용현 장관 재판, 비공개

서울중앙지법 형사합의25부는 김용현 전 장관 등의 내란중요임무종사 혐의 사건에서 3월 27일 2차 공판부터 국가 안전보장 문제를 이유로 해당 재판을 모두 5차례(2차부터 6차까지) 비공개로 진행했다.

첫 비공개 재판 당시 검찰 측은 "증인들의 소속이 정보사인 만큼, 국가 안전보장에 위해가 될 우려가 있다"며 소속 부대의 판단에 따라 비공개 심리를 요청했다고 밝혔다. 김용현 전 장관 측은 "수사 기록이 언론 보도 통해 이미 공개된 상황"이라며 "공개로 한다고 해서 국가 안보가 새롭게 침해될 건 없다고 생각한다"고 반발했으나 받아들여지지 않았다.

5월 14일 6차 공판에선 재판부가 취재진과 방청객들에게 비공개 재판을 이유로 퇴정을 요구할 때 방청석에 있던 참여연대 사무국장이 "12·3 비상계엄이 국가의 안전보장과 무슨 관계가 있었냐"며 이의를 제기하기도 했다.

5월 23일 7차 공판에서 재판부는 "지금까지 나온 증인들은 소속 기관이 비공개를 전제로 (증인신문을) 승낙했다"며 "증언의 증거능력을 살려야 해서 증언 부분만 비공개로 한 것"이라고 말했다. 그러면서 그날 오후 구삼회 전 2기갑여단장에 대한 증인신문부터는 다시 재판을 공개했다.

5월 16일 검찰은 노상원 전 사령관에 대해 특가법상 알선수재 혐의로 추가 기소했다. 진급 인사 청탁을 명목으로 현역 군인 2명에게서 각각 2천만 원과 6백만 원 상당의 백화점 상품권을 받은 혐의다.

'국회 2차 봉쇄'는 "본청장의 지시"

3월 31일 경찰 지휘부와 간부들의 내란중요임무종사 등 혐의 2차 공판엔 경찰 간부들이 증인으로 나와 비상계엄 포고령이 발동된 뒤 2차 국회 봉쇄는 조지호·김봉식 청장의 지시였다고 증언했다.

오부명 전 서울경찰청 공공안전차장은 "(2차 국회 봉쇄 지시는) 본청장(조청장)의 지시가 맞다. 그 지시를 서울청장에게 전달했다"고 말했다. 그러면서 국회 2차 봉쇄에 대해 "임정주 경찰청 경비국장을 통해 '포고령이 발령됐으니 다시 국회를 전면 차단하라. 조지호 청장님 지시'라는 지시를 받고, 이를 김 전 청장에게 전달했다"고 증언했다. 또 국회의원들의 국회 출입을 막는 건 문제가 있으니 재고 건의를 해 달라고 했지만, 임국장이 '경찰청 지시로 어쩔 수 없다. 그대로 해라'는 지침을 내렸다고 설명했다.

주진우 전 서울경찰청 경비부장은 "정치 활동을 금지한다는 포고령 1호를 두고 개인 의견들로 논란이 있었는데, 최현석 전 서울경찰청 생활안전차장이 '긴급시 포고령은 법률적 효과가 있다'고 했다"며 "김봉식 서울청장이 그 말을 듣고 결론을 내리면서 이거 '조지호 경찰청장님의 지시다'라고 손사래를 치며 무전기를 잡고 '서울청장입니다'라고 했고 포고령에 따라야 한다고 말했다"고 밝혔다.

윤대통령 파면

2025년 4월 4일 헌법재판소는 윤대통령을 파면했다. 오전 11시 22분 문형배 헌법재판소장 권한대행은 "주문, 피청구인 대통령 윤석열을 파면한다"고 선고 주문을 낭독했다. 그는 파면 선고를 할 때 긴장한 듯 입술을 떨었다. 선고한 뒤 퇴장할 때에는 김형두 헌법재판관의 등을 툭 치고 어깨를 두드렸다.

헌법재판소는 비상계엄 선포, 포고령 발표, 국회 봉쇄, 중앙선관위 장악, 주요 인사 체포 시도 등 5개 주요 탄핵 소추 사유들을 모두 인정했다. 그러면서 "국민의 신임을 배반한 것으로 헌법 수호의 관점에서 용납될 수 없는 중대한 법 위반 행위"라고 강조했다.

우선, 계엄을 선포할 만큼 '국가비상사태'도 아니었다고 하며, '경고성 계엄'이었다는 윤대통령 측의 주장을 인정하지 않았다. 국회의사당에 모인 국회의원을 끌어내려 했다는 의혹도 사실로 인정했고, 주요 정치인과 법조인 등의 위치를 확인하려 했다는 점도 인정했다. 관련 증인으로는 곽종근 전 사령관과 홍장원 전 국정원 1차장 등이 나와 증언했다.

특히 헌법재판소는 12·3 비상계엄이 빨리 해제될 수 있었던 이유는 "시민들의 저항과 군경의 소극적인 임무 수행 덕분"이라고 지적했다. 또 국회에서 비상계엄 해제요구 결의안이 통과된 뒤 병력을 철수한 건 대통령의 지시가 아니라 군인들 스스로 판단해 결정한 것이라고 설명했다.

앞서 헌법재판소는 2024년 12월 14일 국회에서 가결된 탄핵소추안을 접수한 뒤 총 11차례 변론을 거쳐 2025년 2월 25일 변론을 마무리했다. 변론을 종결한 뒤 한 달이 넘는 재판관 평의 끝에 재판관 8명 전원일치 의견으로 윤대통령 파면을 결정했다. 그로써 윤대통령은 취임한 지 1060일 만에 헌정 사상 두 번째로 파면된 현직 대통령이라는 불명예를 안게 됐다.

선고 주문 낭독 시각인 2025년 4월 4일 오전 11시 22분에 그는 전직 대통령 신분이 됐다. 파면과 함께, 내란·외환죄를 제외하고 형사상 소추를 받지 않는다는 불소추 특권도 잃었다.

"포고령대로 하지 않으면 우리가 체포된다"

4월 7일 경찰 지휘부의 내란중요임무종사 등 혐의 3차 공판엔 임정주 경찰청 경비국장이 증인으로 나왔다. 임국장은 검찰 신문 과정에서 "(조청장이) TV로 지켜볼 때 지나가듯이 '(군이) 이제 왔네'라는 뉘앙스로 말한 것을 기억한다"고 증언했다.

조청장 측은 반대신문에서 "조청장과 포고령을 검토했다고 하면 처벌을 받을까 봐 두려워 기억 혼선으로 잘못 진술한 게 아니냐?"고 물었지만, 임국장은 "아니다. 다 기억은 못 하지만 출입 기록이나 전화 내용을 보면 그런 말을 할 상황이 안 된다"고 답했다. 이어 "아는 것처럼 청장은 대통령 등에게 그런 지시를 수 시간 전에 받고 4시간 동안 많은 생각과 판단을 했을 것이다"고 덧붙였다.

또 그는 국회 출입 봉쇄에 대한 국회 측 항의에 대해 조청장에게 말했지만 받아들여지지 않았다고 말했다. 자신은 "구체적인 표현을 하나하나 똑같이 표현하긴 어렵지만 '국회사무처 측의 항의가 있다'는 식의 뉘앙스(로 말했다)"고 말했다고 했다. 그러자 조청장이 "포고령대로 하지 않으면 우리가 체포된다"고 답했다고 덧붙였다. 조청장이 '우리들이 다 체포된다'고 발언한 게 확실하냐는 물음에는 "명확히 기억난다"고 답했다.

"대국민 메시지 계엄"

4월 14일 내란우두머리 혐의 1차 공판이 열린 서울중앙지법 417호 대법정. 윤 전 대통령이 피고인석에 앉았다. "피고인으로 칭하겠습니다." 검찰 측은 공소사실을 발표할 때 그렇게 말했다.

12명의 변호인단이 윤 전 대통령을 포위하듯 둘러싼 형태였지만 대부분 시간 직접 마이크를 쥔 건 그였다. 그는 때로 손을 휘휘 젓고 때로 주먹을 탕탕 내리치며 93분 동안 스스로 변호했다.

그는 변론에서 '메시지 계엄'이라는 표현을 6차례나 썼다. 헌법재판소 탄핵심판 과정에서도 '경고성', '호소용' 계엄이었다는 주장을 반복했는데 새로 등장한 표현이다. 표현만 바뀌었지 취지는 같았다.

저는 군인은 어디에 가든지 반드시 총을 들고 다니지만, 절대 실탄 지급하지 말고 실무장 하지 않은 상태로 투입하되, 민간인과 충돌은 절대 피하라고 지시했기 때문에 이것이 어떤 평화적인 대국민 메시지 계엄이지 장기간이든 단기간이든 군정을 위한 게 아니라는 게 자명하다고 말씀드릴 수 있습니다.

그는 과거 '군정 쿠데타'와 자신의 '메시지 계엄'은 다르다는 점을 강조했다. "(과거에는) 먼저 군대를 동원해 선제적으로 상황을 장악하고 나서 계엄을 선포했는데, 저는 계엄을 선포하고 난 후에 실무장 하지 않은 소수의 병력을 이동시켜 질서유지에 투입했다."

비상계엄 선포 목적에 내란죄 구성 요건인 '국헌문란'이 없었음을 강조하는 주장처럼 보였다. 앞서 헌법재판소는 그런 주장에 대해 "'경고성 계엄' 또는 '호소형 계엄'이라는 것은 존재할 수 없다"고 못 박았다. 또 '경고성'이었다는 그의 주장에서 오히려 군사상 필요와 같은 계엄의 조건이 충족되지 않았음을 알 수 있다고 지적했다.

그는 120쪽에 달하는 검찰 측 발표 자료를 한 쪽씩 넘기며 반박했다. 그 과정에서 '난센스'라는 표현도 6차례 사용했다. 먼저, 계엄을 선포하기 전 국무회의를 정상적으로 진행했다고 주장했다. "상당히 많은 국무위원들의 의견을 아주 심도 있게 들어, 역대 어느 국무회의보다 논의가 활발했다"며 "(절차에) 하자가 있냐 없냐 하는 것 자체가 난 센스"라고 했다. 이는 최상목 전 경제부총리가 검찰 조사에서 "(국무 회의) 시작과 종료 자체가 없었다"며 "국무회의로 생각하지 않는다"고 진술한 것과 상반된다. 앞서 한덕수 국무총리도 탄핵심판 증인으로 나와 "통상의 국무회의와는 달랐고 또 형식적인, 또 실체적인 흠결이 있었다고 생각한다"고 증언했다.

윤 전 대통령은 국회를 무력화한 뒤 별도의 '비상입법기구'를 창설 하고자 했다는 검찰의 공소사실도 상식에 맞지 않다고 했다. "새로운 비상입법기구를 만들어서 국회를 없애려 한다는 식의 주장을 하고 있 는데 상식적으로 말이 안 된다"며 "헌정을 완전히 무너뜨리는 쿠데타 를 한다는 거면, 이걸(이른바 '비상입법기구 쪽지') 국무회의를 하면서 경제 장관에게 준다는 자체가 난센스"라고 했다.

경찰을 동원해 국회 봉쇄를 지시했다는 지적도 "초기에 (경찰) 3백 명, 나중에 1천 명 갖고 국회 출입을 완전히 차단하고 봉쇄한다는 건 난센스"라며 "엄연히 (국회에) 들어갈 수 있는데 더불어민주당 대표가 '담 넘는 사진을 찍는 쇼'를 했다"며 강도 높게 비판했다.

주요 관계자들의 진술이 사실과 다르다는 주장도 되풀이했다. 그 는 "이번 기회에 잡아들여, 싹 다 정리해"라는 지시를 받았다는 홍장원 국정원 1차장의 말은 "새빨간 거짓말"이라고 했다. 체포 지시가 아니 라 격려차 전화였다는 주장이다. "국회 문을 부수고 들어가서 안에 있 는 인원들을 끄집어내라"는 지시를 받았다는 곽종근 전 사령관의 진 술이 정치적으로 오염됐다는 주장도 반복했다.

(국정원) 1차장은 대통령 전화 받으면 상당한 격려로 알기 때문에 전화했고, 제가 늘 국정원에 얘기한 '방첩사가 간첩 수사 잘할 수 있게 도와줘라' 하는 그런 차원의 얘기를 했습니다. (…) 제가 홍장원에게 '누구 체포하라' 또는 방첩사령관을 통해서 '누구 체포하라' 했다는 건 전부 새빨간 거짓말입니다.

곽종근 사령관의 경우 헌재 심리를 통해 그야말로 재판관들의 예리한 질문도 많이 받았고 또 여러 가지 내용을 다 보셨을 겁니다. 오염된 증거고, 나중에는 통화 내용도 터져 나오고 했는데….

탄핵심판이 일종의 징계 절차인 데 반해 형사재판은 형벌을 부과하기 때문에 증거능력을 더 엄격히 해석한다. 윤 전 대통령 측이 헌법재판소가 한 차례 배척한 주장을 되풀이하는 이유도 여기에 있다. 재판의 성격도, 담당 법관도 다르니 같은 주장을 반복해 다른 판단을 구해보자는 것.

자신이 26년간 몸담고 수장까지 한 검찰에 대한 날 선 비판도 이어갔다. 공소사실에 "초기 '내란 몰이' 과정에서 겁을 먹은 사람들이 수사기관의 유도에 따라 진술한 부분이 검증 없이 많이 반영됐다"며 불만을 표출했다.

재판장을 향해 "(공소장이) 난삽해서 어떻게 재판이 이루어질 수 있냐", "이래가지고 재판이 되겠냐"고 따지기도 했다. 재판장은 "재판부의 노고를 알아달라"고 답했다.

계엄군 지휘관들의 증언
"지시가 이상하다, 물러서라"

내란우두머리 혐의 1차·2차 공판

"이상하다. 국회로 들어가면 안 될 것 같다"

2025년 4월 14일 내란우두머리 혐의 1차 공판에 조성현 수방사 1경비단장(대령)과 김형기 특전사 1특전대대장(중령)이 증인으로 나왔다. 둘은 12·3 비상계엄 사태 당시 국회에 투입됐던 현장 지휘관이었다. 김용현 전 장관은 국회 본관 외곽은 수방사가, 국회 본관 내부는 특전사가 각각 맡아 통제할 계획을 세우고 군인을 투입했다. 하지만 두 사람은 상부의 지시를 적극적으로 수행하지 않았다.

"4시간씩 기다리게 해서 미안합니다."

증인신문을 시작하기 전 재판장이 조성현 단장에게 그렇게 말을 건넸다. 조단장은 그날 오전 11시부터 법정 밖 복도에서 대기했으나 윤전 대통령의 진술이 길어진 탓에 오후 3시가 넘어서야 법정에 들어설 수 있었다. 첫 증인으로 나온 그는 앞서 헌법재판소 탄핵심판에서도 재판부 직권으로 증인 채택되어 계엄 당시 직속 상관으로부터 국회에 진입해 의원들을 끌어내라는 지시를 받았다고 증언한 바 있다.

그는 비상계엄이 선포된 2024년 12월 3일 밤, 퇴근 후 소파에 누워 TV를 보고 있었다. 그러다 갑자기 이진우 전 수방사령관으로부터 군 소집과 관련한 전화를 받았다. 지시에 따라 그와 예하 부대원들은 탄약과 장비를 휴대한 채 국회로 출동했다. 선발대가 지닌 장비 중에는 대테러 작전에서 문을 부술 때 쓰는 수류탄도 있었다. 검찰 측이 당시 상황을 기존 조서와 증언을 바탕으로 물었다.

검사: 이진우 사령관으로부터 직접 (지시)받은 적 있나요?

조단장: 구체적으로 말씀드리면, '경내로 들어가서 국회 외부의 출입을 통제하라'였습니다.

검사: 최초 부여된 임무가 국회의사당에 사람이 나가지도, 들어오지도 못하게 국회의사당 출입문을 장악하는 거였나요?

조단장: 그렇게 해석됩니다.

검사: (12월 4일) 새벽 0시 31분부터 1시 사이 이진우 사령관으로부터 '국회 본청 내부로 진입해 국회의원들을 외부로 끌어내라'는 지시를 받았나요?

조단장: 맞습니다.

조단장: 이진우 사령관이 제게 전화해 '특전사 요원들이 들어갔기 때문에 특전사가 인원들 끌고 나오면, 밖에서 지원하라'였습니다.

이 사령관의 지시가 있었지만 조단장은 주어진 임무를 적극적으로 수행하지 않았다. 부하들에게 국회로 추가 병력을 투입하라는 지시도 내리지 않았다. 본연의 임무인 '대테러 작전'과 거리가 있다고 판단했기 때문이다. 그는 12월 4일 새벽 1시 20분경 "상황이 이상하다. 국회로 들어가면 안 될 것 같다. 시민과 충돌이 있을 것 같다"며 서강대교 쪽에서 국회로 오던 군인들에게 대기할 것을 지시했다.

해당 발언이 맞냐는 검찰 측 질문에 그는 "정확한 워딩은 기억나지 않지만, 맥락은 맞다", "(국회로) 오면 안 될 것 같다고 해서 '안전한 곳으로 대기하라, 위로 올라가라'고 했다"고 설명했다. 대기를 지시한 이유에 대해서도 "대테러 작전이라고 하기에는 특이한 것이었다", "특전사도 소극적으로 하는 모습이 있었다"고 덧붙였다. 군인들에게 국회에서 철수하라고 지시를 내린 경위도 설명했다.

검사: 복귀 지시를 내린 경위는 어떻게 됩니까?

조단장: 새벽 1시 30분경 사령관에게 '특전사가 빠지고 있기 때문에 우리도 퇴출하겠다'고 건의드렸고, 사령관이 승인해줘서 예하 부대를 철수시켰습니다.

조단장에 이어 1시간 동안 김형기 대대장이 당시 국회로 출동하라는 지시를 받은 상황과 국회 본청에서 시민들과 대치한 장면을 생생히 증언했다.

그는 비상계엄 선포 이후 상급자인 이상현 특전사 1공수여단장으로부터 출동 지시를 받았다. 12월 3일 밤 11시 57분쯤 그를 포함한 특전사 부대원 136명이 버스를 타고 출동했다. 부대원들은 물론이고 그조차 국회로 출동하는 이유를 몰랐다. 이여단장으로부터 '교통신호를 무시하고 신속히 이동하라'는 지시만 받았다. 다음 날 새벽 0시 30분쯤 국회에 도착한 그와 특전사 부대원들은 민간인들이 군용버스 앞에 누워 군인들이 가는 길을 막고 있는 모습과 마주쳤다. 검찰 측은 그가 통화 녹음을 기반으로 쓴 진술서와 작전일지 등의 내용을 물었다.

검사: 이상현 여단장으로부터 '담을 넘어 국회 본관으로 들어가 의원들을 끌어내라'는 지시를 받은 게 사실인가요?

김대대장: 네. 그렇습니다.

검사: 작전일지를 보면, 이때부터 '뭔가 이상함을 감지했다'는 부분이 있습니다. 이상하다고 감지했던 이유는 무엇인가요?

김대대장: 여단장은 ① 국회 담을 넘어라 ② 국회 본청에 들어가라 ③ 의원을 끌어내라, 이렇게 세 가지 임무를 부여했습니다. 전화를 끊고 제가 '국회의사당 주인은 의원인데, 뭔 X소리냐'고 하는 걸 부하들이 들었습니다. 그때부터 이상함을 느꼈습니다.

검사: 국회 경내에 진입한 이후 상황을 묻겠습니다. 추가로 지시받은 내용은 무엇인가요?

김대대장: (이여단장이) 새벽 0시 48분에 통화하면서 '애들(국회의원들)이 의결하려고 하니까 문을 부수고라도, 유리창을 깨서라도 끄집어내라'고 몇 차례 지시했습니다.

김대대장은 비상계엄 당시 국회를 지키려고 몰려간 시민들과 대치한 상황도 자세히 소개했다. 담을 넘어 국회로 들어간 특전사 요원들은 시민들한테 얻어맞았다. 그는 이유도 없이 두들겨 맞은 일부 부대원들이 흥분하는 걸 감지했다. 자칫 군인과 시민 사이에 충돌 사태가 발생할 수 있는 상황에서 그는 부대원에게 시민들에게 폭력을 행사하지 말라고 지시했다.

검사: 시민들 저항을, 물리력을 사용해 제압하고 국회의사당으로 들어간다고 보고한 후에 실제로 강행 돌파했나요?

김대대장: 안 했습니다. 못 했습니다.

검사: 왜 그랬습니까?

김대대장: 담을 넘으면서 너무 많이 맞았습니다. (부대) 젊은 친구들이 혈기 왕성한데, 눈동자가 돌아가는 게 보였습니다. '시민은 우리가 지켜야 하는 대상인데 왜 때릴까?' 의심했습니다. (…) 제대로 된 임무인지 의문이 들었습니다. 병력만으로 돌파하려면 할 수 있었습니다. 물리력을 (시민 상대로) 사용해야 하는데, 누군지도 모르는데 그런 임무를 수행해야 하는지 의구심이 들어 하지 않았습니다.

김대대장은 부대원에게 시민들에게 맞서지 말라고 지시했다. 평상시 수방사와 협력해 대테러 업무를 하고 전시에는 적진에 침투하는 특전사 요원들에게 최대한의 절제를 명령한 것. 인질극에 투입되고 적주요 인물을 제거하는 일을 하는 훈련된 군인들에게 시민을 제압하고 국회 본청에서 국회의원들을 끌어내는 건 충분히 가능했으나 그러지 않았다고 그는 강조했다.

> **김대장**: 제가 지시를 했습니다. ①물러서라 ② 참아라 ③ 때리지 마라. 이런 지시를 하면서 병력들은 잘 이행했습니다.

> **김대장**: 저희는 충분히 여단장이 지시한 '국회의원 끌어내라' 임무를 할 수 있었습니다. 돌파할 수 있었습니다…. 병력들이 그날을 지킬 수 있었다고 생각합니다. 그래서 제가 지금 이 자리(증인석)에 앉아 있다고 생각합니다.

이상현 여단장은 김대장에게 국회의 전기를 차단하라고까지 지시했다. 하지만 김대장은 해당 임무 역시 수행하지 않았다고 밝혔다. 검찰 측이 '707부대원들은 국회 지하에서 실제 전기 차단 조치를 했는데, 증인은 시도하지 않은 이유가 무엇인가?' 묻자, 그는 "전기를 끊으라는 지시는 사실… (관련된 최초 지시를) 누가 했는지 모르겠지만 영화를 너무 많이 본 것 같다"고 짧게 답했다. '영화를 너무 많이 본 것 같다'는 설명에 방청석에서 웃음이 새어 나오기도 했다.

윤 전 대통령 측은 두 증인에 대해 따로 신문하지 않았다. 다만 윤 전 대통령은 증인을 부르는 순서에 문제를 제기했다. 특히 조단장의 증언에 대해 "헌법재판소에서 다 했는데 긴급히 증인 신청을 했다", "증인 신청 순서에 다분히 정치적 의도가 있지 않은지 생각된다"고 말했다.

이에 검찰 측이 "수방사 관련 범죄 사실을 가장 쉽게 이해할 수 있는 증인이 조단장이다", "그래서 제일 먼저 증인으로 신청한 것"이라며 맞섰다. 두 증인에 대한 윤 전 대통령 측의 반대신문은 다음 재판으로 미뤄졌다.

이재명과 한동훈 등 체포 명단

4월 16일 서울중앙지법 형사합의25부의 심리로 열린 경찰 지휘부의 내란중요임무종사 혐의 재판에는 구민회 방첩사 수사조정과장이 증인으로 나왔다. 그는 계엄 당일 상관인 김대우 방첩사 수사단장으로부터 '체포 명단'을 전달받고 경찰 등에 직접 연락해 체포조 지원 활동과 관련한 요청 사항을 전달한 인물이다.

구과장은 김단장이 여인형 전 방첩사령관으로부터 들은 체포 명단을 전달했다며 "명단 14명을 쭉 부른 건 아니고, 수사관 5명이 한 조를 이루면 '1조는 이재명, 2조는 한동훈' 이런 식으로 한 조씩 임무를 부여했다"고 말했다. 그는 체포 대상이 적힌 전체 명단은 갖고 있지 않아 수사관들과 둘러앉아 이를 복기했다고 증언했다. "13명 정도 복기한 것으로 기억한다"며 "김어준 이름을 '김호준, 김호중' 이렇게 받아 적어 드렸더니, 단장이 이름을 추정해 14명 명단을 최종적으로 확인했다"고 했다.

구과장은 이현일 전 경찰청 국수본 수사기획계장과 "수사관 100명이 온다 들었는데 '어떻게 오는지 명단을 알려달라', '추가로 호송 차량을 지원해달라' 이런 이야기를 나눴다"고 하고, "조 편성은 5명씩 하게 될 것이라는 취지"도 얘기했다고 했다. 이후 두 번째 통화에선 "(이현일이) '누굴 체포하는 것이냐?' 해서 '이재명, 한동훈이다' 이런 대화 내용이 있었던 것으로 기억한다"고 말했다.

그는 포고령을 보고 의문을 가졌다고 말했다. "포고령 내용이 상당히 모호한 정치 활동 금지, 정당 활동 금지 등 정치적 상황이라 '정치적 목적에 의해 체포하는구나' 개인적으로 생각했다." 그러면서 '이상하다', '영장 없이 불가' 등 메모를 작성했다고 증언했다.

피고인 윤석열 첫 공개

4월 21일 내란우두머리 혐의 2차 공판. 법원이 첫 공판에 이어 그날 공판에서도 윤 전 대통령에게 지하주차장을 통한 차량 출입을 허용하면서 법원에 출석하고 퇴정하는 그의 모습을 볼 수 없었다. 그 때문에 전직 대통령에게 전례 없는 특혜를 준다는 논란이 일었다.

하지만 재판부는 1차 공판 때와 달리 재판 시작 전 법정에 선 그의 모습을 촬영하는 것을 허가했다. 재판장은 "국민 관심과 국민의 알권리 등을 고려해 공판 개시 전에 한해 법정 촬영을 허가했다"고 설명했다.

그날 그는 재판이 시작되기 3분 전에 법정에 모습을 드러냈다. 촬영이 진행되는 3분여 동안 그는 검사석만 바라본 채 취재진이 있는 방청석 쪽은 돌아보지 않았다. 촬영 취재진이 빠져나간 뒤에야 취재진 쪽으로 고개를 돌렸다.

"두 번이나 나오게 해서 죄송합니다."

재판장이 조성현 수방사 1경비단장에게 재판 시작과 함께 이런 말을 건넸다. 조단장은 1차 공판으로 끝나지 않은 증인신문 때문에 또 한 번 417호 형사대법정에 나오게 됐다.

윤 전 대통령 측은 반대신문에서 조단장의 1차 공판 증언의 신빙성을 흔드는 질문을 주로 했다. 이진우 전 사령관으로부터 "국회의원을 끌어내라"는 지시를 받았으나 '이상하다'고 느껴 부하에게 해당 임무를 주지 않았다는 그의 진술은 내란 혐의의 핵심 증거이기 때문이다. 형사소송에서 증인의 증언 태도와 일관성은 판단의 중요한 요소다. 그런 점에서 윤 전 대통령 측은 검찰 조사와 헌법재판소 심판정, 형사법정 등에서 나온 그의 발언이 모두 다르다고 공격했다.

(2024년) 12월 검찰 조사에선 '(부하들을) 서강대교에 대기시켰다'고 했는데, 헌재에선 '지시가 아니라 우리가 그런 역할을 하는 것 같다' 정도로 언급했습니다. 본 법정에선 '사후에 알았다. 그런 임무를 인식했다'고 답변했는데, 어떤 게 사실인가요?

조단장은 물러서지 않고 모든 진술이 사실이며 맥락은 동일하다고 반복해 강조했다.

다 사실입니다. 다 사실일 수밖에 없는 게, 서강대교 북단에 (군인들이) 멈췄고, 제가 윤덕규(소령)에게 '야, 오지 마. 여기 상황 이상해. 너희도 다치고 시민도 다치고, 다시 돌아가'라고 지시했습니다.

윤 전 대통령 측은 비슷한 질문을 반복했다. 윤덕규 소령의 진술은 조단장의 증언과 다르다며 조단장이 이사령관으로부터 받은 지시를 윤소령에게 '지시'한 것인지, '설명'한 것인지 따졌다. 조단장은 "윤소령이 저렇게 진술했다면 그 또한 제 책임이다"며 "윤소령이 한 치의 틀

림 없이 내용을 기억하는지 묻고 싶다"고 반박했다.

비슷한 질문이 계속되자, 조단장은 "수차례 저는 진술했고, 답변은 동일하다", "어휘나 단어 차이를 계속 발견하려는 것 같은데, 마지막으로 설명해드릴까요?"라며 맞섰다. 방청석에선 한숨이 나오기도 했다. 조단장은 재판장에게 변호인의 질문이 반복된다며 문제를 제기했다. 듣고 있던 재판장도 "증인(조단장)의 말에 일리가 있다", "(윤 전 대통령 측의) 신문 기법이 있겠지만 (같은 질문을 반복하면) 증인이 말을 계속 신중하게 할 수밖에 없다"며 상황을 정리하기도 했다.

또 윤 전 대통령 측은 '국회의원을 끌어내라'는 지시가 가능한 것인지도 따졌다. 끌어내라는 지시가 있었더라도 실행 의도가 없는 발언에 불과하다는 점을 강조함으로써 내란죄의 '국헌문란' 목적을 부인하려는 취지로 추정됐다. 하지만 조단장은 "특정한 기억은 더 또렷해질 수 있다는 걸 이번에 알았다"며 당시 상황을 자세히 설명했다.

변호인이 '국회의원을 끌어내라'는 지시가 군사작전으로 가능한지, 또 즉흥적으로 할 수 있는지 등을 묻자, 조단장은 "불가능한 지시를 왜 내리는지 모르겠다. 군사작전을 할 지시인가? 할 임무인가?"라고 되묻기도 했다. 다시 변호인이 '즉흥적으로 할 수 없는 것 아니냐?'고 묻자, "할 수 없는데, 잘 알고 계시는데 왜 그런 지시를 했을까?"라고 응수했다. 그의 답변에 방청석에서 웃음이 터져 나오기도 했다.

오전 재판 내내 이어진 윤 전 대통령 측 반대신문이 끝난 뒤 오후엔 검찰 재신문이 이어졌다. 검찰 측은 기존 증언을 다시 정리하고 강조하는 질문을 했다.

조단장은 "이진우 사령관이 '① 너희가 들어가 국회의원 끌어내라

② 특전사들이 끌어내면 도와라'고 지시했다", "당시 상황이 비정상적이었고, 임무가 불분명한데 후속 부대를 투입하는 게 적절치 않았다"고 답했다. 이어 "비상계엄 이후 군인은 명령을 내리면 어떤 경우에도 수행하는 '무지성의 집단'으로 해석되고 있다", "군에선 명령이 중요해 목숨을 바쳐 지켜야 하는 중요한 가치이지만, 반드시 명령이 정당하고 합법적이어야 하는 조건이 있다"고 목소리를 높였다. 그러면서 "그 지시가 그랬나?", "의원을 끌어내는 임무가 정상적이지 않은 건, 군 생활한 지 25년 됐기 때문에 이해할 수 있었다"고 덧붙였다.

윤 전 대통령 측의 재반대신문은 오후 3시가 넘게 이어졌다. 한 변호인이 부대원 15명밖에 국회로 진입하지 못한 사실을 다시 거론하며 '못 들어간 것 아닌가?'라고 물었다. 조단장은 "지시를 열심히 수행했다면 어떤 상황이 벌어지는지 아는가?", "시민들이 다 다친다"고 대답했다. 이어 "시민과 우리 부하들이 다 다치면서 하는 게 정상적인 임무 수행인가? 들어간 인원이 중요한 게 아니다"며 "우리의 전투력과 후속 부대 투입을 고려했을 때, 시민의 안전을 고려하지 않고 들어갔다면 (업무 수행이) 불가능했을까?"라고 반문했다.

조단장이 '못 한 게 아니라 안 한 것이다'라는 취지의 주장을 힘줘 말하자, 변호인이 "그래서 안 하신 건 잘한 거다"고 맞장구치기도 했다. 윤 전 대통령은 오전 10시부터 오후 3시 넘게 증인신문이 진행되는 동안 눈을 감고 있었다. 신문이 끝날 무렵 그는 깨어났다.

그날 2차 공판 후반, 김형기 특전사 1특전대대장은 오후 2시부터 1시간 넘게 기다렸다. 먼저 시작한 조단장에 대한 증인신문이 길어졌기 때문이다.

윤 전 대통령 측은 조단장 신문 때와 마찬가지로 '국회의원을 끌어내라'는 지시가 의도 없는 발언에 불과하다는 취지의 질문을 이어갔다. 변호인이 김대대장에게 "실탄뿐 아니라 공포탄을 가져가지 않은 이유가 무엇이냐?", "계엄 해제 의결을 방해할 거였다면, 2시간이 지나서 국회에 도착하진 않았을 것 같다" 등을 물었다.

하지만 김대대장은 "문짝을 부수고 유리창을 깨서라도 국회의원을 끌어내라는 게 제 임무였다"며 '국회의원을 끌어내라'는 지시를 받았다고 재차 강조했다. 그러면서 "최초에는 실탄과 공포탄을 지급하라고 했다", "탄약 관리 담당자가 비상소집 명령을 하달받지 못해, 탄약고를 열 수 없어 실탄과 공포탄 없이 출동할 수밖에 없었다"고 설명했다.

윤 전 대통령 변호인: 의원을 끌어내라는 지시가 실현 불가능하거나 무의미한 명령이라고 볼 수 있나요?
김대대장: 말도 안 되는 거라고 생각합니다.

변호인: 내란 혐의는 폭동이 있어야 하고, 헌법기관의 권능을 상당 기간 영구적으로 불능하게 해야 성립하는데, 증인은 국회의원을 끌어내 특정한 곳에 감금하라는 지시를 받았나요?
김대대장: 끌어내라는 지시는 받았고, 감금은 모르겠습니다. 저는 (감금 지시를) 받은 적이 없습니다.

이어 진행된 재신문에서 검찰 측은 '국회의원을 끌어내라'는 지시가 대통령의 지시였는지, 특전사들이 끌어내라는 지시를 이행할 수 있었는지를 주로 물었다. 김대장은 "이상현 여단장이 곽종근 사령관이랑 통화했고, 정확하게 '대통령이라는 단어를 들었다'고 말해줬다"고 답했다. 그리고 투입된 특전사 인원으로 충분히 시민과 국회 관계자들을 제압할 수 있었다고 강조했다.

검사: 당시 특전사 1대대에서 들어간 인원이 49명인데, (특전사들이) 마음먹으면 네댓 명은 충분히 제압하고 임무 수행을 할 수 있었던 상황은 맞죠?

김대장: 네. 맞습니다.

검사: '문 부수고, 유리창 깨서 국회의원 끌어내라'는 명시적 과업을 이행하려고 했다면, 추정적 과업들은 현장에서 즉시 수립해 시행할 수 있었던 거 아닌가요?

김대장: 당시 상황은 복잡하지 않았습니다. 이미 병력은 흥분돼 있었습니다. 그래서 '들어가서 끄집어내라'고 말했으면 그대로 이행했을 겁니다.

윤 전 대통령 측은 재반대신문을 할 때, 비상계엄 당시 국회 경내에 있던 시민들에 대해 질문했다. 당시 시민들이 절차를 지켜 국회로 들어왔냐는 것. 김대장이 비슷한 취지의 질문을 계속 받으면서 답이 짧아지고 분위기가 고조됐다.

변호인단이 "비상계엄 당시 국회 내에 시민들이 있었는데, 야간에 절차 없이 들어온 건 위반한 거 아니냐?", "국회 질서유지를 해야겠다는 생각은 없었냐?"고 묻자, 김대장은 "(시민들이) 들어올 만하니까 들어왔겠죠", "질서유지는 군의 임무가 아니고, 질서유지에 총은 왜 들고 가냐!"고 답했다.

변호인단이 "국회의원을 끌고 나오라는 지시'와 '민간인 안전에 치중하라'는 모순된 지시를 한 거냐?"고 추가로 묻자, 김대장은 "책상에 앉아 임무만 주신 분들이 뭘 알겠습니까!", "폭동이 생기지 않은 건 우리 군인들이 (시민들에게) 맞았기 때문이다"고 항변했다.

재판장은 김대장에게 "두 번 나와 감사하다", "마지막으로 하고 싶은 말씀이 있으면 하시죠"라고 말했다. 이에 김대장은 윤 전 대통령이 2013년 국회 국정감사에서 한 말 "사람에 충성하지 않는다"는 문구를 인용하며 작심 발언을 쏟아냈다.

저는 지금까지 23년간 군 생활을 했는데, 바뀌지 않은 게 한 가지 있습니다. 그것은 국가와 국민을 지키는 것입니다. 저는 사람에게 충성하지 않습니다. 조직에 충성하고, 그 조직은 제게 국가와 국민을 지키라고 임무를 부여했습니다.

누군가는 제게 '항명'이라고 합니다. 저는 항명이 맞습니다. 하지만 상급자 명령에 하급자가 복종하는 건 국가와 국민을 지키라는 임무를 수행할 때에 국한됩니다. 제가 어떻게 지난해(2024년) 12월 4일에 지시받은 임무를 수행하겠습니까!

차라리 항명죄로 처벌해주십시오. 그럼, 부하들은 항명죄도 내란죄도 아닙니다. 그날 그 자리에서 부하들은 아무 일도 하지 않았고, 그래서 아무 일도 일어나지 않았습니다. 그 덕분에 민주주의를 지켰다고 생각합니다.

특전사 헬기의 서울 진입 3차례 보류

4월 24일 중앙지역군사법원에선 계엄군 수뇌부들인 박안수 육군참모총장, 이진우·여인형·문상호 사령관 등의 내란중요임무종사 혐의 공판이 열렸다.

오전 재판에선 비상계엄 당시 합참 계엄과장이던 권영환 대령이 출석했다. 군검사가 이재식 당시 계엄사 기획조정실장으로부터 "2사단 출동 지시가 나오면 바로 출동할 수 있도록 준비하라는 지시를 받았냐?"고 묻자, 권대령은 "그렇다"고 답했다. 그의 진술에 따르면 해당 지시는 국회에서 비상계엄 해제요구 결의안이 가결된 뒤인 2024년 12월 4일 새벽 1시 이후에 내려졌다.

2사단은 수도권에 위치해 헬기로 신속하게 서울로 투입될 수 있는 부대다. 이어 권대령은 "2사단 출동 관련 복장 및 수단을 물어봤을 때 이실장이 '그냥 체육복 입고 자면 된다'고 말해 안도감이 들었다"고 증언했다. 그는 이후 이실장의 지시에 따라 새벽 1시가 넘은 시각에 2사단에 연락해 "출동 명령시 출동할 수 있도록 준비하라"고 전달했다고 밝혔다.

그날 오전 재판에 이재식 당시 기획조정실장(현 합참 전비태세검열차장)도 마찬가지로 증인으로 출석했다. 다만 이실장은 2사단 출동 준비에 대한 군검사의 질문에 "2사단 (출동) 명령이 났을 때를 위해 현황을 알아보라고만 했다"고 답했다. 군검사가 "2사단에 출동 준비가 하

2024년 12월 3일 밤 비상계엄이 선포된 가운데 국회의사당 상공에
계엄군들을 실은 헬기가 떠 있다. **사진** 연합뉴스

사진 정기훈

달돼 (실제) 준비가 됐다"고 지적하자, 그는 "몰랐다"며 "(현황을) 파악하는 과정에서 소통 오류가 있었던 것 아닌가 한다. 출동 준비 지시는 없었다"고 설명했다.

그날 오후 재판에는 김문상 비상계엄 당시 수방사 작전처장이 증인으로 출석하면서 계엄 당일 특전사를 태운 헬기가 국회에 늦게 투입된 과정이 구체적으로 드러났다. 소방 헬기를 포함한 어떤 항공기도 수방사의 허가 없이는 수도권 공역에 진입할 수 없다. 군검찰이 제시한 자료에 따르면, 헬기 진입은 계엄 당일 밤 10시 49분, 10시 54분, 11시 19분 3차례 거부됐다. 결국 밤 11시 31분이 돼서야 헬기가 서울 공역으로 진입할 수 있었다. 그렇게 그가 40분 넘게 헬기를 묶어두면서 특전사 707특임단 부대원 97명을 태운 헬기들은 당일 밤 11시 49분에야 국회의사당 뒤편 운동장에 착륙(착륙 시작)했다. 계엄 선포를 위해 생방송 카메라 앞에 선 윤대통령의 입에서 "비상계엄"이라는 단어가 튀어나온 시각이 당일 밤 10시 27분이었으니 경기 이천에서 출발한 707특임단이 국회 운동장 잔디를 밟기까지 1시간 22분이 걸린 셈이다.

김처장은 당시 상황에 대해 "목적을 모르는 상태에서 어떤 일이 벌어지고 있는지 모르기 때문에 헬기를 승인할 수가 없었다"고 말했다. 처음엔 헬기 안에 특전사가 타고 있는지 몰랐다는 것. 특전사 특수작전항공단의 요청이 계속되자 합참에 문의했으나 "관련이 없다"라는 답변이 돌아왔다. 결국 수방사 참모장의 지시에 따라 육군본부에 연락했을 때 당시 연락을 받은 조종래 육군 정보작전참모처장으로부터 '상부의 허가를 받았으니 헬기를 허용하라'는 취지의 지시를 받게 됐다.

군검사가 "결국 계엄사령관의 지시를 받고 나서 승인한 것이냐?"고 묻자, 김처장은 "네"라고 답했다. 뒤이어 증인신문에 출석한 조종래 처장도 같은 증언을 했다. 군검사가 "본인이 임의로 (헬기 진입을) 승인한 뒤에 사후 (박총장에게) 보고한 게 아니냐?"고 묻자, 그는 "아니다. 나는 권한이 없다"라며 명확하게 박총장에게 전화했다고 말했다. 그로써 박총장이 어떤 경위로 헬기의 서울 상공 진입을 말했는지는 향후 재판에서 가려지게 됐다.

네 번 걸려 온 '대통령님' 전화, "총 쏴서라도 들어가"

내란우두머리 혐의 3차·4차 공판

"국회 가면 누구 체포하겠냐?"

2025년 4월 29일 경찰 지휘부의 내란중요임무종사 등 혐의 5차 공판의 법정에선 계엄 당일 박창균 전 서울영등포서 형사과장과 이현일 전 경찰청 국수본 수사기획계장이 나눈 통화가 재생됐다.

통화 녹취에서 이계장은 박과장에게 "지금 방첩사에서 국회 체포조 보낼 거야", "현장에서 방첩사 2개 팀이 오는데 인솔하고 같이 움직여야 할 형사 5명이 필요하다"고 말했다. "경찰 티 나지 않게 사복 입어, 형사 조끼 입지 말고"라고도 했다. 박과장이 "뭘 체포하는 거냐?"고 묻자, 이계장이 "국회 가면 누구 체포하겠냐?"고 답했다. 이에 박과장이 크게 한숨을 쉬었다.

검찰 측이 '국회로 가 누구를 체포한다고 생각했냐?'고 묻자, 증인으로 나온 박과장은 "시민들이 많이 몰려드는 상황에서 질서유지 상황, 어쨌든 계엄이 발동된 상황에서 집단 폭동, 이런 것을 대비한다고 생각했다"고 답했다.

한숨의 의미에 대해선 "그 인원으로 많은 인원들 사이에서 체포 활동을 한다는 것 자체가 평소 활동에 비하면 상식적으로 말이 안 되는 상황"이라며 "그 상황이 너무 힘들 거라고 생각해 한숨 쉬었다"고 답했다. 다시 검찰 측이 '체포조가 국회로 가 국회의원 체포하라고 할 거라고 해서 한숨 쉰 건 아니냐?'고 묻자, 그는 "정보를 들은 게 없고 내용 유추하거나 예측할 상황은 아니었다"고 답했다.

증인으로 나온 이계장은 비상계엄 당시 구민회 방첩사 수사조정과장이 경찰 지원 인력을 요청하던 상황을 상세히 진술했다. "방첩사에서 '국회로 체포조가 출동하는데 국가수사본부에서 인솔하고 같이 다닐 사람을 지원해달라'고 했는데 야간에는 국수본 근무자가 없어 '꼭 국수본이 가야 하는 거냐'고 했다"며 "그랬더니 '그냥 경찰이면 됩니다'라고 했다"고 말했다. 당시 방첩사의 체포 대상이 누구라고 생각했냐는 검찰 측 질문에는 "국회에 근무하는 여러 사람들", "국회의원만은 아니라고 하더라도 국회의원도 가능할 것이라고 생각했다"고 답했다.

"계엄을 방송을 통해 알았다고 하자"

4월 30일 중앙지역군사법원의 심리로 열린 여인형, 이진우, 문상호 전 사령관들의 내란중요임무종사 혐의 공판에는 곽종근 전 사령관이 증인으로 나왔다. 그는 계엄 해제 직후인 2024년 12월 4일 새벽 5시 반쯤 여사령관이 먼저 전화를 걸어 왔다고 했다.

군검사가 "여 전 사령관이 '계엄을 방송을 통해 알았다고 하자', '안보폰 통화 내역을 지우라'고 얘기했냐?"고 묻자, 그는 "그렇게 기억한다"고 답했다. 실제로 곽사령관과 여사령관은 국회 청문회 등에서 TV 뉴스를 통해 계엄이 선포된 사실을 알게 됐다고 주장했으나, 이후 곽사령관은 계엄이 선포되기 수개월 전부터 윤 전 대통령이 '비상대권' 등을 언급해왔다고 양심 고백을 한 바 있다.

그는 2024년 11월 9일 윤대통령과 김용현 장관, 여사령관, 이사령관 등이 동석한 국방부장관 공관 모임 당시 병력이 출동할 구체적인 장소에 대한 언급도 나왔다고 말했다. "윤대통령이 앞에 계셨고, 김용현 장관이 한마디씩 해보라고 말했다", "(이진우·여인형 전 사령관이) 수방사는 국회에 간다, 방첩사는 선관위에 간다고 말한 게 기억난다"고 밝혔다.

또 계엄일 전부터 김장관과 여사령관으로부터 '반국가 세력'이 언급된 유튜브 링크를 공유받았다고도 증언했다. "주로 김 전 장관이 (유튜브 링크를) 보냈다", "여 전 사령관은 간헐적으로 중간중간 한 번씩 보냈다"고 말했다.

유튜브 링크를 보낸 이유가 무엇일 거라고 생각하느냐는 질문에, 그는 "자연스럽게 '반국가 세력', '종북 세력' 이런 부분들이 머릿속에 각인되면서, 받아들이는 데 좀 거부감이 덜하게 작용됐던 것 같다", "그런 것들이 자연스럽게 스며들게 하는 목적들이 있었을 것 같다"고 답했다.

'직권남용' 추가 기소

5월 1일 검찰은 '불소추 특권'이 사라진 윤 전 대통령을 직권남용 혐의로 추가 기소했다. 재판에서 군인들이 증언한 것처럼 그가 '부당한 지시'로 의무 없는 일을 하도록 만들었다는 혐의다. 서울중앙지법은 기존 담당 재판부인 형사합의25부에 해당 사건을 배당하고 기존 내란우두머리 혐의 재판에 병합했다. 해당 재판부는 2025년 연말까지 윤 전 대통령 관련 재판의 일정을 정했다. 한 달에 서너 차례씩 재판을 열 예정이었다. 앞서 해당 재판의 1차 공판준비기일에서 검찰 측은 일주일에 두세 번씩 재판을 진행해달라고 요청했다.

"담화 끝부분 자막을 보고서야 알았다"

5월 8일 중앙지역군사법원, 여인형·이진우·문상호 전 사령관들의 내란중요임무종사 및 직권남용 혐의 공판엔 박안수 육군참모총장과 여인형 전 사령관이 증언대에 섰다.

여사령관은 계엄 전에 이뤄진 몇 차례 회동에서 윤 전 대통령이 당시 시국을 '비상대권'으로 말했지만 '계엄'은 직접적으로 언급하지 않아 사전에 계엄 선포를 알지 못했다고 주장했다. 다른 장성들과 계엄을 논의했냐는 질문에 그는 "군인들끼리 계엄이라는 이야기를 직접 입에 올리면서 대화하는 게 쉽지 않다"고 답했다. 윤 전 대통령의 계엄 선포를 말리기 위해 무릎을 꿇었냐는 군검사의 질문엔 "약주가 과해 돌발적으로 한 행동이다", "당시 상황을 구체적으로 기억 못 한다"고 했다.

박총장도 선포 당일에 비상계엄을 알았고 군 장성들과 사전에 모의한 적 없다는 기존 주장을 이어갔다. "(비상계엄을) 전혀 몰랐고, 계엄 당일 합참의 전투통제실에 내려가 대통령 담화 끝부분 자막을 보고서야 알았다." 포고령에 대해서도 "포고령을 공지하라는 지시를 받은 상황에서 '이 내용이 위헌이다, 합법적이지 않다'고 정확히 따질 수 있는 상황이 아니었다"고 설명했다.

한편 5월 2일 중앙지역군사법원은 박총장과 여사령관이 청구한 보석을 기각했다. 그에 따라 4월 4일 보석 석방된 곽 전 사령관을 제외하고, 계엄군 수뇌부들은 모두 구속 상태로 재판을 받게 됐다.

차량 앞자리에서 모두 들었다

5월 12일 내란우두머리 혐의 3차 공판부터는 법원이 지하주차장 이용을 허용하지 않으면서 윤 전 대통령은 일반 피고인과 마찬가지로 지상을 통해 출입했다. 불구속 상태로 재판을 받고 있던 그로선 법원에 출석하는 모습이 처음 공개되는 순간이었다. 법원 지상으로 걸어 출석했으나 포토라인에 멈춰 서지도 않고 취재진의 질문에 대답하지도 않았다.

"빨리 국회 문 부수고 들어가서 안에 있는 인원을 끄집어내라." 윤 전 대통령의 그 지시를 들은 사람은 곽종근 전 사령관 말고 또 있었다. 바로 계엄 당일 밤 이진우 전 사령관과 함께 있던 그의 부관 오상배 대위다.

그날 공판에 증인으로 출석한 오대위는 계엄 당일 밤 이뤄진, 윤 전 대통령과 이사령관 간의 4차례 통화에 대해 상세히 증언했다. 그가 처음부터 수화기 너머로 들은 통화에 대해 진술한 건 아니다. 2024년 12월 18일 이뤄진 첫 번째 군검찰 조사에서 그는 '진술할 마음이 없다'고 했다. 하지만 이틀 만에 마음을 바꿨다. 검찰 측이 그 이유를 묻자, 그는 당시 다음 날인 12월 19일에 열린 윤 전 대통령 측 변호사의 기자회견("대통령이 체포의 '체' 자도 얘기한 적도 없을 뿐만 아니라, 체포하면 도대체 어디에다가 데려다 놓겠다는 것입니까")을 언급했다.

그는 "(윤 전 대통령이) 법리적으로 옳은 일을 했다고 생각했고, 책임을 다 지실 거라고 생각했는데 그 기자회견을 보고 제가 아는 사실과 다르게 말해 진실을 밝히는 데 도움이 돼야겠다고 생각했다"고 했다. 윤 전 대통령 측 변호사가 '체포의 '체' 자도 얘기한 적 없다'고 했을 때 어떤 생각을 했냐는 질문에는 "생각과 많이 달라 당황했고 배신감 같은 걸 느꼈다"고 답했다.

그는 계엄 당일 밤 국회 근처에서 이사령관과 차에서 대기하고 있었다. 그때 이사령관의 비화폰에 '대통령님'이라는 글자가 떠 김용현 장관과 통화하던 이사령관에게 전화를 넘겼다는 게 그의 설명이다. 스피커폰으로 통화한 건 아니었지만 "매체를 통해 들리는 목소리와 같아서 (윤대통령인 걸) 알아들었다"고 했다.

다음은 오대위의 법정 증언으로 본 당시 상황이다.

첫 번째 통화에서 윤대통령은 이사령관에게 국회 앞 상황이 어떤지 물었다. 이사령관은 '국회 문이 모두 막혀 있어 담을 넘어 들어가라 했다'고 보고했다. 이어진 두 번째 통화에서 이사령관은 다시 한 번 '국회 본관에 병력이 진입하지 못했다'고 했다. 오대위는 "(그때 윤대통령이) '4명이 1명씩 들쳐 업고 나오라'는 취지로 지시했던 것으로 기억한다"고 말했다.

그 지시를 명확히 기억하는 이유에 대해선 "병력이 들어가 본회의장 안에 있는 사람을 가마 태워 나오는 이미지로 연상됐다"고 했다. 듣는 순간 지시의 내용이 머릿속에 그림처럼 그려졌다는 말이다. 오대위는 그 말을 듣고 "그럴 수 있나? 생각했다", "(윤대통령이) 법률가이니까 법리적으로 가능한가 보다 생각했다"고 했다.

오대위는 세 번째 통화에 대해 "(당시 윤대통령이) '총을 쏴서라도 문을 부수고 들어가라'는 취지로 말씀하신 것으로 기억한다"고 했다. 이번에는 "총을 허공에 '팡팡' 쏴서 사람들이 겁에 질려 있을 때 문을 부수고 들어가는 장면이 연상됐다"고 설명했다. 두 번째 통화 때까지만 해도 '가능한가 보다' 싶었다던 그는 거기까지 듣고는 "'이건 진짜 아니'라는 생각을 했다"고 말했다.

국회에서 비상계엄 해제요구 결의안이 통과된 뒤 이뤄진 네 번째 통화에서는 "(당시 윤대통령이) '결의안이 통과됐다고 해도 두 번, 세 번 계엄하면 된다'는 취지로 이야기했다"고 기억했다. '내가 (계엄을) 선포하기 전에 병력을 미리 움직여야 한다고 했는데, 다들 반대를 해 일이 뜻대로 안 풀렸다'는 한탄 섞인 말도 덧붙였다고 했다.

윤 전 대통령 변호인단은 반대신문에서 오대위의 진술에 신빙성이 없다고 강조했다. 당시 이사령관의 비화폰 수발신 내역엔 윤대통령으로부터 전화가 온 기록 자체가 없고, 곽종근 사령관과의 통화에선 윤대통령이 전화했을 때 화면에 '대통령님'이 아니라 알파벳과 숫자가 조합된 번호가 떴다며 의문을 제기하기도 했다. 오대위는 "정확히 네 글자가 맞다"고 답했다.

또 통화 당사자인 이사령관보다 오대위가 오히려 전화 내용을 더 구체적으로 기억하는 게 "아주 이례적인 일"이라고 하자, 계엄 당시 중위였던 그는 "중위가 대통령의 통화를 듣는 것도 아주 이례적인 일"이라고 반박했다. 당시 차 안에서 "(TV) 방송을 틀어놓고 수시로 전화가 울리는 상황인데 목소리를 다 듣는다는 게 가능하냐"고 변호인단이 압박할 땐, "가능하기 때문에 진술한 것"이라고 했다.

직접 통화를 한 이사령관의 기억은 어떨까. 이사령관은 검찰 조사에서 "윤대통령이 '문을 부수라'는 말을 한 것과 '총'이라는 단어를 사용한 기억이 난다"는 취지로 진술했다. 하지만 헌법재판소의 탄핵심판에 나와서는 "답변이 제한된다"며 대부분 질문에 대해 말을 아꼈다.

앞서 헌법재판소는 이사령관에게 '국회의원을 끌어내라'고 지시한 적이 없다는 윤대통령의 주장을 배척했다. 윤대통령의 지시가 없었다면 이사령관이 갑자기 조성현 수방사 1경비단장에게 전화를 걸어 '국회의원을 끌어내라'고 지시할 이유가 없다는 이유였다. 차량 앞자리에서 통화 내용을 모두 들은 오대위의 진술도 신빙성이 있다고 봤다.

> 이진우가 피청구인(윤대통령)과 통화하는 동안 같은 차량의 앞좌석에 앉아 있던 이진우의 전속부관이 통화 내용 대부분을 들을 수 있었던 점 (…) 피청구인의 위 지시가 없었더라면 이진우가 갑자기 조성현에게 건물 '내부'로 진입하여 국회의원을 끌어내라는 지시를 할 이유가 없는 점 등에 비추어볼 때, 피청구인의 위 주장은 믿기 어렵다._헌법재판소 탄핵심판 결정문, 2025.4.4.

"비상대권"

5월 13일 중앙지역군사법원에서 열린 이진우·문상호 전 사령관의 내란중요임무종사 혐의 재판에 여인형 전 사령관이 증인으로 출석해, 윤 전 대통령이 비상계엄 선포 전에 '비상대권'을 통한 조치를 언급했다고 진술했다.

"2024년 10월 1일 국군의날 행사가 끝나고 국방부장관 공관 모임에서 (당시 윤대통령이) '이재명 대표 같은 사람은 어떻게 할 수 없다. 비상대권을 통해 조치해야 한다'고 말한 것을 기억하냐?"는 군검사의 질문에 그는 "식사할 때 한 말은 정확히 기억나지 않는다"고 진술하다가, 군검사가 군검찰의 진술조서를 제시하자 그때야 "대통령이 그런 말씀을 하셨다는 걸 부인하지는 않겠다. 하지만 10월 1일 그 장소에서 말했을 것 같지는 않다"고 답했다. 즉 "(당시 윤대통령이) 그런 취지의 언급을 한 것은 맞지만, 업무상 수사 관련 이야기를 할 때 했을 것"이라면서도 언급 시점을 특정하지는 못했다.

최초 명령, "국회를 확보하라"

5월 19일 내란우두머리 혐의 4차 공판은 박정환 특전사 참모장의 증언으로 채워졌다. 그는 비상계엄이 선포된 지 약 11분이 지난 2024년 12월 3일 밤 10시 38분에 특전사 지휘통제실로 들어갔다. 그리고 지휘통제실에 이미 들어와 있던 곽종근 사령관 옆에 앉았다.

그 시각 김용현 장관이 화상으로 전군주요지휘관회의를 하고 있었다. 그곳에서 곽사령관은 비화폰으로 상당히 많은 전화를 받느라고 분주했다. 그중에는 독촉성 전화도 많았다고 박참모장은 기억했다. 대표적인 독촉 전화는 특전사 707특임단 대원을 태운 헬기 12대를 빨리 국회로 보내라는 지시였다.

박참모장에 따르면 곽사령관은 '국회로 707특임단을 투입하라'는 독촉에 매우 조급하게 반응했다. 15분 걸린다는 말을 5분 줄여 말하기

계엄 당일 밤 국회로 진입하고 있는 무장 군인들. 방탄모와 마스크, 방탄조끼 등을 착용하고
K1 기관단총 등으로 무장했다. 헬멧에는 야간투시경을 달았다. **사진** 정기훈

도 했다. 독촉한 상대방은 김용현 장관일 것이라고 박참모장은 추측했다.

박참모장이 지휘통제실 자리에 앉은 지 9분 후인 밤 10시 47분, 곽사령관이 707특임단과 1공수여단에 '최초 명령'을 내렸다. 내용은 "국회를 확보하라"였다. 이후 곽사령관이 "문을 부수고라도 들어가라", "유리창을 깨고 들어가라", "본회의장에서 표결하지 못하게 의원을 끌어내라" 등의 지시를 내렸다고 말했다.

'국회의원을 끌어내라'는 지시에 충격을 받았다는 그는 "옆에 있던 정보처장과 작전처장 등과 눈이 마주쳤고 당황한 표정을 지었다"고 설명했다. 그러면서 "이 정도 상황이면, 간첩 혹은 무장 세력이 들어와 국회의원을 인질로 잡은 상황을 예견했다", "뉴스 방송 등으로 저희가 상상하는 상황과 맞지 않고 괴리를 느끼는데, (방송) 자막으로 '계엄 해제'라고 나오니까 의아했다"고 말했다.

또 그는 곽사령관이 누군가와 통화할 때 "'문을 부수고라도 들어가겠습니다'라고 복창했다"고 말했다. 하지만 곽사령관이 복창하며 통화한 상대에 대해 누구라고 단정하지는 않았다.

윤 전 대통령 측은 "국회를 확보하라"는 말에서 '확보'의 의미에 대해 따졌다. "특전사에 '확보'라는 건 어떤 의미냐?"는 물음에, 박참모장은 "출입하지 못하도록 통제하는 성격이라 생각했다"며 "국회라는 헌법기관은 군사적 목표가 아니고 '확보'가 적절치 않고, 해석이 안 된다"고 강조했다.

또 윤 전 대통령 측이 "김현태 전 707특임단장은 '유리창을 깨고 들어가라'는 지시를 받은 적이 없다고 (스스로 했다고) 한다"고 지적하자, 박참모장은 "707특임단장이 자력 판단해서 국회 유리창을 깰 정도의 위치는 아니라고 생각한다"고 답했다.

곽사령관은 군인들에게 '국회를 확보하라'고 지시했으나 군인들은 비상계엄 해제요구 결의안 가결을 막지 못했다. 박참모장은 국회에서 결의안이 통과된 뒤 곽사령관이 두 손으로 머리를 감싸 쥐고 책상에 웅크렸다고 묘사했다. 그러면서 "좌절하는 모습 같았다"고 설명했다.

이후 곽사령관이 다음 날 새벽 5시 35분 "방첩사령관"이라고 말하면서 누군가와 통화했는데, 그 반응으로 내용을 짐작했다고 박참모장은 밝혔다. 그가 짐작한 내용은 두 가지였다. '계엄 선포를 방송 보고 알았다고 하자'와 '비화폰 통화 내역을 지우자'였다.

재판에선 박참모장이 계엄 해제 후 하루이틀 사이에 휴대전화에 적은 메모도 공개됐다.

'이럴 줄 알았으면 12대를 사령부 (헬리)패드로 불러들일걸' 적혀 있음.

조기 투입을 계속 독촉 본회의장에서 표결 못 하도록 의원들을 빨리 끌어내라! 빨리 가라.

계엄 해제 발표 후 방첩사령관으로부터 사령관에게 보안폰으로 전화 옴. 통화하며 귀에 대고 있는 보안폰 지우는 모습

검찰 측은 메모를 작성한 이유를 물었다. 박참모장은 "너무 엄청난 사건이었고, 이게 큰 문제가 되고 잘못됐다는 생각이 들었다", "중요한 워딩들은 기록해야겠다고 생각했다"고 답했다. '수사기관이 요청한 것 아니냐?'는 질문엔, "그렇지 않다"며 "매우 충격적인 일이기 때문에 반드시 문제가 되겠다고 생각해, 들었던 말을 꼭 기록해야겠다고 생각했다"고 강조했다.

윤 전 대통령 측은 "메모 내용이 본인의 형사책임을 회피하고 가볍게 할 목적으로 증인에게 유리한 내용을 작성했다고 볼 수 있다"고 반격했다. 그러자 박참모장은 "그렇게 생각하지 않는다"며 "사무실에 왔을 때 큰 문제가 될 것 같고 수사를 받을 수도 있는데, 거기서 들었던 이야기들을 빨리 기록으로 남겨야겠다고 생각했다"고 기존 답변을 이어갔다.

또 윤 전 대통령 측은 계엄 당시 군인들이 국회로 이동할 때 사전 계획이 없었다는 점을 부각하는 질문을 이어갔다. 하지만 박참모장은 "군대는 북한 등에 반응하는 조직"이라며 비상계엄 당시 북한과 관련한 일이 발생했다고 예상했을 뿐 내란을 상상하지 못해 당황스러웠다고 맞섰다. 그러면서 "군대는 내란을 위해 조직화되지 않았다"고 강조했다.

윤 전 대통령은 그날 재판이 진행되는 동안 별다른 발언을 하지 않고 내내 눈을 감은 채 증인신문 등을 들었다. 오후엔 증인신문이 끝난 뒤, 추가 기소가 이뤄진 직권남용 혐의에 대한 모두절차가 진행됐는데, 도중에 재판장이 그를 향해 "피고인?"이라고 불렀으나 아무 반응이 없었다. 이에 재판장이 다시 "혹시 주무시는 건 아니죠?"라고 물었다. 하지만 그는 자세를 고쳐 앉으며 고개만 끄덕였다. 법정 밖에 나와서도 취재진의 질문에 답하지 않았다. "비상계엄에 대해 사과하실 생각이 있냐?" 등을 물었지만 "변호사와 이야기하시죠"라고 짧게 답했다. 가까이 오는 취재진의 손을 가볍게 밀치기도 했다.

그날 4차 공판에서 지귀연 재판장은 오전 재판 시작과 함께 당시 자신에게 제기되던 의혹에 대해 입장을 밝혔다. "(말을) 안 하면 이 재판 자체가 신뢰받기 힘들 것 같다"며 "평소 삼겹살에 소주 맥주 마시면서 지내고 있다. 의혹 제기한 내용은 사실이 아니다"고 말했다. 이어 "그런 곳 가서 접대받는 생각을 해본 적도 없다. 무엇보다 삼겹살에 소주 사주는 사람도 없다", "중요 재판이 한참 진행되는 상황에서 판사 뒷조사에 의한 계속된 의혹 제기를 통한 외부 공격에 일일이 대응하는 것 자체가 재판 진행에 영향을 미칠 수 있다"고 설명했다.

같은 날 오후, 더불어민주당은 지귀연 부장판사가 유흥업소 접대를 받았다며 관련 사진을 공개했다. 대법원 윤리감사관실은 해당 업소에 대한 조사를 포함해 사실관계를 확인하기 위해 나섰다.

이진우 사령관 첫 증언

5월 20일 중앙지역군사법원에서 열린 여인형·문상호 전 사령관의 내란중요임무종사 혐의 재판엔 이진우 전 사령관이 증인으로 출석해, '의원을 끌어내라'는 지시를 받았냐는 질문에 처음으로 입을 열었다.

계엄 당시 윤 대통령이 '국회 문을 부수고 들어가 끄집어내라'고 지시했고 그 말을 들은 자신은 "정상적이지 않다"고 생각했다는 것. 앞서 헌법재판소 탄핵심판에 증인으로 나왔을 때에는 "답변드리기가 제한된다"며 침묵했던 그였다.

'본회의장에 가서 4명이 1명씩 들쳐 업고 나오면 되지 않느냐'는 말은 부관이 사흘 뒤에 말해서 저도 생각이 났다. 하지만 그때 부관은 국회의원이라는 말은 안 했다. 나도 당시에 '발로 차고 문을 부수고 들어가서 끄집어내라'고 해서 정상적이지 않다고 생각했다.

곽종근 전 사령관의 증언에 이어, 계엄 선포 직후 당시 윤대통령이 국회 문을 부수고 들어가라고 지시했다는 증언이 또 나온 것이다. 재판장이 "증인은 당시 대통령의 전화를 테러를 소탕하라는 취지로 들었던 게 아니고, 세 번째 전화부터는 안에 있는 인원, 즉 국회의원을 끌어내라는 취지로 이해했다는 것이냐?"고 물을 때도, 그는 "그럴 가능성이 있다고 이해했다"고 답했다. 그는 2024년 11월 9일 국방부장관 공관 모임에서도 당시 윤대통령이 정치 상황에 대한 어려움을 호소했다고 말했다.

군검사는 이사령관이 계엄 선포 하루 전 '문을 열거나 부수는 데 사용하는 도구', '대통령이 국회 해산권 있나요' 등을 검색했다며 미리 계엄 계획을 알았던 것 아니냐고 물었다. 이에 이사령관은 "곽종근 전 특전사령관이 (시국 상황이) 걱정된다고 해서 저도 상상의 나래를 폈던 것 같다"고 답했다. 또 부정선거 관련 이야기는 일부 있었으나 확보해야 할 장소 등에 대한 언급은 없었다며 중앙선관위 장악을 사전에 모의했다는 혐의에 대해서는 선을 그었다.

국회에 모인 시민들을 보고 정신 든 특전사 지휘관

내란우두머리 혐의 5차·6차·7차 공판

법정서 재생된 '계엄의 밤'

국회로 진입한 무장 계엄군. 12·3 비상계엄을 떠올리면 가장 먼저 떠오르는 장면이다. 2025년 5월 26일 내란우두머리 혐의 5차 공판의 증인은 국회로 출동한 그 계엄군 260여 명을 현장에서 지휘한 이상현 당시 특전사 1공수여단장이었다.

그의 증언은 비상계엄 선포 며칠 전에 나온 곽종근 전 특전사령관의 '경고'부터 시작했다. 비상계엄 선포 이틀 전인 2024년 12월 1일, 곽사령관은 '북한의 도발 가능성이 높아졌으니 제주도 훈련을 연기하라'고 이여단장에게 지시했다. 이튿날인 12월 2일에도 '북한 상황이 심상치 않으니 대비 태세를 잘 갖춰라'는 지시를 받았다. 이여단장은 '어떤 위협이 있냐?'고 물었으나 자세한 설명은 없었다고 했다.

검찰 공소장에 따르면 곽사령관은 그런 지시를 내린 12월 1일, 이미 김용현 장관으로부터 "계엄 상황이 있을지 모르니 비상 상황에 대비하

계엄 당일 밤 국회의사당 뒤쪽 운동장에 착륙하는 계엄군 헬기들. **사진** 국회사무처

라"는 지시를 받았다. 그리고 비상계엄 당일인 12월 3일 밤, 이여단장은 곽사령관으로부터 "편의대 2개 조를 국회와 민주당사에 보내라"는 지시와 "건물에 있는 인원을 밖으로 내보내라"는 임무를 부여받았다. 편의대는 사복 차림으로 위장해 정찰과 정보 수집을 맡는 인원을 뜻한다. 앞서 여러 차례 북한의 위협에 대비하라는 지시를 받았던 이여단장은 그 지시가 북한의 도발에 대한 군사적 조치인 줄 알았다고 했다.

국회에 도착한 이여단장의 눈에 가장 먼저 띈 건 상공에 떠 있는 헬기였다. 당시 헬기에는 707특임단 대원들이 타고 있었다. 그는 "707특임단의 위상은 우리 특전사 요원들에게 상당히 크다"며 "'이거, 보통 상황이 아니구나, 이거, 테러야, 도발이야?' 생각했다"고 말했다. 또 "트럼프 정부 말기처럼 민간인들이 들어와 난동을 부리는 게 아닌가, 민간인들을 끄집어내는 게 우리 임무라고 인식했다"고 했다.

계엄 당일 밤 국회에 투입된 계엄군들이 국회의사당 1층 창문을 깨고 안으로 진입하는 모습이 CCTV에 찍혔다. **사진** 국회사무처

하지만 시간이 흐르고 상부와 통화를 주고받는 중에 그는 "나중에 돼서야 의원들을 끄집어내는 게 사령관의 지시라는 걸 인식했다"고 했다. 그는 그때부터 '민간인'이 아니라 '의원'들을 끄집어내라는 곽사령관의 지시를 부하들에게 전달하기 시작했다.

"문짝을 부숴서라도 의원들을 끄집어내라"고 말하는 이여단장의 통화 녹취가 법정에서 그대로 재생되기도 했다. 그는 "평소에 '문짝', '부숴', '끄집어내' 이런 용어를 잘 안 쓴다", "한쪽에 비화폰을 들고 한쪽에는 핸드폰을 들고 (지시를 그대로) 전달하는 수준이었다"고 설명했다.

이여단장의 지시에 윤대통령이 등장한 건 시간이 좀 더 흐른 다음 날 새벽 1시쯤이다. 그는 부하들에게 "대통령이 문을 부숴서라도 끄집어내라고 한다"는 지시를 전달했다. 그때 상황에 대해 그는 "곽 전 사령관이 '대통령님께서 문을 부숴서라도 국회의원을 끄집어내래'라고

계엄 당일 밤 국회의사당 본관 건물의 유리창을 깨고
내부로 진입하는 계엄군. **사진** KBS 뉴스 화면 캡처

하고 2, 3초 뜸을 들이더니 '전기라도 끊을 수 없냐?'고 말한 것으로 기억한다"고 증언했다.

검찰 측은 윤대통령의 그 지시가 곽사령관→이상현 여단장→김형기 1대대장 순으로 전달됐다고 봤다. 이여단장은 "(곽사령관으로부터) '도끼로라도'라는 단어를 들은 것 같다"고도 했다. 검찰 측이 "곽 전 사령관이 '대통령이 도끼로라도 문을 부수고 들어가라 했다'고 말했다는 것이냐?"고 묻자, "그렇게 기억하고 있다"고 했다. 검찰 측이 재차 "'도끼로 부수라'는 지시가 곽 전 사령관이 아니라 대통령의 지시라고 이해했다는 거냐?"고 묻자, "그렇게 이해했다"고 답했다.

앞서 2025년 2월 헌법재판소 탄핵심판에서 곽사령관은 "아직 의결 정족수가 채워지지 않은 것 같으니 국회 문을 부수고 들어가서 안에 있는 인원들을 밖으로 끄집어내라"는 윤 전 대통령의 지시를 받았다고 밝힌 바 있다. 다만 '도끼로라도 부수고 끄집어내라'고 했다는 건 자신의 진술이 아니라고 설명했다.

이여단장은 "시민들이, 아주머니가 울부짖으면서 '민주주의를 지켜야 돼' 이런 말씀을 하는 걸 보고 '아, 이게 지금 정상적인 군사작전이 아니구나' 인식했다"고 말했다. 그때쯤 곽사령관의 지시에 '대통령'이 반복적으로 언급되면서 자신은 "정신이 바짝 들었다"고 했다. 또 "일반적인 군사작전을 할 때 상급 지휘관이 지시하지, 대통령이 지시하지 않는다"며 "길거리에 있는 시민들의 행동을 보고 '우리가 잘못한 게 아닌가' 하는 생각이 불현듯 들었다"고 증언했다.

그는 자신이 상황을 정확히 인식하지 못한 채 상부의 지시를 부하들에게 그대로 전달하기만 했다는 점을 인정했다. "처음부터 '계엄이 발생했으니 국회에 들어가 의결 못 하게 하라'고 하면 누가 그 의무를 수행하겠냐", "사령관이 '북한의 위협'이라 해둔 것에 꽂혀 판단했다가 다시 아니라고 파악했을 때, 늪의 한가운데 들어가 있고 부하들이 뒤를 따라서 쭉 들어오는 느낌이었다"고 했다. 그러면서 "정확히 묻고 정리하고 지시해야 했는데, 불명확하게 지시한 점은 명확히 지휘관의 잘못"이라고 덧붙였다.

그날 공판에선 경호처 내 비화폰 서버 등에 대한 압수수색 영장 발부 여부를 두고 양측의 공방도 벌어졌다. 그 무렵 경찰 비상계엄 특별수사단이 비화폰 서버 기록과 대통령실 CCTV 영상 같은 물증을 확보하면서 계엄 관련 수사가 새로운 국면을 맞게 됐다.

특별수사단은 경호처로부터 임의 제출받은 비화폰 서버 기록을 분석하는 과정에서 윤 전 대통령과 홍장원 전 국정원 1차장, 김봉식 전 서울경찰청장 등과 관련된 사용자 정보가 원격 삭제된 정황을 포착했다. 그렇게 증거인멸 정황이 뚜렷한 만큼 경찰이 체포방해 혐의 등으로 윤 전 대통령에 대한 구속영장을 신청할 가능성이 제기됐다. 그리고 대통령실 대접견실(국무회의장) 내부와 대통령 집무실 복도를 찍은 CCTV 영상도 새로운 변수로 등장하면서 한덕수 전 총리와 이상민 전 행정안전부 장관 등에 대한 막혀 있던 수사에 변곡점이 생겼다.

"이재명·한동훈·우원식 3명 검거"

5월 29일 경찰 지휘부의 내란중요임무종사 등 혐의 속행 공판엔 전창훈 전 경찰청 국수본 수사기획담당관이 증인으로 나왔다.

전담당관은 자신의 상관인 윤승영 전 수사기획조정관이 조지호 청장에게 방첩사 요청을 보고한 것으로 알고 있다고 말했다. "윤 전 조정관에게 들은 이야기로 조청장이 '합동수사본부 100명, 차량 20대 등 명단 작성을 준비하라'고 말씀하셨다고 했다"며 "조청장이 '방첩사 5명 지원은 사복 차림으로 보내라고 하세요'라고 말씀하셨다고 들었다"고 증언했다.

다만 그는 방첩사로부터 요청받은 체포조가 누구를 대상으로 하는지는 몰랐다고 진술했다. 그러면서 "구체적으로 누구를 체포한다는 생각은 전혀 하지 못했다", "내용은 몰랐고 계엄법 위반(혐의)이겠구나 생각했다"고 덧붙였다.

6월 5일 경찰 지휘부의 내란중요임무종사 혐의 속행 공판에는 신동걸 방첩사 소령이 증인으로 나왔다. 신소령은 비상계엄 당시 김대우 방첩사 수사단장으로부터 출동 지시를 받았다고 증언했다. 신소령은 "찰나에 많은 얘기가 나왔고, 그때 (김단장이) 얘기한 건 '신동걸 이재명, 최○○(소령) 한동훈, 준비되는 대로 출동해'가 다였다"고 말했다. 또 김단장이 그룹콜을 통해 "이재명·한동훈·우원식 3명 검거에 집중하라는 취지로 얘기했다"며, "경찰과 소통해 신병을 인계받고, 인계받은 후에는 포승줄과 수갑 등을 활용해 신병을 확보한 뒤 수방사로 인계하라는 취지의 지시가 있었다"고 밝혔다.

"대통령이 나한테 거수경례했다"

6월 2일 서울중앙지법 형사합의25부는 김용현 전 장관과 노상원 전 사령관, 김용군 예비역 대령 등의 내란중요임무종사 혐의 8차 공판을 열고 구삼회 전 2기갑여단장에 대한 증인신문을 진행했다. 그날 노씨가 민간인 신분으로 12·3 비상계엄을 사전 모의한 이른바 '햄버거 회동'에서 윤대통령을 만났다며 자랑하듯 말했다는 법정 증언이 나왔다.

계엄 당일 오후 경기 안산의 롯데리아('2차 햄버거 회동')에서 구여단장은 김용군 예비역 대령, 방정환 국방부 전작권전환TF 팀장과 함께 노씨로부터 중앙선관위 직원들을 체포할 '제2수사단' 관련 임무 지시를 받았다. '노 전 사령관이 윤 전 대통령과 친분이 있다거나 만난 적이 있다고 한 적 있냐?'는 검찰 측 질문에 그는 "(2024년) 10월에서 11월경에 진급 관련 통화를 하다가 '내가 대통령도 잘 알고 있다'고 두세 번 이야기한 기억이 있다"고 말했다. 또 "롯데리아에서 대화할 때 '며칠 전에 대통령을 만났다', '대통령한테 갔을 때 대통령이 나한테 거수경례하면서 사령관님, 오셨냐고 얘기까지 했다'고 하며 약간 뻐기듯이, 자랑하듯이 얘기한 기억이 있다"고 했다.

그날 법정에선 구여단장이 회동 당일 작성한 메모가 제시됐다. 메모에는 '선관위', '명단', '확보'라는 단어가 적혀 있었다. 그는 회동 당시 오간 대화에 대해 "주로 했던 대화가 '몇 시까지, 어디에, 어떻게 가서 누구누구를 확보해라'(였고), '선관위원장은' (노씨가) 김용군을 보면서 '당신이 직접 확보해요'라고 얘기했던 것을 정확히 기억한다"고 했다.

구여단장은 노씨가 진급을 도와주겠다는 취지로 여러 차례 연락했다고도 했다. 그러면서 "2024년 11월 (노씨로부터) '김용현 장관과 얘기가 잘됐다', '네가 이번에 진급을 할 수 있을 것 같다' 등의 얘기를 들었던 기억이 난다"고 말했다. 또 "11월 25일에 진급 발표가 난 것으로 기억하는데 하루인가 이틀 전 야간에 노 전 사령관의 전화를 받았다"며 "'이번에 진급 폭이 작아서 네가 어려울 것 같다', '장관님이 너를 아끼고 귀하게 생각하시니까 이번에 진급이 안 되더라도 다음 보직이나 그런 걸 잘 챙겨줄 것이다'고 했다"고 증언했다.

비상계엄 선포 직전에는 노씨가 전화해 '장관님이 너를 국방부에 불러 어떤 임무를 주고 그 임무 수행을 잘하면 내년 4월엔 좋은 일이 있을 것 같다', '조만간 국방부로 TF 임무 같은 걸 와서 하게 될 거다'라는 취지의 말을 했다고 밝혔다.

그는 노씨가 부정선거 의혹 관련 책자를 요약해달라는 지시를 했다고도 말했다. "(계엄 관련 문서에) 합수단 2단장으로 문서상에 표기가 돼 있고 중앙선관위 관련 일을 해야 해서 사전 지시를 좀 알려주려 했던 것 같다"며 "또 '너도 이런 일을 같이 했다'라는, 속된 표현으로 '엮여 있다' 그런 걸 (알려주려) 한 게 아닌가 생각한다"고 말했다.

"'대통령'이라는 말을 분명히 들었다"

6월 9일 내란우두머리 혐의 6차 공판에는 이상현 전 특전사 1공수여단장이 다시 나와 증언했다. 5차 공판에선 검찰 측 신문이 주로 진행됐다면, 6차 공판에선 윤 전 대통령 측의 반대신문과 검찰 측의 재신문, 윤 전 대통령 측의 재반대신문이 이어졌다.

윤 전 대통령 측은 이여단장의 기억 오류를 지적하며 진술의 신빙성을 흔드는 질문을 주로 했다. 상사인 곽종근 전 사령관이 김병주 더불어민주당 의원과 인터뷰한 시점에 대한 그의 기억이 틀렸다고 지적하고, 김형기 대대장에게 '물러나라'고 지시한 사람에 대한 진술이 번복된 것도 강조했다. 특히 '의원 끄집어내라'고 지시한 사람이 윤 전 대통령이 맞는지 주로 물었다.

변호인단은 "'상부'라는 단어가 정확하냐?"며 "박정환 참모장은 곽종근 전 사령관이 윤 전 대통령을 언급한 걸 듣지 못했다"는 말로 '의원 끄집어내라'의 지시가 윤 전 대통령의 것이 맞는지 따졌다. 이여단장은 "'상부'는 대통령을 지칭한다. 직접적으로 표현하기에 그래서 '상부'라고 했다"며 "누가 지시했냐는 질문에 '대통령'이라는 말을 분명히 들었다"고 맞섰다.

변호인단이 "대통령 지시가 없었던 것 아닌가?"라고 다시 물었지만, 그는 "정확히 들었다", "(당시 말하던) 사령관의 목소리를 지금까지 기억한다"며 물러서지 않았다. 또 그는 '문짝', '도끼', '전기 차단' 같은 지시도 명확히 기억난다고 덧붙였다.

그래도 변호인단은 이여단장이 '대통령 지시'를 듣지 않고도 자신의 재판에서 형사처벌을 피하려 허위 진술을 한다고 주장했다. 이에 이 여단장이 "거짓말을 할 생각으로 군 생활은 하지 않는다"고 반박했다. 또 "부하들의 처벌을 면하게 해주려고 제가 아는 만큼, 기억이 있는 만큼 사실대로 말했다"며 진술의 진정성을 강조했다.

지난 4월 2차 공판 이후 재판에서 침묵을 지키던 윤 전 대통령은 그날 6차 공판 후반부에 직접 발언했다. "헌법재판을 받다 보니까 재판관들도 현실에 대해 오해하는 분들이 있다"며 발언을 시작해 "(합참)지휘통제실(전투통제실)에서 화상회의는 김용현 전 장관이 계엄 선포 직후와 끝났을 때만 있었다", "군에서 '상부'는 대통령을 말한다는 건 분명히 거짓말이다"며 날 선 반응을 보였다.

3대 특검 출범

6월 12일 밤 11시 이재명 대통령은 3대 특검을 임명했다. 내란특검(윤석열 전 대통령 등에 의한 내란·외환 행위의 진상규명을 위한 특별검사)엔 조은석 전 감사원장 권한대행이, 김건희특검(김건희와 명태균·건진법사 관련 국정농단 및 불법 선거 개입 사건 등 진상규명을 위한 특별검사)엔 민중기 전 서울중앙지방법원장이, 해병특검(순직 해병 수사 방해 및 사건 은폐 등의 진상규명을 위한 특별검사)엔 이명현 전 국방부 검찰단 고등검찰부장이 임명됐다. 조특검은 "사초를 쓰는 자세로 직을 수행하겠다"고, 민특검은 "객관적으로 사건을 바라봐야 하지 않을까 싶다"고, 이특검은 "억울한 죽음에 대해 명백하게 실체적 진실을 규명하겠다"고 소감을 밝혔다.

2025년 6월 16일 내란우두머리 혐의 7차 공판엔 김용현 전 장관을 근거리에서 수행한 김철진 전 국방부 군사보좌관이 증인으로 출석했다. 김보좌관은 검찰 조사에서 "계엄 당일 김장관이 (노란색) 봉투에서 계엄 포고령을 꺼내 계엄사령관에게 주는 것"을 봤다고 진술한 인물이기도 하다. 국회는 계엄 선포 다음 날 새벽 1시 3분쯤 비상계엄 해제요구 결의안을 가결했으나 당시 윤대통령이 계엄 해제를 발표한 건 한참 뒤인 새벽 4시 26분이었다. 그날 공판에서 바로 그 3시간 23분에 대한 증언이 나왔다.

국회에서 해제요구 결의안이 가결된 뒤인 새벽 1시 20분쯤, 당시 윤대통령은 합참으로 향했다. 그는 합참 전투통제실 안에 있는 결심지원실에서 김장관과 박안수 육군참모총장 등을 만나 30분 정도 머물렀다. 결심지원실은 군 최고 작전 지휘부가 안보 관련 사안을 논의할 때 사용하는 회의 장소다.

그때 김보좌관이 윤대통령과 김장관이 나누는 대화를 들었다. 윤대통령이 "국회에 몇 명이나 투입했냐?"고 묻자 김장관이 "5백 명 정도"라고 답하고, 이어 윤대통령이 "거봐, 부족하다니까. 천 명 보냈어야지. 이제 어떡할 거야"라고 말했다는 게 그의 증언이다. 그는 대통령의 질문에 김장관이 걱정스러울 정도로 두 번, 세 번 답변하지 못한 기억이 있다고 설명했다.

윤 전 대통령 측은 반대신문에서 그 대화에 대해 집중적으로 캐물었다. 앞서 김장관이 그와 같은 대화가 없었다고 증언한 데다 박총장도 '전혀 기억나지 않는다'고 했다는 것이다. 변호인단은 "증인밖에 그렇게 이야기하는 사람이 없다는 걸 아느냐?"며 "천 명이 갔으면 계엄 해제 의결을 막을 수 있었나. 만 명, 2만 명이면 모를까. 대통령이 바보 도 아니고"라며 얼토당토않은 말이라고 주장했다.

당시 결심지원실에 들어선 윤대통령은 '국회법'을 찾았다. 김보좌 관이 급히 법령집을 구해 와 윤대통령에게 전달하고, 이후 김장관과 박총장만 남고 모두 나가라는 지시에 결심지원실 밖으로 나왔다.

사실은 저도 그 방송을 보고 있었습니다마는 의원들 사이에서도 '아니, 빨리합시다' 그리고 또 우원식 의장은 '이건 절차는 밟아야 하는 거 아닙 니까?' 이렇게 하면서 좀 국회법에 딱 저기 맞지 않는 그런 아주 신속한 그런 결의를 했거든요._윤 전 대통령, 헌법재판소 탄핵심판 3차 변론, 2025.1.21.

검찰 측은 윤 전 대통령이 계엄을 '유지'하기 위해 법령집을 찾았다 고 의심했다. 국회의 해제요구 결의안 의결에 절차상 하자가 있음을 확인해 거부권을 행사하려 한 게 아니었냐는 것.

윤 전 대통령은 발언권을 얻어 당시 상황을 직접 설명했다. 그는 "국방부 장관과 계엄사령관을 불러서 의견을 들어보고 계엄을 해제하 는 수순이었다", "늦은 시간까지 상황실에서 고생한 간부들도 많이 있 고 해서, 격려나 한번 해주고 와서 의견 들어야겠다 해서 거기(결심지 원실)를 간 것"이라고 말했다.

법령집을 찾은 이유에 대해서는 "절차가 미흡하지만 그 뜻을 존중 해서 계엄을 해제하겠다고 발표를 할지, 아니면 이 정도 절차의 미비 는 그냥 무시하고 계엄 해제를 할 건지 생각이 퍼뜩 들어 '국회법'을 갖고 오라고 하니까 시간이 꽤 많이 걸렸다"고 했다. 당시 그는 집무실로 돌아온 뒤 민정수석을 불러 법률 검토를 시켰는데, 민정수석이 '하자가 있지만 그냥 받아들이시는 게 좋겠다'고 해 문안을 만들라고 했다고 밝혔다.

당시 윤대통령이 결심지원실을 떠난 뒤 김장관은 새벽 2시 반부터 3시 10분까지 대통령실 회의에 참석했다. 김보좌관은 그 회의 직전 김장관이 여러 사람과 통화한 것을 기억한다고 했다. 검찰 측이 "(김장관이) '응, 상원아, 이제 더 이상 어떻게 하냐?' 이런 말을 했냐?"고 묻자, 김보좌관이 "맞다"고 답했다. 또 "(김장관이) 친분이 두터운 인원들의 이름을 부르는 스타일이었다", "'응, 상원아'라는 전화를 받는 것을 두세 번 정도 기억한다"고 말했다.

처음에는 '친인척인가' 하고 생각했다던 김보좌관은 이후 장군 인사에 노상원 전 사령관이 개입했다는 소문을 들었다고 했다. 또 "통상 장군 인사가 있고 나면 이번 인사가 어땠는지 보좌관실에서 간단한 분위기를 파악해 보고를 드린다", "일부 인원이 노상원 장군에 의해 인사가 이뤄졌다는 거북한 이야기를 했다"고 말했다.

'단순히 노상원이 개입했다는 정도냐, 특정인까지 언급됐냐?'는 검찰 측 질문에는, "사실관계 확인이 불가능해 명확히 말할 수는 없지만 인원도 들렸다", "'누구누구는 노상원 힘으로 됐다더라' 이런 이야기가 들렸다"고 답했다.

대통령실 회의에 참석하고 돌아온 김장관은 전군주요지휘관회의를 열었다. 그 회의에서 "대통령의 명을 받들어 임무를 수행했으나, 중과부적으로 우리가 원하는 결과가 되지는 않았다"고 말하는 김장관의 음성 파일이 법정에서 재생되기도 했다.

구속 만기 3시간 앞두고 재구속

6월 16일 서울중앙지법 형사합의25부는 김용현 전 장관의 구속 기한 만료를 열흘 앞두고 직권으로 보석 결정을 내렸다. 형사소송법상 구속 기간은 최장 6개월까지 가능하다. 재판부는 "피고인 출석을 확보하고 증거인멸을 방지할 조건을 부가하려는 것"이라고 설명했다. 김 장관을 조건 없이 만기 석방하기보다 조건을 달아 보석 석방하는 방법을 택한 것이다.

앞서 1월 김장관은 법원에 불구속 상태에서 재판을 받게 해달라고 보석을 청구했으나 청구가 기각됐다. 이에 불복해 항고하고 법원에 두 차례 구속 취소도 청구했으나 모두 받아들여지지 않았다. 그런데 정작 보석 결정이 나자, 김장관 측은 항고하고 집행정지를 신청하며 반발했다. 또 보석 석방을 위한 보증금 납부 등을 거부하며 구치소에서 버텼다.

6월 18일 밤 내란특검은 김장관을 위계에 의한 공무집행방해 및 증거인멸교사 혐의로 추가 기소했다. 비상계엄 전날인 2024년 12월 2일 그가 대통령경호처를 속여 비화폰을 받아내고 이를 민간인인 노상원 전 사령관에게 전달했다는 혐의와 그해 12월 5일 계엄 관련 서류와 자신의 휴대전화·노트북을 모두 없애라고 지시한 혐의로, 특검이 출범한 지 6일 만에 이뤄진 '1호 기소'였다. 특검팀은 구속영장 발부를 요청했고, 김장관은 결국 구속 만기를 3시간 앞둔 6월 26일 밤 9시쯤 다시 구속됐다.

이후 김장관 측의 재판부 기피 신청이 이어졌다. 김장관 측은 추가 기소 사건의 담당 재판부인 형사합의34부가 내란특검팀의 요청을 받아들여 "불법 인신 구속"을 했다며 향후 6개월에 걸쳐 5차례나 기피 신청을 내지만, 전부 받아들여지지 않았다.

6월 27일 내란특검은 노상원 씨에 대해서도 개인정보보호법 위반으로 추가 기소했다. 민간인 신분으로 부정선거 의혹을 수사할 제2수사단을 구성하기 위해 문상호 전 정보사령관으로부터 정보사 요원 인적 정보 등을 받은 혐의다.

"수방사 벙커로 이송하라"

6월 18일 경찰 지휘부의 내란중요임무종사 혐의 등 속행 공판엔 김대우 전 방첩사 수사단장이 증인으로 출석했다. 김단장은 여인형 전 방첩사령관이 14명을 불러주며 그들을 수방사 벙커로 이송하라고 지시했다고 증언했다. 또 "방첩사 수사관들이 국회로 출동하던 중 여인형 사령관이 '이재명, 한동훈, 우원식 3명 검거에 집중하라'고 다시 지시했다"고 밝혔다. "명단이 이상했지만 당시 대통령의 비상계엄 선포가 언론을 통해 유포되며 지시가 떨어져 거기에 대해 질문할 수 없는 상황이었다."

6월 26일 서울중앙지법 형사합의25부는 김봉식 청장의 보석 청구를 허가했다.

내란특검과 재구속

내란우두머리 혐의 8차·9차·10차 공판

기초적인 법률 검토조차 없었다

2025년 6월 23일 내란우두머리 혐의 8차 공판의 증인은 비상계엄 당시 계엄사령부 기획조정실장이던 이재식 합참 전비태세검열차장과 당시 합참 계엄과장이던 권영환 대령이었다. 두 증인 모두 비상계엄 당시 계엄상황실에서 근무했다.

지난 7차 공판에 이어 다시 증인으로 나온 이차장은 계엄상황실 구성이 처음부터 늦었다고 설명했다. 계엄 당일 밤 11시 가까운 시각에 군 관련자들은 전부 퇴근하고 담당 인력 중 절반 이상이 바뀌어 본인이 계엄상황실 근무자인지도 모르는 상태였기 때문이다.

권과장은 비상계엄이 선포될 당시 자고 있다가 전화를 받고야 상황을 알게 됐다고 진술했다. 그는 그 소식을 듣고 내뱉은 첫 마디가 "믿을 수 없다"였다고 증언했다. 그만큼 비상계엄이 발생할 상황이라고 생각하지 못했다는 말이었다.

이차장은 계엄 관련 절차가 지켜지지 않고 기초적인 법률 검토도 되지 않았다고 증언했다. 특히 평소 계엄 상황에 대비한 연습 때의 포고령과 실제 12·3 비상계엄 포고령은 달랐다고 강조했다. 그러면서 "계엄 연습을 할 때 (포고령) 장수가 굉장히 많다", "검토를 받으면서 문구를 더하고, 어떠한 오해도 사지 않기 위해 사항도 세부적으로 다 나눈다"며 "사후적으로 봤을 때 (포고령 1호가) 너무 포괄적으로 돼 있다는 생각이 든다"고 밝혔다. 실제 12·3 비상계엄 포고령 1호는 약 630자 분량으로, A4 용지 한 장에 모두 들어갈 정도로 짧다.

'김용현 전 장관이 계엄사령관인 박안수 육군참모총장에게 건넨 포고령을 계엄 참모진이 검토한 적 있냐?'고 특검 측이 묻자, 이차장은 "다 같이 모여 검토한 적이 없다", "가장 중요한 것은 (포고령은) 대통령 재가를 받기 전 반드시 법률 검토를 받아야 하는 절차가 있다는 점이다"고 설명했다. 또 계엄사령부 참모 중에 포고령을 검토한 사람이 없었고, 포고령을 비롯해 비상계엄에 대해 법률 검토를 할 만한 참모도 없었다고 덧붙였다.

이차장은 국회에 투입된 군인들이 사전에 지켜야 할 절차도 모두 지키지 않았다고 진술했다. 계엄이 선포되면, 계엄 관련 업무를 수행하는 부대는 사법권이 있는 군사경찰(헌병)밖에 없고, 그렇지 않으면 임무수행군으로 별도 지정해야 한다. 특검 측이 '특전사와 수방사는 계엄 임무수행군으로 지정되지 않았지만 국회로 출동한 것이 맞냐?'고 묻자, 그는 "결과적으로 그렇다"며 "당시 계엄 임무수행군 관련 절차는 다 생략됐다"고 답했다.

또 이차장은 곽종근 사령관과 박안수 육군참모총장 사이에 '테이저

건'과 '공포탄' 관련 논의가 오고간 것을 계엄상황실에서 들었다. 그는 "테이저건과 공포탄을 사용할 상황 자체가 '이미 적은 아니구나, 국민이겠구나' 하고 생각했다"고 증언했다.

윤 전 대통령 측은 전부터 언급해온 '메시지 계엄'을 다시 강조하는 듯한 질문을 이어갔다. 변호인단이 '예방적 계엄이라는 단어를 들어봤냐?', '예방적 계엄 선포는 어떤 상황인 것이냐?' 등을 물었지만, 이차장은 "(계엄)실무편람에 '예방적으로 계엄 선포할 수 없다'는 워딩이 있다"며 "예방 차원에서 계엄이 선포돼선 안 된다"고 답했다.

그날 신문에선 오후 3시 50분부터 이차장에 이어 권과장이 증언을 시작했다. 2024년 2월부터 계엄과장으로 근무한 그는 박총장 등 계엄 지휘부에게 '계엄은 합법적이어야 한다. 절차와 단계도 합법이어야 한다', '계엄선포문과 계엄포고문이 있어야 한다. 이후 주요 지휘자를 지정해야 한다' 등을 국회의 비상계엄 해제요구 결의안이 의결되기 전 여러 차례 조언했다고 밝혔다. 하지만 박총장은 조언을 듣기는커녕 '일이 되게끔 해야지, 넌 왜 이 상황에서 그런 이야기를 하냐', '일머리가 없다'고 그를 질책했다.

이차장의 증언이 끝나고 발언하려던 윤 전 대통령은 재판장에 의해 제지당했다. 증인신문이 모두 끝나고 발언하라는 취지였다. 오후 6시가 넘어 권과장이 법정을 나간 뒤에야 발언권을 얻어 증언을 반박했다.

윤 전 대통령은 "6·25 사변이 발발하고 나서 상당 기간 계엄을 선포하지 못했다"며 "군이 계엄 사무에 투입될 정도의 여유가 없고 전쟁에 이겨야 하므로 막상 전쟁이 터지면 계엄을 못 한다"고 주장했다. 또

"군사 충돌이 벌어지면 합참의장은 계엄 사무를 담당할 정신이 없다", "증인 두 분이 합참의장이 계엄사령관이 되고, 전시를 기준으로 해서 (계엄을) 준비한다고 했는데 이건 취지로 봤을 때 맞지 않는 이야기다"고 했다. 이어 "더군다나 12·3 비상계엄은 국민들에게 강한 메시지를 보내기 위해 가능한 최소 인력의 실무장을 하지 않은 군인을 투입하는 상황이었다"고 덧붙였다.

그날 8차 공판부터는 내란특검팀이 검찰로부터 사건을 이첩받아 공소 유지를 하게 됐다. 재판 시작과 동시에 박억수 특검보는 재판부에 "공소 제기 후 5개월이 지나 주요 피고인들의 석방이 임박하는 등 법 집행 지연에 대한 우려가 많다"며 "더욱 신속하게 재판 진행해줄 것을 정중히 요청드린다"고 말했다.

반면 윤 전 대통령 측은 특검법 자체가 위헌적 요소가 있다며 헌법재판소를 통해 구제를 받겠다고 맞섰다. 변호인들은 "기존에 기소된 사건까지 특검이 이첩받아 공소 유지까지 할 수 있게 한 건 공정하게 재판을 받을 권리를 침해한다"며 "'과잉금지 원칙'에 반해 법률로서 위헌이고, 헌법재판소에 법률적 구제를 제기할 예정이다"고 밝혔다.

내란특검 대면 조사

6월 28일 내란특검은 출범한 지 16일 만에 윤 전 대통령을 체포방해 혐의와 관련해 피의자 신분으로 특검 사무실로 불러 대면 조사했다. 구체적 혐의는 특수공무집행방해와 대통령경호법상 직권남용 혐의 등이다. 즉 2025년 1월 공수처 등 수사기관이 그를 체포하려 했을 때 대통령경호처에 체포방해를 지시한 혐의와 비상계엄 뒤 경호처에 곽종근·이진우 전 사령관들의 비화폰 관련 정보를 삭제할 것을 지시한 혐의다.

양측의 기싸움은 수사 전부터 치열했다. 윤 전 대통령 측이 출석 모습이 노출되는 걸 꺼려 지하주차장을 통한 출입을 요구했으나 특검은 수용하지 않았다. 그날 오전 9시 55분, 결국 그는 자택에서 출발해 취재진 포토라인을 거쳐 특검 사무실로 출석했다.

특검은 조서엔 '피의자'로 적었으나 심문에선 예우상 '대통령님'으로 호칭하며 조사를 진행했다. 하지만 조사는 1시간 만에 파행되고 점심 식사 후 그는 조사실 입실을 거부하기도 했다. 조사자가 검찰이 아니라 경찰이라는 이유였다. 조사자인 경찰 비상계엄 특별수사단 출신 박창환 총경을 두고 '불법 체포'를 지휘한 자라며 3시간 넘게 조사를 거부하고 버티다가, '국무회의 의결 방해'와 '외환' 혐의와 관련해 특검 소속 부장검사의 조사로 넘어가자 그제야 조사에 다시 응했다. 특검의 1차 조사는 15시간이 넘어 그는 다음 날인 6월 29일 새벽 0시 59분에 특검 사무실을 떠났다. 하지만 조사 거부 등으로 실제 조사 시간은 5시간에 불과했다.

여인형·문상호 사령관 추가 기소

6월 23일 군검찰은 구속 기한 만료를 앞두고 있던 여인형·문상호 전 사령관들에 대해 추가 기소하고 구속영장도 청구했다. 여사령관은 헌법재판소 탄핵심판과 군사법원 재판에서 중앙선관위에 군을 투입한 것과 관련해 위증한 혐의이고, 문사령관은 부정선거 의혹을 조사할 제2수사단을 구성하는 차원에서 군사기밀을 외부로 유출한 혐의다. 6월 30일 중앙지역군사법원은 두 사람에 대해 증거인멸이 우려된다는 사유로 구속영장을 발부했다.

포고령에 웬 의사들 관련 내용이?

7월 3일 내란우두머리 혐의 9차 공판에는 계엄 상황 대비 훈련을 해온 실무자, 권영환 전 합참 계엄과장이 다시 증인으로 나왔다. 훈련 과정에서 여러 차례 포고령을 써봤다던 그는 2024년 12월 3일 밤 11시쯤 발령된 '계엄사령부 포고령(제1호)'을 보고 "굉장히 이상하다고 생각했다"고 말했다.

당시 계엄상황실 설치를 지원하는 역할을 맡은 그는 국회에서 비상계엄 해제요구 결의안이 가결된 뒤에야 포고령을 봤다고 말했다. "계엄이 선포된 시간이 언제인지 너무 궁금해 복도를 돌아다니다 상황실에 갔다"며 "그때서야 처음으로 '포고령 1호'라 돼 있는, 서명이 들어 있지 않은 복사본과 그걸 누가 타이핑한 걸 봤다"고 증언했다. 그의 설명에 따르면 계엄사령부에서 포고문을 작성하기 위해선 대통령의 서명이 들어간 공고문이 있어야 하는데, 그는 이 서명이 들어간 문서 일체를 보지 못했다고 했다.

이상한 점은 또 있었다. "(포고령) 문항 하나하나에 국민들이 오해하지 않도록, 실제 임무를 수행하는 계엄사령부에서 국민의 기본권을 침해하지 않도록 디테일하게 하위 항목들이 있어야 하는데 없었다"며 "6개 항목만 있었다"고 설명했다.

⑤ **전공의를 비롯하여 파업 중이거나 의료 현장을 이탈한 모든 의료인은 48시간 내 본업에 복귀하여 충실히 근무하고 위반시는 계엄법에 의해 처단한다.** _계엄사령부 포고령(제1호), 2024.12.3.

이어 "포고문 자체가 국민을 보호하고, 공공의 안녕질서를 위한 건데 의사들 관련 내용이 있어 이상하게 느껴졌다"고 덧붙였다. 그는 "연습 상황에서도 토씨 하나 가지고도 따지는 게 계엄사 법무실"이라며 "'법무실 장교들이 검토했다면 이렇게 됐을까' 생각했다"고 말했다. 윤 전 대통령 측이 "포고령이 굉장히 허접했다는 거냐?"고 묻자, 그는 "정상적으로 법을 알고 공부하신 분들의 검토가 있었냐, 없었냐는 것"이라며 "허접하다는 단어는 거북하게 들린다"고 답했다.

그는 돌이켜보면 이상한 장면들이 많았다고 했다. 앞서 공수처 조사에서 그는 방첩사 관계자로부터 '여인형 방첩사령관이 계엄에 관심이 많아 계엄사령관이 주관하는 계엄 상황 보고에 참석하고 싶어 한다'는 얘기를 전해 들었다고 진술했다. 그는 당시 기억을 떠올리며 "지난해(2024년) 11월 중순에서 말쯤 방첩사 인원들이 뜬금없이 용산 근처에서 만나 밥을 먹자 하는 경우도 있었는데, 이유를 모르겠다고 해서 식사를 거절한 적이 있다"고도 했다. 2024년 8월에는 육군본부 법무실에서 전화로 '계엄실무편람'을 요청하는가 하면, 육본 작전과로부터 '박안수 육군참모총장이 계엄에 관심이 많다, 육본 차원에서 계엄사에 지원할 게 있는지 알려달라'는 말도 들었다고 밝혔다.

휴대전화 뺏고 전화선 뽑아

그날 9차 공판 오후 신문엔 비상계엄 당시 중앙선관위에 군을 투입하고 현장을 지휘한 고동희 전 정보사 계획처장이 증인으로 출석했다.

고처장은 비상계엄 당일 오전 10시쯤, 문상호 전 정보사령관으로부터 '12월 3일부터 5일까지 야간에 긴급 출동할 일이 있으니, 인원 8명을 선발하고 이동 차량을 준비하라'는 지시를 받았다고 했다. 같은 날 오후 4시에서 5시 사이 문사령관은 "오늘 야간에 중앙선관위 과천청사에서 임무가 있으니, 출동을 준비하라"며 "선관위 출입을 통제하고 서버실을 지키고 있으면 된다"고 지시했다. 고처장이 '선관위는 정부 기관인데 우리가 들어갈 수 있나'하는 의문이 들어 그 근거가 무엇인지 물었더니, 문사령관은 '나중에 알려주겠다'고 했다.

밤 9시쯤 팀원들과 함께 중앙선관위에 도착한 고처장은 출입을 통제하고 직원들의 휴대전화를 뺏은 다음 당직실의 유선 전화선도 뽑아 버렸다. 앞서 문사령관은 전산실 직원 5명의 명단을 주며 그들을 출입시키도록 했는데, 고처장은 그 점에 대해 "서버 기능을 유지하는 데 도움을 받을 수 있지 않을까라고 한편 생각했다"고 말했다. 서버실의 위치를 파악한 그는 '통합선거인명부' 서버 사진을 두세 장 찍어 문사령관에게 전송했다. 비상계엄 해제요구 결의안이 가결된 뒤 현장에서 철수한 그는 팀원들에게 단체 대화방에서 모두 나오라고 지시했다.

"부대원들에게 '우리가 이상한 일에 휘말린 것 같다'고 말한 사실이 있나?"는 특검 측 질문에 그는 "있다"고 답했다. 그러면서 "떳떳하지 못한 일에 우리가 연루된 것 같다는 생각이 들었다", "나중에 '누가 너, 그때 무슨 일 했어?'라고 물었을 때 내가 '그때 무슨 일을 했습니다'라

계엄 선포 직전인 2024년 12월 3일 밤 9시쯤 정보사 군인들이 중앙선관위에 도착해 출입을 통제한 뒤 서버실에 들어가 사진을 찍고 있다. **사진** 국회 행정안전위원회

고 떳떳하게 말할 수 없는 그런 일이라는 생각이 들었다"고 설명했다.

그날 공판에서도 특검이 검찰 비상계엄 특별수사본부로부터 윤 전 대통령의 내란 혐의 사건을 넘겨받은 것을 두고 양측의 공방이 이어졌다. 윤 전 대통령 측은 "특검은 특수본에 사건 '인계'를 요청했는데, 특수본은 특검에 사건을 '이첩'했다"며 "인계와 이첩은 명백한 별개의 제도"라고 주장했다. 또 "특검법의 취지상 '인계'는 특검 수사 대상인 사건을 넘겨받는 규정이고 '이첩'은 특검 수사 대상 중 공소 유지 중인 각 사건 자체를 넘겨받는 규정"이라고 설명했다. 그러면서 "이첩 요구가 없었음에도 불구하고 이첩한 것이니 이첩 자체가 법률상 근거 없는 무효"라며 "요구받지 않은 이첩을 했는데 효력을 의심할 수밖에 없다"고 말했다.

이에 특검 측은 "'인계'와 '이첩' 두 용어는 상식선에 비춰볼 때 모두 진행 중인 사건을 특검에 이관하거나 넘긴다는 뜻으로 동일하다"며 "특수본이 인계 요청을 받고 인계한 이상 인계와 이첩이 모두 이뤄진 것"이라고 반박했다.

특검 측은 이날 공판에서 증인 72명을 추가로 신청하겠다는 계획을 밝혔다. 앞서 검찰이 1차로 신청한 38명까지 더하면 그때까지 신청한 증인의 수만 110명에 이르렀다. 하지만 재판이 본격적으로 시작된 지 석 달이 지난 당시, 신문이 진행된 증인은 9명에 그쳤다.

넉 달 만에 재구속

7월 5일 내란특검은 윤 전 대통령을 불러 2차 조사를 했다. 1차 조사 때와 달리 순조롭게 이어져 오후 6시 34분쯤 끝났다. 특검은 다음 날인 7월 6일 체포방해 혐의 등으로 구속영장을 청구했다. 구속영장 청구서에는 체포방해 혐의의 구체적 내용, 즉 "경찰은 너희가 총기를 가진 것만 보여줘도 두려워할 것이다", "총을 가지고 있다는 걸 좀 보여줘라" 같은 그의 발언 내용이 담겨 있었다. 모두 김성훈 전 경호처 차장의 진술을 통해 알려졌다.

7월 9일 서울중앙지법 남세진 영장전담 부장판사가 맡은 영장실질심사는 오후 2시 22분부터 밤 9시 1분까지 이어졌다. 특검팀은 구속이 필요한 이유로 사건 관계자 회유에 따른 '증거인멸 우려'를 앞세웠다. 심사 법정에서 윤 전 대통령은 20분간 최후진술을 했다. 특검이 구속영장 청구서 일부 내용이 유출된 것을 두고 변호인단을 지목한 점을 들어, 그는 "특검이 변호사들까지 공격한다"며 "변호사들이 다 떨어져

나가 혼자 싸워야 하는 상황이다"고 말했다.

심사 후 그는 결과를 기다리기 위해 서울구치소로 이동했다. 다음 날인 7월 10일 새벽 2시 구속영장이 발부됐다. 그렇게 그는 지난 3월 8일 구속 취소 결정으로 풀려난 지 124일 만에 체포방해 혐의로 다시 구속됐다.

새로 수감된 그는 수인번호 '3617'을 배정받고 일반 구속 피의자와 동일하게 입소 절차를 밟았다. 수용된 독방의 크기는 10제곱미터에 못 미쳤는데, 구속됐던 역대 전직 대통령들보다 다소 작았다. 그렇게 신병이 대통령경호처에서 교정 당국으로 인도되면서 모든 의전과 예우도 박탈됐다. 앞서 2025년 1월 현직 대통령으로 수감됐을 당시엔 경호처 직원들이 구치소에 머무르며 간접 경호를 했으나, 이제 전직 대통령으로 수감되면서 경호처의 간접 경호도 중단됐다. 앞서 대통령 신분으로 수감되어 헌법재판소에 출석할 때에는 머리 손질과 분장 등도 구치소 측에서 협조했으나, 이제 그런 편의 제공도 사라졌다.

'증인신문' 포기

7월 8일 중앙지역군사법원에서 열린 자신의 내란중요임무종사 혐의 공판에서 여인형 전 사령관은 앞으로의 증인신문을 포기하겠다는 의사를 밝혔다. 내란중요임무종사 혐의는 인정하되 국헌문란의 목적은 없었다는 것만 유지하겠다는 뜻.

그동안 공소사실을 부인해온 그는 증인신문을 통해 계엄 당시의 사실관계에 대해 군검찰과 다퉈왔다. 이에 재판부는 피고인 쪽이 신청한 증인으로는 윤 전 대통령과 김용현 전 장관만 남기기로 했다.

2025년 7월 10일 재구속되기 직전, 영장실질심사를 받고
법원을 나오고 있는 윤 전 대통령. **사진** KBS 뉴스 화면 캡처

그는 자신에 대한 추가 구속영장이 발부된 사실을 언급하면서 "국
민과 재판부의 뜻이 무엇인지 새삼 느끼게 됐다", "이 결과를 겸허히
받아들이는 한편 더 이상의 사실을 둘러싼 증인신문은 무의미하다는
결론에 이르렀다"고 밝혔다. 그러면서 "당시로 돌아갈 수 있다면 단호
하게 군복을 벗겠다는 결단을 함으로써 그 지휘 체계에서 벗어났어야
했다고 지금에 와서 깊이 후회하고 있다"고 심정을 토로했다.

3단계 선관위 서버 확보 지시

7월 10일 내란우두머리 혐의 10차 공판에서 피고인석은 비어 있었
다. 윤 전 대통령은 재판 시작 전, 건강상의 이유로 출석하지 않겠다는
사유서를 재판부에 제출했다. 그가 내란 혐의 재판에 출석하지 않은
건 그때가 처음이었다.

변호인은 "늦어도 출석 일시 12시간 전에 소환장을 송달하게 돼 있는데 적법한 소환이 이루어졌는지 의문"이라며 공판을 진행해선 안 된다고 주장했다. 특검 측은 "윤 전 대통령이 정당한 사유 없이 불출석했다"며 "이후에도 불출석하면 구인영장 발부 등 구체적인 방안을 고려해달라"고 재판부에 요청했다. 재판부는 피고인이 없는 상태에서 증인신문을 진행하기로 했다.

그날 법정엔 여인형 전 사령관의 비서실장으로 근무했던 정성우 전 방첩사 1처장이 증인으로 출석했다. 정처장은 여사령관이 평소 부정선거 의혹에 대해 언급해왔다고 말했다. 즉 "지난해(2024년) 5월쯤 (여사령관이) '도대체 부정선거가 무슨 이야기인지 확인해 알려달라'고 한 적이 있다"며 "우리가 할 수 있는 일이 아니라고 하니 '인터넷에서 공개된 자료로 정리해달라는 것'이라 했다"고 밝혔다. 그는 관련 내용을 찾아보며 "터무니없이 편향된 극우 유튜버의 주장"이라 생각했다.

정처장은 부정선거론자들의 주장, 이에 대한 중앙선관위와 언론의 평가, 관련 대법원 판결 등을 조목조목 정리한 보고서를 여사령관에게 제출했다. 노파심에 "이렇게 주장하는 사람들과는 거리를 두라"는 말도 덧붙였다.

'방첩사가 부정선거와 관련해 수행하는 임무가 있냐?'는 특검 측 질문에 정처장은 "선거와 방첩사는 어떤 연결 고리도 없다"며 단호하게 선을 그었다.

비상계엄이 선포되기 직전인 2024년 12월 3일 저녁 7시쯤, 여사령관은 정처장에게 "선관위 네 곳의 위치를 아느냐?"고 물었다. 정처장이 "모른다"고 답하자, 여사령관이 "한번 찾아봐라, 급한 건 아니다"고 말했다. 정처장은 중앙선관위 과천 청사, 중앙선관위 관악 청사(여론조사심의위원회), 여론조사 꽃, 선거연수원 네 곳을 검색해 보고했다.

이후 여사령관과 곽종근 사령관이 통화할 때 '연수원이 뭐냐', '거기 서버가 있대', '우리가 거기 들어갈 수 있어' 등의 대화를 나눴다고 정처장은 기억했다. 비상계엄이 선포되기 직전, 여사령관은 정처장을 앉혀두고 '계엄과 같은 비상 상황이 발생하면 따르겠냐?'고 물었다. 정처장은 '무슨 상황에서 따르라는 건지 이해가 안 된다, 안 따를 것 같다'고 답했다. 다시 여사령관이 "그래, 나도 비슷해. 무슨 일 있겠어. 어른들이 잘 판단하시겠지"라고 말했다.

하지만 실제로 비상계엄이 선포되자 여사령관은 선관위 서버를 확보하라는 지시를 내렸다. 그는 ① 전산실 출입을 통제하고 서버를 넘긴다 ② 서버를 민간 수사기관에 넘기되 상황이 여의찮으면 복사한다 ③ 그것도 안 되면 서버를 떼어 온다는 식으로 3단계 명령을 내렸다.

정처장은 '부정선거 관련이냐?'는 자신의 물음에 여사령관이 '그런 거 아니다'고 얼버무렸다고 했다. 임무를 전달받은 그는 부대원들과 모여 토의했다. '영장 없이 임무를 진행할 수 있냐', '전산실에 들어가면 동의와 협조를 구해야 하는 문제도 있다', '서버를 복사해도 범죄 혐의에 대해 해야지 임의로 할 수 없다' 등의 논의가 오갔다.

이후 그는 법무실로 향했다. 그곳에서 '계엄 상황에서도 형사소송법 주요 규정은 유지된다', '전자정보 압수 규정 등이 지켜져야 한다', '포고령 발생 이전에 관한 내용을 압수할 수 있다는 법적 근거가 안 보인다' 등의 법률 검토를 받았다. 그는 그렇게 문제가 있다는 내용을 보고했으나 여사령관이 귀담아듣지 않았다고 증언했다. 또 '우리가 할 수 있는 업무냐?'는 자신의 질문에 여사령관이 "야, 비상계엄인데, 아 이씨"라고 소리를 질렀다고 증언했다.

'서버를 떼 와라' 그건 말도 안 되는 소리죠. (⋯) '서버를 카피해라' 이것도 마찬가지입니다. 제가 법률적이고 기술적인 상식이 있는 사람입니다. _여인형 전 사령관, 헌법재판소 탄핵심판 5차 변론, 2025.2.4.

여사령관은 '서버를 떼 오라'고 지시한 적이 없다고 혐의를 줄곧 부인해왔다. 이에 대해 정처장은 "그런 지시가 없었으면 팀원들과 토의할 이유가 없었을 것", "지시가 없었다면 법무실도 안 갔을 것"이라고 반박했다. 그는 그런 여사령관에게 "완전히 배신감을 느꼈다"고 말했다. 그는 "지난해(2024년) 9월 국회에서 (계엄 모의 관련) 많은 의혹을 제기했을 때 여사령관이 '무슨 계엄이냐' 하면서 단호한 태도를 보였다"며 "그 이후 여사령관이 관여됐다는 언론 보도를 보면서 배신감에 사로잡혔다"고 말했다.

비상계엄 자체에 대해서도 "30년 넘게 군 생활을 하면서 이렇게 절차적 정당성을 무시하고 내린 비상계엄은 처음"이라고 했다.

"코드원이라고 들었다",
"두 번, 세 번 걸면 된다"

내란우두머리 혐의 11차·12차·13차 공판

"대통령님과 장관님의 지시라고 말씀하셨다"

"오늘도 피고인은 불출석한 건가요?"

비어 있는 피고인석을 보고 재판장이 물었다. 2025년 7월 17일 내란우두머리 혐의 11차 공판에도 윤 전 대통령은 모습을 드러내지 않았다. '건강상의 이유'라는 내용의 불출석 사유서를 낸 지난번과 달리 이번엔 따로 사유서도 제출하지 않았다. 변호인단은 구속된 뒤 그의 건강이 매우 악화했다고 설명했다. "(윤 전 대통령이) 어지럼증으로 구치소 내 접견실에 가는데 계단을 올라가는 것조차 힘들어한다"며 "하루 종일 재판에 앉아 있기도 힘든 상태"라고 설명했다.

곧이어 다른 이유도 댔다. 내란특검이 그를 추가 기소하면서 적용한 혐의가 이미 진행 중인 내란우두머리 혐의 재판에 포섭돼 '이중 구속'이라는 것이다. "(윤 전 대통령의) 건강 상태가 어렵고, 위헌적인 특검의 공소 유지가 해소될 때까지는 출석하지 않을 예정"이라고 말했다. 그러나 그는 이튿날 자신의 구속적부심사 심문에는 직접, 그것도 1시간 일찍 출석했다.

변호인단은 윤 전 대통령이 불출석해도 자신들은 계속 재판에 임하겠다며, 박근혜 전 대통령의 '궐석재판'을 언급했다. 박 전 대통령은 지난 2017년 국정농단 1심 과정에서 구속영장이 추가로 발부되자 "재판부에 대한 믿음이 더는 의미가 없다는 결론에 이르렀다"며 재판 출석을 거부했다. 당시 재판이 한 달 넘게 사실상 중단되던 중 재판부는 결국 박 전 대통령 없이 재판을 진행하기로 했다. 형사소송법엔 피고인의 재판 출석이 원칙이나 불출석에 정당한 이유가 없고 교도관에 의한 인치도 어려우면 피고인 없이 재판을 진행할 수 있다고 규정돼 있다. 2018년 1심 선고도 당사자 없이 이뤄지고 2021년 대법원에서 징역 20년이 확정될 때까지 궐석재판이 이어졌으니, 사실 박 전 대통령은 3년 동안 재판을 '보이콧'한 셈이다.

하지만 박 전 대통령 사례에 대해 재판부는 "그때는 (피고인이) 출정을 거부해서"라며 선을 그었다. 보이콧 의사를 명확히 하고 출정을 거부한 박 전 대통령과 지금 윤 전 대통령의 상황은 다르다는 말이었다. 그렇게 재판부는 두 차례의 재판을 피고인 없이 '기일 외 증거조사 방식'으로 진행했다.

그날 증인신문에는 정성우 전 방첩사 1처장이 한 차례 더 출석했다. 정처장은 선관위 서버 관련 임무가 윤 전 대통령으로부터 내려온 것으로 알고 있다고 말했다. '(서버 관련 임무가) 윤 전 대통령의 지시라는 이야기를 들은 사실이 없지 않으냐?'는 변호인단의 질문에 정처장은 "있다"고 답했다. 그는 "그 당시에 (여인형 사령관이) 대통령님과

(국방부) 장관님의 지시라고 말씀하셨다", "명확하게 말했다"고 강조했다. 변호인단이 '대통령 지시임을 들은 게 언제냐?'고 다시 묻자, 그는 "(2024년 12월 3일) 22시 50분경"이라고 분명히 답했다. 이는 '서버 확보'가 아니라 전산시스템 '점검 차원'에서 선관위에 병력을 보낸 것이라는 윤 전 대통령의 주장과 배치되는 증언이다.

재판장이 쓰는 마스크까지

같은 날인 7월 17일 서울중앙지법 형사합의34부(재판장 한성진)는 위계에 의한 공무집행방해 및 증거인멸교사 혐의로 추가 기소된 김용현 전 장관의 첫 번째 공판준비기일을 열었다. 그날 김장관은 법정에 나오지 않은 가운데 변호인들은 재판 시작과 함께 지난 6월 발부된 김 장관의 구속영장에 대해 또다시 문제를 제기했다. "불법적으로 영장을 발부한 재판부에서 공정한 재판을 기대할 수 없다"며 "(현 재판부가) 스스로 회피해야 한다"고 주장했다.

또 그들은 재판장이 마스크를 착용한 것도 문제 삼았다. "코로나 19가 창궐하는 상황도 아닌데 누구에게 재판받는지조차 모르게 마스크를 쓰는 것을 이해할 수 없고 재판 공개 원칙에도 반한다"고 주장했다. 그들이 국민참여재판을 희망하느냐는 질문에 의견을 밝히지 않고 계속 맞서자, 재판부는 "더 진행하기 어렵다"며 20분 만에 재판을 끝냈다.

체포방해 혐의 추가 기소

윤 전 대통령 측은 재구속된 지 6일 만에 구속적부심사를 청구했다. 구속적부심사는 피의자에 대한 구속이 적법한지 또는 구속을 유지할 필요성이 있는지 법원이 심사해 판단하는 절차다. 서울중앙지법 형사항소92부(재판장 류창성)가 맡은 심사는 7월 18일 오전 10시 15분 시작되어 쉬는 시간을 포함해 총 6시간에 걸쳐 진행됐다.

전날 공판에 건강 악화를 이유로 참석하지 않은 윤 전 대통령은 이번엔 1시간 일찍 오전 9시쯤 도착했다. 그는 "간 수치가 정상 범위 다섯 배를 넘을 정도로 치솟았다", "어지럼증과 불면증을 심하게 겪고 있다"며 석방이 필요하다는 취지로 30분간 직접 말했다.

내란특검은 서울구치소로부터 '거동상 문제가 없다'는 내용의 진단 자료를 전달받아 법원에 제출했다. 재판부는 심문이 끝난 지 4시간 만에 구속적부심 청구를 기각했다. 다음 날인 7월 19일 특검은 그를 재구속한 지 9일 만에 체포방해 혐의 등으로 기소했다. 추가 기소된 사건은 서울중앙지법 형사합의35부로 배당됐다.

"날 단장이라 불러라"

예비역 군인인 노상원 전 정보사령관이 12·3 비상계엄을 사전에 모의한 이른바 '햄버거 회동'. 7월 24일 내란우두머리 혐의 12차 공판에는 그 회동의 참석자 중 한 명인 김봉규 정보사 중앙신문단장(대령)이 증인으로 출석했다. 그날 증인신문은 군사기밀을 이유로 차폐막이 설치된 상태로 진행됐다. 김 대령은 노씨가 부정선거 의혹을 수사할 제2수사단을 어떻게 기획하고 또 실행하려 했는지 상세히 증언했다.

그는 2024년 10월 초 노씨로부터 이상한 부탁을 받았다고 말했다. 부정선거 관련 책자의 내용을 정리해달라는 것이었는데, 전직 군 장성 모임을 위한 강의에 사용할 목적이라고 했다. 처음에는 책자 요약만 부탁하다가 나중에는 부정선거 관련 유튜브 영상도 정리해달라고 했다. 비슷한 시기 '공작 요원을 20명 정도 추천해달라'는 요청도 했다. 사격이나 특수 훈련 등에서 능력이 뛰어난 인원을 추천해달라고 했는데 구체적인 이유는 밝히지 않았다.

예비역 군인의 요청이었으나 상관인 문상호 당시 정보사령관이 "잘 대응해줘라"고 당부한 터라 김대령은 크게 의심하지 않았다. 어딘가 이상했던 지시의 실체는 노씨를 직접 만난 자리에서 드러났다.

비상계엄을 한 달쯤 앞둔 2024년 11월 9일, 김대령은 문사령관의 호출을 받고 경기 안산 상록수역의 한 카페에서 노씨를 만났다. 노씨는 김대령에게 "할 일이 정리돼 있으니 보면 알 거다"라며 문건 하나를 건넸다. A4 용지 10장이 조금 넘는 분량의 문건은 대부분 부정선거 의혹과 관련된 내용이었다.

김대령은 "이전에 (부정선거 관련) 유튜브 영상을 보내준 그런 내용이 반복되는 것이었다", "'계엄'이라는 표현도 본 것 같다"고 말했다. 문건 중간부터는 김대령을 포함해 앞서 노씨의 요청으로 선발한 요원들이 수행해야 할 임무가 정리돼 있었다. 마지막 장에는 선관위 직원 30명의 이름이 적혀 있었다. 그는 "(노씨가) 그 직원들이 출근하면 확인해서 30명을 데려오라고 이야기했다"며 "(데려오면) 부정선거에 대한 자료를 확인할 수 있다는 취지였다"고 말했다.

윤 전 대통령 변호인단이 "선관위 직원을 체포한다는 것이냐?"고 묻자, 그는 "정확히 기억나지 않는데 잡아 와야 한다고 이야기했던 것 같다"고 답했다. "수도방위사령부 B1 벙커와 관련된 내용도 있었냐?"는 질문엔 "있었다"며 "인원을 그쪽으로 옮겨야 하고, 거기서 조사가 이뤄질 거라는 그런 식의 내용이었다"고 답했다.

김대령은 문건에는 케이블 타이 같은. 선관위 직원 체포에 사용할 구체적인 물품도 기재돼 있었다고 증언했다. 그는 노씨가 '오물 풍선 부양과 그에 따른 탈북자 발생 문제' 등에 대비해야 한다고 설명했는데 그 과정에서 "계엄이 관련될 수도 있고"라고 언급하기도 했다고 밝혔다.

노씨가 "나를 단장이라고 불러라"라고 말했다고도 했다. 변호인단이 "편의상 단장이라고 부르라고 한 것이냐?"고 묻자, 그는 "구체적으로 이야기하진 않았고, 본인이 와서 그런 역할을 하겠다고 했다"고 답했다. 특검 측은 노씨가 정보사 군인들로 '합동수사본부 제2수사단'을 꾸려 부정선거 의혹을 수사할 계획을 세운 것으로 파악했다.

회동은 비상계엄 이틀 전인 12월 1일, 안산의 롯데리아에서도 이어졌다. 김대령은 '1차 햄버거 회동'으로 알려진 그 자리(노상원·문상호 전 사령관, 정성욱 대령)에서 문건에 담긴 임무에 대한 논의가 이어졌다고 했다. 또 "(노씨) 본인이 노태악 선관위원장에 대해 직접 담당하겠다고 말했다"며 "직접 진술을 받아내겠다, 그럼 상당 많은 게 나오지 않겠냐"고 말했다고 했다.

변호인단이 "노상원은 일반인인데, 예비역이 수사단장을 할 수 있냐?"고 묻자, 그는 "지금 와서도 말이 안 되는 상황 같기는 하다"며 "(문상호) 사령관으로부터 도와달라는 얘기를 들은 상황이었기 때문에 민간인이라고 무시할 수 있는 상황이 아니었다"고 말했다.

노씨가 기획한 선관위 직원 체포 임무는 실제로 정보사 군인들에게 하달됐다. '선관위 직원들이 위압감을 느끼게 하라'는 내용도 포함됐다. 정보사 군인들은 비상계엄 당일 밤부터 이튿날 새벽까지 임무 수행을 위해 집결해 대기하다 계엄이 해제되자 복귀했다.

앞서 검찰은 지난 5월 윤 전 대통령을 직권남용 혐의로 추가 기소할 때 그가 정보사 소속 군인들에게 선관위 직원을 체포해 수방사 벙커로 이송하라고 하는 등 의무 없는 일을 하게 했다고 공소장에 적시했다.

"월담한 국회의원들을 에워쌌다"

7월 23일 경찰 지휘부의 내란중요임무종사 혐의 등 속행 공판에선 '국회 월담자를 방치해 사실상 계엄 해제 의결에 조력했다'는 조지호 청장의 주장과 상반되는 법정 증언이 나왔다.

비상계엄 당시 국회 봉쇄 업무에 투입됐던 정 모 경정은 "김봉식 전 청장이 무전으로 '일체 정치 활동을 금지한다는 내용의 포고령이 발령됐으니 국회의원들의 국회 진입을 차단하라'고 지시했다"고 증언했다. 정경정이 통솔한 기동대는 국회 담장 안쪽 경비 업무를 수행했는데, 월담한 국회의원들을 에워싸 움직이지 못하게 했다.

특검 측이 "사실상 체포 아니냐?"고 질문하자, 정경정은 "체포라기보다는 저희 용어로 '고착'이다"고 답했다. '고착'의 의미에 대해 그는 "실질적으로 이동하지 못하게 막는 것이다"고 설명했다.

공포심을 유발하기 위해 복면 준비해

7월 25일 김용현 전 장관 등의 내란중요임무종사 혐의 13차 공판에선 비상계엄 당시 중앙선관위 직원 체포 업무를 맡은 정보사 요원들이 공포심을 유발하기 위해 복면과 케이블 타이를 준비했다는 증언이 나왔다. 그날 증인인 정보사 소속 정 모 소령이 출석할 때는 군사기밀 등의 이유로 법정에 가림막이 설치됐다.

정소령은 비상계엄 선포 6시간 전인 오후 4시 48분쯤 '오후 8시까지 100여단본부로 오라'는 지시를 받았다고 증언했다. 저녁 8시에 여단본부에 도착해보니 30~40명 군인이 모여 있고 케이블 타이와 복면, 테이프 등이 준비돼 있었다고 설명했다. 또 "복면의 경우 선관위 직원들을 대상으로 씌우는 용도였던 것 같고, 테이프와 케이블 타이는 손을 묶는 용도였던 것 같다"며 "복면을 씌우면 극한의 공포심을 느끼게 되는데, 그래서 씌우려고 한 듯하다"고 말했다.

선관위 직원 체포조에는 HID(북파공작원 부대) 소속 군인들도 있었다. 'HID의 역할이 무엇인가?'라는 특검 측의 질문에 정소령은 "체포하는 임무라고 봤다. 특수대원이라 건장한 체격에 사람을 제압할 수 있어 그랬던 것 같다"고 답했다. 또 그는 당시 일부 군인이 2014년 '특전사 복면 사망 사고'를 언급하며 민간인 사망 사고에 대해 우려하고 적법성에 의문을 제기해 그런 의견이 있다고 전달했으나 상관은 "부정선거 혐의를 수사해야 한다"며 거절했다고 덧붙였다.

다만 다음 날 새벽 국회에서 비상계엄 해제요구 결의안이 가결되고 계엄도 해제되면서 정소령 등은 실제 선관위에 투입되지는 않았다. 정소령은 "사령관의 지시로 (12월 4일) 오전 5시 30분 소집이 해제됐다"고 말했다.

계엄에 대한 손해배상 인정

7월 25일 서울중앙지법 민사2단독 이성복 부장판사는 시민 104명이 윤 전 대통령을 상대로 1인당 10만 원을 배상하라며 제기한 손해배상 청구소송에서 원고 승소로 판결했다. 내란 혐의 재판과 별개로 비상계엄 선포로 생긴 정신적 피해를 시민들에게 배상해야 한다는 판단이다. 재판부는 12·3 비상계엄 선포는 위헌·위법하고 비상계엄 선포와 관련된 조치는 '고의에 의한 불법행위'에 해당한다고 판단했다.

앞서 국정농단 사건으로 탄핵된 박근혜 전 대통령을 상대로도 손해배상 소송이 제기된 적이 있으나 당시 법원은 그의 위법행위는 인정하면서도 "대통령은 정치적 책임을 지는 데 불과할 뿐 국민 개개인의 권리에 대응해 법적 의무를 지는 것은 아니다"며 기각했다. 윤 전 대통령 측은 손해배상 소송 1심 결과에 대해 항소했다.

"수의도 입지 않은 채 바닥에 누워"

법원이 하계 휴정기(2025년 7월 28일부터 8월 8일까지)로 2주 동안 쉬는 사이 김건희특검은 윤 전 대통령을 조사하기 위해 두 차례 소환조사를 통보했다. 이후 그가 계속 출석을 거부하자 특검은 법원으로부터 체포영장을 발부받아 8월 1일 아침 8시 20분 서울구치소에 도착했다.

하지만 2시간 뒤 특검팀은 빈손으로 구치소를 떠날 수밖에 없었다. 특검보는 브리핑에서 "특검은 체포 대상자가 전 대통령인 점을 고려해 자발적으로 체포영장 집행에 따를 것을 권고했으나, 피의자는 수의도 입지 않은 채 바닥에 누운 상태에서 체포에 완강히 거부했다"고 말했다. 또 교도관들이 30분 간격으로 모두 4차례 독방을 방문해 정당한 법

집행에 따를 것을 요구했으나 그가 체포 집행을 거부했다고 밝혔다.

변호인 측은 속옷 차림으로 있었던 것에 대해 건강상의 이유, 즉 "심장 혈관과 경동맥 협착, 자율신경계 손상으로 인한 체온 조절 장애 우려" 때문이라고 말했다. 그러면서 속옷 차림이라고 공개한 특검에 대해 "수용자의 인권을 유린하는 사례"라고 주장했다. 특검은 "건강이 좋지 않은 기색이 없었다"며 명백하게 법 집행을 거부한 것이라고 반박했다. 그는 특검이 철수한 뒤 다시 옷을 입고 변호인과 1시간가량 접견을 했다.

구치소 등 교정 시설을 관할하는 법무부의 정성호 장관은 국회 법제사법위원회에서 "특검팀이 체포영장 집행을 시도하자 수의를 벗었다"면서 "특검팀이 나가자 바로 입었다고 한다"고 말했다. 이어 "사실 전직 대통령의 이런 행태는 민망하다"고 덧붙였다. 외신들도 전직 대통령의 속옷 차림 체포영장 거부를 보도했다.

엿새 후인 8월 7일 특검이 다시 서울구치소를 찾아 체포영장 집행을 시작했으나 이번에도 시작한 지 1시간 20분 만에 중단했다. 그날 2차 집행 때는 '강제 물리력'을 동원했으나 이번에도 결국 완강한 거부에 부딪힌 끝에 실패했다. 특검은 "10여 명의 교정 시설 기동순찰팀을 투입해 최소한의 물리력을 행사했지만, 부상 위험이 있다는 현장 보고가 있어 중단했다"고 설명했다.

'미쳐가는구나! 다 수사 대상'

법원 여름 휴정기가 끝나고 내란 재판도 다시 시작됐다. 8월 11일 서울중앙지법 형사합의25부는 내란우두머리 혐의 13차 공판을 진행했으나 여전히 피고인 자리는 비어 있었다. 4회 연속 불출석이었다.

재판장은 서울구치소에서 보낸 보고서 내용을 간략히 설명하며 "구치소는 (윤 전 대통령) 거동이 불편한지는 확인되지 않는데, 본인 주장을 단정하기 어렵다고 밝혔고", "물리력 행사시 부상과 같은 사고 위험과 사회적 파장 등으로 인치는 곤란하다는 답변이 왔다"고 전했다.

이에 특검 측은 재판부에 구인영장을 발부하는 등 단호한 조치가 필요하다고 말하고, 변호인들은 피고인 없이 진행하는 궐석재판을 요청했다. 재판장은 "불출석 상태에서 재판을 진행하겠다", "불출석 등으로 생기는 불이익은 피고인이 감수해야 한다"고 설명했다. 구인영장 발부 등 추가 조치에 대해선 별다른 언급이 없었다.

그날 증인은 김영권 방첩사 방첩부대장(대령)이었다. 비상계엄 당시 특전사에 파견되어 근무하던 김대령은 특전사 지휘통제실에서 곽종근 사령관 주변에 앉아 있었다. 계엄 당일 곽사령관은 지휘통제실에서 정신없이 전화를 걸고 받았다. 특검 측이 "곽 전 사령관이 윤 전 대통령과 통화하는 것도 봤냐?"고 묻자, 김대령은 "그렇다"고 답했다.

그는 당시 윤대통령과 통화하던 곽사령관이 유독 경직돼 있었다고 설명했다. 옆에 있던 김무악 특전사 주임원사에게 통화 상대방을 물었더니 '코드원'인 것 같다고 대답하기에 그렇게 봤다는 것이다. 군 등에선 대통령을 직접 부르기보다는 'VIP' 혹은 '코드원'이라고 지칭한다.

또 그는 "긴박한 상황이었는데, 대통령과 통화한 후에는 그 전에 나오지 않던 '테이저건', '공포탄', '국회의사당 강제 단전' 등 수위가 센 단어가 오갔다"고 말했다. 단전 등의 이야기를 듣고는 "국회 업무를 훼방하는 듯한 생각이 들었다"고 덧붙였다.

국회에서 비상계엄 해제요구 결의안이 통과된 뒤 김용현 장관이 곽 사령관과의 전화에서 중앙선관위에 병력을 투입하는 문제를 언급한 것으로 보이는 정황도 드러났다. 김대령은 수화기 너머 김장관의 목소리는 들을 수 없었으나 곽사령관의 답변은 정확히 들었다. 즉 "곽 전 사령관이 '장관님, 지금 국회에서 병력을 다 철수했는데, 선거관리위원회로 다시 병력을 투입하는 것은 어렵습니다. 죄송합니다'라고 말했다"고 설명했다.

대화 내용을 들은 그는 자신의 메모장에 짤막하게 적었다. 법정에 선 해당 메모도 제시됐다. '미쳐가는구나! 장관 책임. 다 수사 대상.'

그런 메모를 쓴 이유를 특검 측이 추궁하자, 그는 "국회 해제 의결 이후 다른 병력을 출동시키라는 말이 너무 어처구니가 없었다"며 "반드시 증거로 남겨야겠다는 생각이 들어 메모했다"고 말했다. 특검 측은 누가 수사 대상이라고 생각했냐고 물었다. 그는 "정상적이지 않은 비상계엄을 발효했던 책임자들이 수사 대상으로 생각했다"고 답했다.

또 특검 측은 메모 중 '수사 대상' 표현을 펜으로 지운 이유에 대해 물었다. 그는 "일부 작전 부대원이 있었기 때문에, 자극적 내용을 방첩부대장이 적는 건 부적절할까 봐 지웠다"고 설명했다.

비상계엄이 해제된 뒤 그는 곽사령관과 집무실에서 대화를 나눴다. 당시의 대화 내용에 대해 그는 "곽 전 사령관이 김용현 전 장관으로부터 '이런 일 있다'는 언질을 미리 받았다", "그런데 본인(곽사령관)은 '그렇게 하면 안 된다'는 거부 의사를 밝혀서 실제로 일어날지 안 일어날지 반신반의했던 상황이었다고 이야기했다"고 진술했다. 또 "곽 사령관이 '이 정도에서 멈춰 다행'이라는 말을 했냐?"는 특검 측 질문에 그는 "맞다"고 답했다. 그리고 곽사령관이 자신에게 "앞으로 살길이 막막하다, 후회된다"는 말도 했다고 설명했다.

윤 전 대통령 변호인단은 곽사령관이 대통령과 통화했다는 증인의 진술에 대해 물었다. 특히 김대령에 이어 증인대에 선 김무학 주임원사에게 곽사령관이 유난히 경직된 상태로 전화를 받은 상대방을 '코드원'으로 들었는지, 아니면 그렇게 추측했는지 캐물었다.

변호인: 증인 이야기가 계속 달라집니다. 누가 '코드원'이라고 했다는 말을 들은 겁니까?

김주임원사: 들었습니다. 순간 '코드원' 이야기를 잘 안 쓰는데 들렸기에 저도 모르게 '코드원인 것 같다'고 이야기했습니다.

변호인: 그러니까 증인이 코드원 이야기를 하게 된 것이 추측한 것이 누군가 '코드원' 이야기를 한 것이기 때문인가요?

김주임원사: 누가 이야기했는지 모르겠는데 저한테는 그렇게 들렸습니다. 단어 자체가 들렸습니다.

그날 재판 말미에 특검 측과 변호인단은 김현태 707특임단장을 증인으로 채택하는 시기를 두고 다투었다. 특검 측은 "김단장을 조사할 계획이고, 상황에 따라 공소장을 변경할 수 있다"며 실무자 증언을 먼저 한 뒤에 김단장 증언을 진행하자고 주장했다. 이에 변호인단은 김단장의 증인신문을 못 한다는 특검 측 입장을 납득할 수 없고 최대한 빨리 증인으로 세워야 한다고 반발했다.

김단장은 비상계엄 당시 국회에 투입된 707특임단을 이끌었다. 계엄 직후인 12월 9일 그는 용산 전쟁기념관 앞에서 긴급 기자회견을 했다. 그리고 2025년 2월 6일 헌법재판소의 탄핵심판에도 증인으로 나섰다. 문제는 그의 진술이 달라졌다는 점이다. 국회에 투입된 군을 이끈 통솔자의 증언 내용이 완전히 달라졌다는 점에서 양측의 첨예한 공방은 불가피했다.

김현태 단장의 진술 변화

① '끌어내라' 지시

2024년 12월 기자회견: "'국회의원들이 모이고 있단다, 150명을 넘으면 안 된단다, 막아라, 안 되면 들어가서 끌어낼 수 있겠냐?'는 말을 들었습니다."

2025년 2월 헌법재판소 증언: "끌어내라는 지시가 없었고, 제가 기억하기에는 있었다고 한들 안 됐을 겁니다."

② '케이블 타이' 사용 목적

2024년 12월: "인원을 포박할 수 있으니 케이블 타이 이런 것들을, 원래 휴대하는 것이지만 잘 챙기라고 다시 한 번 강조했습니다."

2025년 2월: "문을 잠가야 하는데 케이블 타이 넉넉하게 챙겨라. 문을 봉쇄할 목적으로 사람은 전혀 아닙니다."

재판장이 중재에 나섰다. "이 자리에서 해결할 생각하지 말고 검사에게 여유를 주는 게 어떠냐?"며 "검찰이 입증 책임이 있지만, 언제쯤 (김단장 증언을) 했으면 좋겠는지 말해달라"고 당부했다.

결심지원실 "두 번, 세 번 걸면 된다"

윤 전 대통령이 계엄을 반복해 선포하려 했다는 법정 증언이 군사 법원에서 나왔다. 8월 12일 중앙지역군사법원에서 열린 박안수 육군 참모총장의 내란중요임무종사 및 직권남용 혐의 재판에 증인으로 나온 A씨의 증언이었다. 국회가 비상계엄 해제요구 결의안을 가결한 직후 당시 윤대통령과 김용현 장관, 박총장 등이 합참 전투통제실 내 결심지원실에 모였다. A씨는 결심지원실에 수십 초 머물다가 경호처에 의해 쫓겨났다.

A씨는 당시 윤대통령이 결심지원실에서 "두 번, 세 번 걸면 된다"고 말했다고 진술했다. 군검사가 "두 번, 세 번 거는 건 뭐라고 생각하나?" 라고 묻자, A씨는 "비상계엄이라고 생각했다", "(국회에서) 계엄 해제 결의를 한 직후로 기억하고, 앞뒤 상황을 고려했을 때 '다시 계엄을 걸면 된다'라는 거로 인식했다"고 답했다.

또 그는 박총장이 국회 상황이 여의찮게 되자 특공여단을 추가 투입하는 것을 거론했다고 증언했다. 군검사가 '공수처 등 수사기관에서 박총장이 누군가와 통화한 뒤 병력 증원을 지시했다고 진술했냐?'고 묻자, 그는 "그렇게 진술한 사실이 있다", "많은 부대가 언급됐고, 특정 부대 명칭에 대해선 기억나지 않는다"고 답했다. 그런 증언은 '자신은 그동안 비상계엄에 깊이 관여하지 않았다'는 박총장의 주장과 배치되는 정황이었다.

'총 쏘라'던 사람,
"뉴스에서 많이 듣던 목소리였다"

내란우두머리 혐의 14차·15차·16차·17차 공판

"'총을 쏘더라도' 이런 말을 들었다", 또 나온 증언

2024년 12월 3일 자정쯤, 검은 카니발 한 대가 국회 근처를 맴돌고 있었다. 차에는 이진우 전 수방사령관과 부관인 오상배 대위, 운전 수행 부사관 이민수 중사 등이 타고 있었다. 그때 이사령관의 비화폰으로 전화가 걸려 왔다. 발신자는 다름 아닌 대통령이었다. 2025년 8월 18일 내란우두머리 혐의 14차 공판의 증인은 당시 카니발을 운전했던 이중사였다.

비상계엄 당일 밤 10시쯤, 이중사는 오대위로부터 '차량을 준비하라'는 지시를 받았다. 전투복을 입고 혹시 모르니 총을 챙기라고도 했다. 이중사가 운전한 차의 조수석엔 오대위가, 뒷자리 오른편엔 이사령관이 탔다. 이중사와 이사령관 사이의 거리는 1미터 남짓이었다.

이중사는 국회의사당에 도착한 뒤 윤대통령의 목소리를 들었다고 증언했다. 이사령관의 비화폰으로 전화가 왔는데, 오대위가 '대통령

전화'라면서 휴대전화를 이사령관에게 건넸다고 했다. 이중사는 국회 의사당 근처에서 한 차례, 여의도 진지 건물에서 또 한 차례, 총 두 차례의 통화를 기억한다고 했다.

그는 "첫 번째 전화는 정확히 (내용이) 기억이 안 나고, 두 번째 전화 땐 총 이야기를 했던 것 같다"며 "'계엄을 다시 하면 된다'고 한 것으로 알고 있다"고 했다. 특검 측이 "총과 관련해 구체적으로 무슨 말을 했냐?"고 묻자, 그는 "기억이 맞다면 '총을 쏘더라도' 이런 말을 들었다"고 말했다.

특검 측이 '이진우가 대답하는 내용을 듣고 통화 상대방을 유추한 것인지, 목소리를 직접 들은 것인지' 묻자, 그는 "(윤대통령의) 목소리를 직접 들었다"고 답했다. 또 '계엄을 두 번, 세 번 하면 된다'는 윤대통령의 목소리를 듣고는 "믿음이 깨진 것 같았다"고도 말했다.

윤 전 대통령 변호인이 '윤대통령의 목소리인지 어떻게 알았냐?'고 묻자, 그는 "뉴스에서 많이 듣던 목소리였다"고 답했다.

이 증언, 처음 나온 게 아니다. 지난 5월 3차 공판에 증인으로 출석한 오대위도 같은 증언을 했다. 당시 오대위는 윤대통령이 이사령관에게 모두 4차례 전화를 걸었다고 했다. '4명이 1명씩 들쳐 업고 나와라', '총을 쏴서라도 문을 부수고 들어가라', '두 번, 세 번 계엄 하면 된다' 등. 모두 그가 들었다고 증언한 내용이다.

헌법재판소 탄핵심판에서는 증언을 거부한 '통화 당사자' 이사령관도 지난 5월 20일 중앙지역군사법원에선 입을 열었다. 당시 이사령관은 "대통령이 발로 차고 문을 부수고 들어가서 끄집어내라고 해서, 정상이 아니라고 생각했다"고 밝혔다. 또 "본회의장 가서 4명이 1명씩 들고나오면 되지 않느냐'고 한 말도 처음에는 기억나지 않았다가 부관이 알려줘 기억났다"고도 했다. 그러니 계엄 당일 카니발에 타고 있던 이사령관과 오대위, 이중사 셋 모두 같은 취지의 증언을 한 셈이다.

변호인단은 이중사에게 "상식적으로 총을 쏘라고 말할 리가 없지 않으냐, 정확하게 '총을 쏴서라도'라고 한 게 맞냐?"고 따졌다. 이에 이중사는 "총을 써서든 쏴서든 같은 의미라고 생각하는데, 총을 사용하라고 들었다"고 답했다.

이중사는 오대위의 지시에 따라 카니발의 블랙박스 영상을 삭제했다고도 증언했다. 오대위가 "블랙박스 좀…"이라 말한 것을 이사령관의 삭제 지시가 하달된 것으로 이해했다고 밝혔다.

'체포방해' 재판 시작

12·3 비상계엄과 관련된 윤 전 대통령의 형사재판이 하나 더 늘었다. 8월 19일 서울중앙지법 형사합의35부(재판장 백대현)는 특수공무집행방해, 직권남용, 허위공문서작성 등 혐의 사건 재판의 첫 공판준비기일을 진행했다. 그가 경호처를 동원해 공수처의 체포영장 집행을 막고, 여인형 전 사령관 등의 비화폰 기록을 삭제하라고 지시했다는 혐의다.

첫 준비기일에 재판부는 "공소사실이 장황하게 길다"며 특검 측에 공소장 수정을 명했다. 추가 기소 사건은 계엄 선포 전후로 발생한 '절차적인 문제'에 대한 것인데, 공소장에 계엄의 실질적인 요건 등 무관한 내용까지 담겼다는 말이었다.

특검 측은 내란우두머리 혐의 재판에서 110명에 이르는 방대한 증인을 신청했는데, 추가 기소 사건 재판에서 130여 명을 추가로 신청할 계획이라고 밝혔다. 재판부는 1심 재판을 6개월 안에 끝내야 하는 만큼 최대한 신속하게 진행할 계획이라고 설명했다.

내란특검법 공방

8월 14일에 열린 김용현 전 장관 등의 내란중요임무종사 혐의 14차 공판에선 내란특검법의 일부 조항을 놓고 특검과 피고인 측이 공방을 벌였다. 김장관 측은 앞서 8월 12일 특검법에 대해 위헌법률심판 제청을 해달라고 신청했다. 이는 특검법에 대해 위헌성을 따져달라는 절차로 재판부가 헌법재판소에 심판을 제청하면 헌법재판소의 결정이 나올 때까지 재판은 정지된다.

김장관 측은 "(재판을) 공개해서 망신 주겠다는 것 아니냐. 비공개 재판도 검토해달라"고 주장했다. 특검 측은 "김 전 장관 측이 제청을 신청한 목적은 '재판 절차가 정지되어야 한다'는 것 같은데, 재판을 지연하려는 게 아닌가?"라고 맞섰다.

지휘관의 생각과 현장의 생각

8월 28일 내란우두머리 혐의 15차 공판에선 시민들의 저항을 마주한 한 계엄군의 이야기를 들을 수 있었다. 수방사 1경비단 35특임대 김의규 소령이 증인으로 출석했다.

2024년 12월 3일 밤, 계엄 선포 소식을 듣고 뛰쳐나온 시민들이 순식간에 국회를 둘러쌌다. 국회 담장 밖에선 계엄군의 작전 차량을 막아서고, 담장 안에선 소화기를 뿌리며 계엄군의 국회 진입을 막았다.

계엄 당일 밤 10시 15분쯤, 김소령은 '공포탄을 챙기라'는 지시를 받았다. 그는 훈련이 아니라 실제 상황이라는 말에 당황했다. 그는 "(대테러 부대는) 피아 식별과 테러범의 인상착의, 목표가 확실할 때 들어가는 부대라, 공포탄을 들고 임무를 수행할 일이 전혀 없다"고 말했다.

의아함을 안고 도착한 여의도 공원에서 임무가 내려왔다. 이진우 전 수방사령관은 김소령에게 '총기와 탄약을 차에 두고, 국회 출입하는 모든 인원을 통제하라'고 지시했다. 하지만 시민들의 거센 저항에 국회 진입조차 쉽지 않았다. 김소령은 "갑자기 시민들이 (국회에) 들어가지 말라고 붙잡고, 못 들어가게 저지했던 것 같다"며 "당시엔 왜 이렇게 막는지 전혀 알지 못했다"고 말했다.

결국 새벽 12시 18분쯤, 김소령은 상관인 조성현 수방사 1경비단장과 이사령관에게 '시민들로 인해 국회 경내에 진입하지 못한다'고 보고했다.

하지만 이 보고를 받은 이사령관은 "인적이 드문 곳으로 이동해 담을 넘어 들어가라"고 지시했다. 김소령은 혼란스러운 현장과 지휘관의 지시 사이 간극을 느꼈다고 했다. 그는 "지휘관의 생각과 현장의 생각이 다른 다른 것 같아, 상황을 계속 알리고 그에 맞게 판단할 수 있도록, 부하로서 돕기 위해서 현장 상황을 계속 전달했다"고 말했다. 또 "지휘관에게 임무를 받을 때는 항상 저희보다 많이 알고 있고, 올바른 임무를 내리기 때문에 우선 들어가서 판단해야겠다는 생각밖에 못 했다"고 덧붙였다.

월담을 시도하다 일부 부대원들은 시민들에 의해 끌려 내려오기도 했다. 국회에 겨우 진입했지만, 상황이 혼란스럽기는 마찬가지였다.

비상계엄 당일 국회 앞에서 몰려나온 시민들과 경찰이 대치하고 있다.

사진 KBS 뉴스 화면 캡처

김소령은 또 한 번 "사람들 사이로 가는 건 제한될 것 같다"고 보고했다. 결국 조단장이 '민간인이 없는 안전한 곳에서 대기하라'고 지시했고, 김소령과 대원들은 국회를 빠져나왔다.

새벽 1시 48분쯤, 특전사들이 국회에서 철수하는 모습을 본 김소령은 이를 조단장에게 보고했다. 그는 "시민들이 '지금 나가면 된다'고 말하는 걸 얼핏 들었고, 나가야 할 상황이란 게 파악됐다"며 "단장과 소통하면서 (국회 밖으로) 나갔다"고 증언했다. 비상계엄 해제요구 결의안이 통과되자마자 철수를 지시했다는 윤 전 대통령의 주장과 달리, 계엄군 스스로 판단해 철수했다는 것이다.

특검 측이 '시민들의 욕설에 분노했냐?'고 묻자, 김소령은 "분노보다는 동료들이 다칠까 봐, 그런 걱정이 더 컸다"고 말했다. 그는 "저희는 절대 시민을 해치거나, 폭행하거나, 물리력을 행사한다고 생각해본

적이 없다", "지금까지 12년 가까이 군 생활을 하면서 절대 (시민을) 때리지 말고 도망가라고 교육을 받았고, 이 상황을 해소해야겠다는 생각밖에 없었다"고 증언했다.

변호인단은 김소령의 목적지가 국회의사당 '건물'이었는지, 국회 '일대'였는지를 캐물었다. 국회의사당 장악이 아니라, 국회 일대 질서유지를 위해 계엄군을 투입했다는 기존 주장을 강화하려는 전략이었다.

소규모이지만 병력을 국회에 투입한 이유도 거대 야당의 망국적 행태를 상징적으로 알리고, 계엄 선포 방송을 본 국회 관계자와 시민들이 대거 몰릴 것을 대비하여 질서유지를 하기 위한 것이지, 국회를 해산시키거나 기능을 마비시키려는 것이 아님은 자명합니다. _윤 전 대통령, 대국민 긴급담화, 2024.12.12.

변호인단이 "(목적지가) 국회의사당이라 표현했는데, 넓은 부지를 포함한 국회 지역을 말한 것이냐?"고 묻자, 김소령은 "아니다, 국회 건물이라고 생각했다"며 "인원이 적어서 국회의사당 건물로 들어가야 한다고 인지했다"고 설명했다. 국회의사당 '건물'인 게 확실하냐는 질문에는 "대테러 특임부대 15명이 할 수 있는 임무는 핵심 시설로 들어가는 것이라 생각할 수밖에 없었다"고 말했다. 이후에도 같은 질문이 반복됐지만 김소령은 "국회의사당이라고 인지해 그 '건물'로 검색하고 확인했다"고 답했다.

그날 재판도 피고인석은 여전히 비어 있었다. 재판장은 '구치소에서 인치가 상당히 곤란하다는 답이 왔다'며 궐석으로 재판을 진행했다.

"전라도는 빼라"

8월 27일 서울중앙지법 형사합의21부(재판장 이현복)는 노상원 전 정보사령관의 개인정보보호법 위반 혐의 2차 공판기일을 열었다. 1차 공판은 앞서 8월 12일에 열렸다. 증인은 김봉규 정보사 대령이 나왔다. 김대령은 노씨가 2024년 9월에 특수요원 5~6명 추천을, 10월에는 15~20명을 추가로 요청했다고 말했다.

특검 측이 "노상원 전 사령관이 특수무술을 잘하는 쪽으로 선발하되, 전라도를 제외하라고 말했냐?"고 물었고, 김대령은 "그렇다"고 답했다. 이어 김대령은 "업무 잘하는 인원을 뽑다 보니 (전라도 지역 출신 인물들이) 들어갔는데, (명단을 보고 난 뒤) 구체적으로 전라도를 빼라고 해서 다시 선발했다"고 설명했다.

"테러범 잡으러 갔더니…"

9월 1일 내란우두머리 혐의 16차 공판. 윤 전 대통령은 이번에도 피고인석에 모습을 드러내지 않았다. 연속 7회 불출석이었다.

반년째 이어지는 내란우두머리 혐의 재판에서 눈에 띄는 건 '소극적 군인들'의 모습이다. 서울중앙지법 서관 417호 법정 증언대에선 헌법재판소가 탄핵심판 당시 윤대통령을 파면하며 '국회가 신속하게 비상계엄 해제 요구를 결의할 수 있었던 건, 군인과 경찰의 소극적인 임무 수행 덕분'이라고 평가한 부분을 자세히 확인할 수 있었다.

오전 재판엔 수방사 대테러초동조치팀 김석진 대위가 증언대에 섰다. 그의 소속 부대는 팀 이름에서 알 수 있듯이 테러 상황에 출동해 초기 대응을 하는 게 주요 업무다. 그도 2024년 12월 3일 갑작스러운 출동 소식에 '테러 상황'을 생각하고 출동했다고 밝혔다. 그는 '휴대전화도 놓고 일단 가라'라는 막연한 지시만 받았다고 털어놨다.

특검 측이 "출동 지시를 하면서 목적지와 수행 임무를 지시받았나?"고 묻자, 김대위는 "방향만 지시받았다"면서 "제가 어디로 출동하면 되냐고 물었을 때 '일단 국회 방향'으로 지시를 받았다"고 밝혔다.

특검 측이 더 구체적인 지시 사항을 물었지만, 김대위는 "그것만 기억에 남아 있고, 나머지는 기억이 없다"고 짧게 답했다. 지시를 내린 김우진 소령과 여러 차례 통화를 했지만, "계속 확인 중이다"고만 말할 뿐 출동 목적은 듣지 못했다고 설명했다. 그래서 김대위는 "저도 테러 상황인 걸로 팀원과 얘기하고 인지하고 있었다"고 강조했다.

그러자 특검 측이 "객관적으로 테러 상황을 확인했냐?"고 물었고, 김대위는 "테러라고 단정 지을 수 있는 객관적 증거는 없었다"고 말했다.

김대위와 소속팀 군인들은 테러 대응팀답게 각자 공포탄 30발을 장착하고, 포박용 케이블 타이, 삼단봉까지 챙겨갔다. 상관인 이진우 전 수방사령관은 김대위와의 4차례 통화에서 "국회 본관 정문을 막아라"고 지시했다고 한다.

김대위는 이사령관이 "본인(이진우)이 먼저 국회에 와 있는데 출입이 쉽지 않다"면서 "경찰에게 이야기하면 (문을) 열어줄 거다. 차량 진입이 어려우면 주차하고 들어가라"는 지시를 내렸다고 증언했다. 이어 "도보로 이동 가능하면 도보로 가고, 특전사처럼 담을 넘을 수 있으면 (담을 넘어) 들어가라는 식으로 지시했다"고 진술했다. 이때까지도 그는 국회의사당 본관 건물에 테러가 발생해, 테러 확산을 막고 건물에 사람들이 출입하는 게 임무라고 생각했다고 설명했다.

그러나 잠시 후 김대위를 비롯한 군인들이 마주한 것은 테러범이 아니라 일반 시민들이었다. 그제야 김대위는 '출입이 쉽지 않은 상황'이 계엄 선포 소식을 듣고 달려온 시민들을 일컫는 것임을 알게 됐다. 시민들이 차량 운전병을 끌어내려 하는 상황에서, 지시받은 대로 국회 본관까지 이동하려면 시민들을 뚫고 갈 수밖에 없었다. 그 과정에서 충돌은 불가피해 보였다.

이에 그는 부대원들을 차량에 대기시키고, 차량 시동을 끄고 차량 커튼까지 치라고 명령했다. "팀원들이 지시받은 대로 도보로 이동하겠다고 해서, 시민과 충돌하면 안 될 거 같았다"면서 "일단 있으라고 지시했다"고 밝혔다. 또 실탄도 있으니 노출하면 안 된다는 지시도 내렸다.

윤 전 대통령 측은 시민들과 충돌이 우려되는 상황, 더 나아가 '시민들이 군인들을 폭행했다'는 일부 주장과 연관된 질문을 했다. 변호인은 "시민들의 태도에 신변의 위협을 느꼈다는 군인의 진술이 있다. 증인도 위협을 느꼈나?"라고 물었다. 그러나 김대위는 "위협을 느꼈다기보단 시민들이 흥분해 있어서 충돌을 피하려고 했다"고 답했다. 시민들과 충돌하면 위험할 거라고 생각했다고도 밝혔다.

박억수 특검보는 "변호인이 시민에게 위협을 느꼈냐는 취지로 질문했는데, 증인이 우려했던 건 충돌했을 때 시민들이 다칠까 봐 염려됐다는 취지인가?"라고 물었다. 이에 김대위는 "시민들은 여러 명이고 저희 부대원들은 소수라 그럴 수 있는데, 제가 부대원 한 명 한 명에게 하지 말라고 말했다"면서 "팀원들도 그런 상황은 처음이라, 흥분한 상태에서 충돌하면 안 되어서, 차량 시동을 끄고 문 잠그고 (시민들을) 자극하지 말라고 했다"고 설명했다.

12월 4일 새벽 1시경, 국회에서 비상계엄 해제요구 결의안이 통과된 직후 시민들은 김대위 팀원들에게 그 사실을 알렸다. 그때만 해도 개인 휴대전화를 놓고 출동한 김대위와 팀원들은 상황을 인식하지 못했다. 김대위는 "시민들이 계엄이 해제됐으니 돌아가라고 했다"면서 "시민들이 휴대전화 메모장에 적어서 보여줘서 인지했다"고 말했다. '테러 상황'이 아니었다는 걸 정확하게 안 건 철수하고 부대로 복귀했을 때였다. 그는 부대원들과 "실망스럽다는 이야기를 나눴다"고 털어놨다.

재판 초반에 특검 측은 김현태 707특임단장의 증언을 뒷날로 배치한 이유를 설명했다. "수사 중 사건이라 법정에서 상세히 말하기 부적절하다고 판단해 말은 안 했었다"면서 "김현태 단장의 증언을 후반부에 계획하는 이유는 707특임단이 국회 출동 과정에서 기자를 포박한 사건에 대해 수사 중이었다"고 밝혔다. 이어 "수사 결과에 따라 공소사실에 반영할 필요가 있고, 동일한 증인을 여러 차례 소환하는 걸 지양하고자 했다"면서 "공소사실이 변경되더라도 '기자 포박 사건'에 한정돼 지금까지 진행한 증인신문 등에 지장은 없다"고 덧붙였다.

재판 말미에 변호인단은 재판부에, 법정에 들어설 때 소지품 검사 등을 받는 것에 대해 불만을 제기했다. "특검 검사들은 별도의 출입구를 통해서 들어오지만, 변호인단은 출입할 때마다 스캔하고 여성 변호사 가방까지 다 확인한다"고 말했다. 그러면서 "저희도 특검처럼 별도 출입구로 출석하게 해달라", "아니면 검색 절차를 간소하게 해달라"고 요청했다. 재판장은 "법원 청사 관리권은 서울고등법원장이 갖고 있다"면서 "건의해보겠다"고 답했다.

영치금 3억 원

9월 2일, 박은정 조국혁신당 의원실이 발표한 서울구치소 자료를 보면, 재구속 직후인 2025년 7월 11일부터 8월 29일까지 윤 전 대통령에게 들어온 영치금은 총 3억 1089만 원으로 집계됐다. 교정시설의 영치금 보관 한도는 1인당 최대 4백만 원이므로 그는 영치금 대부분을 외부로 계좌 이체했다.

여단장·대대장·작전참모도 들었다

9월 8일 내란우두머리 혐의 17차 공판의 증인은 안효영 전 특전사 1공수여단 작전참모(중령)였다. 그는 비상계엄 당시 이상현 여단장 옆에서 특전사 지휘부 사이에 오간 수많은 통화를 들은 인물이다.

그는 이여단장과 곽사령관이 여러 차례 통화하는 걸 들었다고 했다. "기억나는 부분은 (이여단장이 곽사령관으로부터) '대통령께서 내부에 있는 의원 끄집어내라 한다' 뭐 그렇게 지시를 받았다"고 말했다. 그가 들은 통화에서 곽사령관은 이여단장에게 자신 없는 목소리로 '(대통령이) 국회의원을 끌어내라고 한다, 전기를 차단할 방법이 없냐?'고 물었다. 이여단장이 '국회의원이요?'라고 되물었고, 이후 같은 자리에 있던 부하들에게 '너희도 들었냐'고 확인했다는 게 그의 증언이다.

그동안 특검팀은 수사에 이어 재판 과정에서도 "국회의원들을 모두 끄집어내라"는 윤 전 대통령의 지시가 전달된 경로를 입증하는 데 주력했다. 일테면 그 지시가 윤대통령 → 곽종근 특전사령관 → 이상현 특전사 1공수여단장 → 김형기 1특전대대장, 반효민 2특전대대장 순서로 전달됐다고 파악했다.

통화 당사자들의 기억은 어떨까? 곽사령관은 헌법재판소의 탄핵심판을 포함해 이미 여러 차례 계엄 당시 윤대통령이 직접 전화해 '의결정족수가 채워지지 않은 것 같으니, 문을 부수고 들어가 의원들을 끄집어내라'는 지시를 내렸다고 밝혔다. 이여단장도 지난 5월 내란우두머리 혐의 5차 공판에 증인으로 나와, 곽사령관이 받은 지시를 그대로 전달받았다고 증언했다.

안중령은 이여단장이 부하들에게 이 지시를 하달하는 통화도 들었다고 했다. 곽사령관과의 통화 이후 이여단장이 김형기 1대대장과 반효민 2대대장에게 각각 전화해 '담을 넘어 국회 본관으로 들어가, 의원들을 다 끄집어내라'고 지시했다고 했다. 김형기 대대장도 지난 4월 2차 공판에 증인으로 출석해 해당 지시를 들었다고 증언한 바 있다.

앞서 검찰 조사 당시에 안중령은 곽사령관이 언급한 지시의 주체가 누구인지 불분명하다고 진술했다. 그 점에 대해 그는 "검찰에서 진술할 때는 기억 나지 않는 부분은 그렇게 답변하는 게 좋겠다고 생각했다"며 "여러 번 진술하고, 또 녹취를 듣고 하면서 기억이 되살아난 부분들이 있다"고 말했다. "기억이 안 나는데 해석하거나 상황에 맞춰서 답변하면 위증이 될 수 있다"는 변호인의 말에 안중령은 "녹취록을 들어보니 대통령이라고 확신했다"며 "저는 그게 '대통령 지시'라 했다고 기억하고 있다"고 답했다.

그날 증인신문에 앞서, 재판부는 앞으로의 재판 진행 계획을 밝혔다. "한주에 3회씩(전 대통령, 군, 경) 내란 사건 재판을 진행하고 있다"고 밝혔다. 이어 "세 사건은 현재 별개로 진행되고 있지만 주요 쟁점·증거가 공통되고 다른 사건 증인신문 조서를 증거로 채택하는 등 증거조사 및 심리를 효율적으로 진행하고 있기 때문에 향후 병합하여 한 건으로 심리를 종결할 것으로 예상한다"고 설명했다. 또 "기일이 예정된 12월이나 그 무렵에는 심리를 마칠 수 있을 것으로 예상하고 있다"고 덧붙였다. 재판부의 이런 이례적인 설명은 정치권에서 제기된 '재판 지연 논란'에 대한 입장으로 풀이됐다.

재판부는 이날 재판 중계에 대한 의견도 밝혔다. "중계에 관해 사회적으로 논란이 있는 상태이므로, 특검 측이랑 피고인 측이랑 한번 재판 중계 신청 여부를 검토해보시는 게 어떨까 한다"며 "신청이 있으면 재판부도 검토해보겠다"고 밝혔다.

'모든 건 장관인 나의 지시'

9월 10일, 서울중앙지법 형사합의21부는 노상원 전 사령관의 개인정보보호법 위반 혐의 4차 공판을 열었다. 증인은 문상호 전 정보사령관. 그는 선관위에 군인을 투입하고 국회의원 체포를 위한 체포조를 짜는 핵심 역할을 했다.

그는 민간인 신분인 노씨로부터 2024년 9월쯤 북한 고위급의 탈북 징후가 있다며, 유능한 요원 명단을 추천해달라는 요청을 받았다고 밝혔다. 또 같은 해 10월에는 '부정선거' 관련 책을 요약해달라는 요청도 받았다고 진술했다. 그러면서 "노 전 사령관이 요원 선발과 관련해 '너, 나 못 믿냐', '내가 너 나쁜 거 시키겠냐'라고 묻더니, 김용현 장관이 전화할 거라고 하더라"며 실제로 5~10분 후 비화폰으로 김장관의 전화가 왔다고 설명했다. 해당 통화에서 김장관이 "모든 건 장관인 내가 다 지시한 것이다"고 말했다고 덧붙였다. 그러면서 "장관 전화를 받기 전까지 의구심이 많았지만, 장관 통화 이후 '장관님 지시구나'라고 받아들였다"고 밝혔다.

"1.8평짜리 방 안에서 '서바이브'하는 것 자체가 힘들어"

내란우두머리 혐의 18차·19차·20차 공판, 체포방해 혐의 1차 공판

헬기 진입 "절대 안 된다"

2025년 9월 15일 내란우두머리 혐의 18차 공판엔 비상계엄 당시 국회로 향하는 707특임단 헬기의 서울 진입을 3차례 보류했던 김문상 당시 수방사 작전처장이 증인으로 나왔다. 김대령은 당시 계엄 선포가 "있을 수 없는 일"이며 "가짜뉴스" 같았다고도 했다.

김대령은 그날 법정에서 계엄 당일 미상의 헬기가 진입해 긴급비행 승인을 요청한 상황을 상세히 증언했다. 당일 밤 10시 49분 수방사 방공작전통제처장으로부터 '수도권 비행 제한 구역에 헬기가 진입한다'는 보고를 처음 받았다. 김대령은 "제가 '통상적인 산불이나 응급환자 발생에서 필요로 하는 내용도 아니고 뭔데? 산불이나 환자냐?'라고 물었는데 모른다고 하기에, '목적도 모르냐? 어떻게 긴급비행 승인하냐?'고 했다"고 말했다. 처음부터 비행 목적을 알 수 없어 승인을 보류했다는 진술이었다. 그러면서 "계엄이 선포된 상황에서 상식적으로 생각할 때 산불이나 환자 정도는 아닌 것 같아 제가 목적을 다시 물어 본 것"이라고 덧붙였다.

방공작전통제처장이 헬기 쪽에서 다시 목적에 대해 답을 안 한다고 하자, 그는 재차 승인을 보류했다. 그즈음 그는 헬기가 특전사임을 알게 됐다고 했다. 당일 밤 11시 19분쯤 세 번째 긴급비행 승인 요청에서도 "목적은 말하지 않은" 상태였다. 그 상황에서 그는 "(수방사 참모장이) 전화해서 '특전사에서 계속 전화 온다. 해줘야 하는 것 아니냐' 했는데 제가 '절대 안 된다'고 했다"고 밝혔다.

이후 김대령은 수방사 참모장과의 협의하에 합참과 육군본부에 잇따라 전화해 상황을 파악했다. 그는 "조종래 육본 정작부장(정보작전참모부장)으로부터 전화가 와 '참모총장이 승인했고 헬기 진입시켜라' 해서 승인했다"고 증언했다. 특검 측이 "조종래 정작부장으로부터 박안수 참모총장에게 보고했고, 승인 나서 된다는 것이었죠?"라고 묻자, 그는 "예"라고 대답했다.

또 윤 전 대통령 측이 당시 헬기 진입 상황에 대해 "혼선이 생겼다는 것 자체는 갑작스러운 상황이고, 전혀 준비가 안 돼서 아닌가?"라고 물을 때, 그는 "사전에 협조해도, 목적을 밝히지 않았다면 보류했을 것이다"고 반박했다. 비상계엄이 사전에 계획된 것이 아님을 유도하는 질문 같았으나, 그는 '목적을 알지 못하면 절대 승인할 수 없다'는 자신의 입장을 유지했다.

그날 재판엔 707특임단 소속의 박 모 대령도 증언대에 섰다. 그는 출동 당시 '테러 진압' 차원에서 국회 본회의장 차단 봉쇄 업무를 하러 출동한다고 생각했다고 밝혔다. 국회 앞에서 마주한 사람들에 대해 그는 "'이분들은 대체 뭐지?'라는 생각에 혼란스러웠다", "나중에 자고 일어나 생각해보니 잘못됐다고 생각했다"고 말했다. 그러면서 "저희 707특임단 전 인원은 국가와 국민에게 위협이 발생했을 때 목숨 바쳐 임무를 수행할 각오가 돼 있다", "다시는 이런 일에 707특임단이 피해를 보지 않았으면 좋겠다"고 강조했다.

안귀령 대변인에게 총 겨눈 특임단원

9월 19일 내란우두머리 혐의 19차 공판에는 계엄 당시 국회 본청 앞에서 안귀령 더불어민주당 대변인(현 청와대 부대변인)에게 총을 겨눈 707특임단원이 증인으로 나왔다. 당시 안대변인은 중무장한 군인이 라이트를 켠 채 겨누는 총을 잡고 "놓으라고, 부끄럽지도 않으냐!"며 맞섰다. 그 모습은 국내는 물론 해외에서도 많은 화제가 됐다.

대테러 작전 등에 투입되는 707특임단은 존재 자체가 기밀이다. 소속된 특임단원의 이름도 기밀 사항이다. 그에 따라 707특임단원이 증언할 때 서관 법정 417호 방청객 앞에는 차단막이 설치됐다. 증언 초반에 '이 모 씨'로만 소개됐다.

2024년 12월 3일 비상계엄 선포를 들었을 때 특임단원 이씨는 생활관에서 대기하던 중 출출해 컵라면을 먹으려 물을 받고 있었다. 그가 들은 지시 사항은 '국회 가서 차단해야 한다'가 전부였다. 특임단원들은 헬기를 타고 바로 여의도 국회로 날아갔다.

하지만 수많은 사람이 국회 본청 앞을 막고 있었다. 그때 이씨는 정문 앞에서 안대변인과 맞닥뜨렸다. 이씨는 안대변인이 총을 잡고 빼앗으려 했다고 말했으나, 반면 안대변인은 언론 인터뷰에서 먼저 군인에게 팔을 잡혀 저항하는 과정에서 총을 잡고 밀었다고 밝혔다. 해당 영상은 법정에서도 재생됐다.

특검 측은 "국회의사당은 국회의원이 근무하는 곳인데, 거기를 막으면 의원들이 못 들어간다고 생각하지 못했냐?"고 물었다. 이씨는 "계엄 선포 이유 자체가 의원들의 일을 막으려는 것보다는, 의사당이 종북 세력에 의해 점거됐다는 생각을 갖고 가서 그런 생각을 전혀 못했다"고 밝혔다.

이어 특검 측은 이전 진술서를 읽어주며 "강한 라이트를 비추면 손을 떼겠다는 판단에 (안대변인에게) 라이트를 비췄냐?"고 질문했다. 이씨는 "당시 마주쳤던 분 중에 저희에게 적대적이고 폭력적으로 대응한 분도 있었지만, 안 부대변인에 대한 제 대응은 여성이었고, 그렇게 해야 한다고 생각했다"고 말했다. 또 "당시 제가 그분들을 적대 세력으로 판단할 수 있는 게 없었다"고 덧붙였다.

그렇게 정문에서 막힌 특임단원들은 우회로를 찾았다. 국회의사당 본청 건물 한쪽의 유리창을 깨고 내부로 진입했다. 이씨는 김현태 707특임단장의 지시에 따라 소속 부대원이 유리창을 깨고 자신이 국회 본청 안으로 진입했다고 말했다. 또 "김현태 단장이 (들어갈) 방법이 없다고 하니까 우회해서 유리를 깨라고 해서 깨고 진입했다"며 "유리를 깨기 전에 두 번 더 물어봤고, 진짜 깨냐고 두 번 물어봤다"고 당시 상황을 설명했다.

그렇게 국회 본청 내부에 진입해보니 이제는 당직자들이 소화기를 분사하며 저항했다. 이씨는 "당직자라고 생각하지 못했고, '위협 세력'이라고만 생각했다"고 밝혔다. 그러면서 "이 사람들은 누구이기에 오자마자 밀고 소리치고 소화기 뿌리고 욕하는 행동을 할까. 이 상황이 어떻게 흘러가고 있는 건가 생각했다"고 말했다.

특검 측이 "김현태 단장으로부터 의사당 전기를 차단할 수 없냐는 말을 들었냐?"고 묻자, 이씨는 "차단기를 찾아봐라, 차단기를 내릴 수 없겠냐는 걸로 기억한다"고 답했다. 이어 "(김단장이) 찾으라고 해서 찾았고, 내리기 전에 '진짜 내리냐?'고 물었는데 내리라고 해서 내렸다"고 덧붙였다.

국회에서 비상계엄 해제요구 결의안이 가결된 뒤 그는 부대로 복귀했으나 김현태 단장으로부터 어떤 설명 하나도 듣지 못했다고 털어놨다. "설명이 있어야 하지 않나 생각했다."

"내란이라는 생각이 들었다"

그날 19차 공판 후반, 특임단원 이씨 다음에 증언대에 선 사람은 백현석 서울강남경찰서장이었다. 비상계엄 당시 그는 서울경찰청 4기동단장이었다. 그는 비상계엄이 선포된 뒤 '국회로 가야 한다'는 지시만 받아 가면서도 석연치 않았다고 밝혔다. 그러면서 "출동을 나간다면, 국회의원을 보호하라는 이유로 출동할 것 같지 않았다", "불법에 가담할 것 같아, 제가 도착할 때까지 꼼짝하지 말고 기다리라고 했다"고 말했다. 국회 앞에 도착에 상황을 살펴본 그는 '내란'이라고 직감했다고 털어놨다.

특검 측: (국회 앞) 상황을 보고 든 생각은 무엇인가요?
백서장: 든 생각은… 내란이다!

특검 측: 내란이라는 생각이 들었다…. 어떤 고민이 든 건가요?

재판장: 편하게 말씀해주세요.

백서장: 군인이 왜 거기에 가겠습니까? 계엄 해제 못 하게 했을 거고, 내란이라는 생각이 들었을 때 어떻게 해야 하나 생각이 들었습니다.

상황을 눈으로 보자마자 '내란'이라 생각했다는 백서장. 법학과를 나온 그는 계엄 소식과 포고령 뉴스를 보고 바로 헌법에서 계엄 관련 사항을 검색했다. "참고로 제 경험을 말씀드리면, 5·18 재판 당시 제가 관할 경찰서에서 수사 부서에 근무했다", "매주 월요일마다 공판이 있었는데 저를 포함해 경찰들이 호송을 담당했고, 공판과 판결문도 다 봤다"고 설명하기도 했다. 포고령 내용을 보고 '전공의 처단' 등은 도저히 이해되지 않았다고 했다.

변호인단은 '내란'이라고 생각했다는 백서장을 향해 '(경찰은) 비상계엄에 대해 판단할 사안이 아니다'며 집중적으로 캐물었다. 변호인이 "민간인들이 소화기를 분사하고 군인들이 뛰어다니는 걸 어찌 내란이라고 판단했냐?"고 묻자, 백서장은 "경찰력으로 치안에 문제가 있는 상황이 아니지 않으냐?"며 "국회에서 의결로 계엄을 해제할 수 있는 상황에서 군인이 들어간 자체가 (내란이다)"고 맞섰다. 다시 변호인이 '투입된 군 인력이 소수인데 국회 의결을 막는 게 가능하다고 보냐'고 물었지만, 백서장은 "왜 저런 질문을 하는지 모르겠다", "출동 나간 사람들의 의지가 문제고, 저 인원만 가지고 통제할 수 있다"고 답하며 물러서지 않았다.

또 그는 조지호·김봉식 청장에 대해 배신감을 느꼈다고 털어놨다.

계엄이 선포되기 전 그들이 안가에서 대통령과 회동한 점에 대해 "알고도 동조했다는 것에 배신감을 느꼈다"고 말했다. 마지막으로 하고 싶은 말이 있냐고 묻자, "화도 나고 부끄럽고, 조직을 생각하면 참담하다"고 밝혔다.

그날 19차 공판에서 재판장은 윤 전 대통령 재판과 경찰 수뇌부 재판, 김용현 전 장관 등 군 관계자 재판 등 세 갈래로 나눠 진행되던 내란 사건 재판을 병합해 그해 12월쯤 1심을 마무리하겠다고 밝혔다. 지난 18차 공판에서 특검 측은 "3개 재판 중에 윤 전 대통령 사건과 조청장 사건이 비교적 진행이 빨라 먼저 병합해달라"며 "주 4회 재판으로 진행될 수 있게 해달라"고 요구했다.

그날 재판에서 다시 박억수 특검보는 "어제 김용현 전 장관 재판에서 재판부 기피 신청을 해 재판이 정지됐다"며 "공판 절차가 정지됨에 따라 공전하는 기일에 이 사건(윤 전 대통령 사건)과 조청장 사건 등을 (추가 기일로) 지정하셔서 신속한 재판이 이뤄지도록 요청한다"고 밝혔다. 앞서 9월 18일 김용현 전 장관 등의 내란중요임무종사 혐의 19차 공판에서 변호인들은 증거능력 등을 문제 삼더니 재판부 기피 신청까지 냈다. 이에 해당 재판부는 재판 절차를 일시 중단했다.

그와 별도로 서울중앙지법은 특검법에 따라 내란 혐의 재판의 중계를 준비하고 있다고 밝혔다. 특검법에 따르면 내란 재판은 의무적으로 중계하게 돼 있다. 그러면서 관련 법률이 공포된 지 한 달 안에 국민들은 내란 재판 모습을 직접 TV 등을 통해 시청할 수 있게 됐다.

재판부 기피 신청이란 법관에게 불공평한 재판을 할 염려가 있다고 의심되는 때에 당사자가 그 법관을 해당 사건의 직무 집행에서 배제할 것을 신청하는 제도다. 기피 신청이 있으면 다른 재판부가 그 신청에 대한 결정을 내려 확정될 때까지 소송 진행이 멈추게 된다. 하지만 기피 신청이 소송 지연 목적이 명백한 경우에는 해당 재판부가 바로 기각하는 결정을 할 수 있다.

형사합의25부에 법관 추가

9월 18일 법원은 내란 재판을 담당하는 재판부에 법관을 추가 배치하는 등 지원 방안을 발표했다. 더불어민주당이 내란·국정농단 전담재판부 설치법 발의를 예고하자 법원이 자구책을 내놓은 것. 서울중앙지법은 윤 전 대통령의 내란우두머리 혐의 사건과 김용현 전 장관 등 군 수뇌부, 조지호 경찰청장 등 경찰 수뇌부의 내란중요임무종사 혐의 사건 등 3개 사건을 맡고 있는 형사합의25부에 법관 1명을 추가 배치한다고 밝혔다. 추가로 투입된 법관은 재판부의 내란 사건 외에 일반 사건 재판에 투입된다. 또 법원은 특검들이 기소한 사건 1개를 받는 재판부는 일반 사건 5개를 배당하지 않는 식으로 사건 배당 방식도 변경했다.

'개인정보보호법 위반' 1심 11월 종결

9월 23일 서울중앙지법 형사합의21부는 노상원 전 사령관의 개인정보보호법 위반 혐의 5차 공판을 열고 "이 사건 최종 정리하는 기일(결심 공판)을 11월 17일로 하겠다"고 발표했다. 재판부는 결심 공판까지 총 5차례 공판을 더 열고 증인신문과 증거조사를 진행하겠다고 밝혔다. 내란특검이 기소한 재판 가운데 재판을 마무리하는 변론 종결일이 정해진 것은 처음이었다.

85일 만의 법정 출석

9월 26일 서울중앙지법 형사합의35부는 윤 전 대통령의 체포방해(특수공무집행방해) 등 혐의 1차 공판을 열었다. 85일 동안 비어 있던 피고인석에 그가 앉았다. 지난 7월 10일 해당 혐의로 추가 구속된 뒤 처음으로 법정에 나온 것. 넥타이 없는 남색 정장 차림에 왼쪽 가슴에는 수인번호 '3617'이 적힌 명찰을 달았다. 하얗게 센 머리카락을 이전보다 짧게 자른 그는 다소 수척해진 모습이었다.

재판부는 내란특검법에 따른 특검 측의 중계 신청을 받아들여 그날 재판을 시작부터 끝까지 전체를 공개했다. 다만 재판 과정을 생방송으로 송출하지는 않고, 법원이 녹화 촬영한 다음 개인정보 비식별 조처를 거쳐 재판이 끝나고 공개했다. 하급심에서 '선고 부분'만 아니라 '재판 과정 전체'가 공개된 건 그때가 처음이다. 그렇게 내란우두머리 혐의 외에 체포방해 혐의 재판도 본격적으로 시작됐다.

특검 측은 프레젠테이션을 통해 윤 전 대통령이 추가 기소된 다섯 가지 혐의를 설명했다. 주요 혐의는 공수처 체포영장 집행 방해, 국무위원의 계엄 심의·의결권 침해, 계엄선포문 사후 작성·폐기, 비상계엄 이후 허위 공보, 비화폰 통신기록 삭제 지시 등이다.

변호인단은 공소사실을 전부 부인했다. '계엄 전 국무회의'에 대해선 "열띤 심의를 했고, 정족수가 충족되자 계엄을 선포했다", "위치가 확인돼 빨리 올 수 있는 국무위원 부른 것일 뿐"이라고 밝혔다. '계엄

KBS1 1

2025년 9월 26일 체포방해 혐의 1차 공판에 출석해 85일 만에 모습을 드러낸 윤 전 대통령.
사진 KBS 뉴스 화면 캡처

선포문 사후 작성'에 대해선 "문서를 만들어 사후적으로 정당성을 꾸며야 할 이유가 전혀 없었다"고, '허위 공보'에 대해선 "국제사회에 불필요한 우려를 줄 수 있어 시스템을 복원하려는 노력을 하고 있다는 점을 공보하라고 한 것"이라고 말했다. '비화폰 기록 삭제 지시'에 대해선 "보안 규정에 따라 비화폰에 접근할 수 없도록 원격 로그아웃 등 해제 조치를 하라는 지시였을 뿐"이라고, 체포방해에 대해선 "경호처가 자체적으로 판단한 것"이라고 반박했다. 그러면서 "일부 공소사실은 계엄 과정에서 발생한 행위로 이중기소"라며 공소기각 또는 무죄 선고를 내려달라고 말했다.

이에 특검 측은 "비상계엄 선포 전 국무위원들에 대한 직권남용 범죄가 있었고, 나머지 범죄는 내란을 은폐하거나 수사를 방해하기 위한 것으로 이중기소 문제가 발생한다고 보기 어렵다"고 맞섰다. 또 그

날 재판부는 특검법에 따라 1심 재판을 6개월 안에 마무리하겠다고
밝혔다.

앞서 닷새 전인 9월 21일 윤 전 대통령이 건강상의 이유를 들어 보
석을 신청함에 따라, 그날 1차 공판이 종료된 뒤 바로 보석 심문이 이
어졌다. 그는 직접 마이크를 잡고 18분간 작심 발언에 나섰다.

재판장이 '별건 재판(내란우두머리 혐의)에 출석하지 않는 이유'를
묻자, "구속되고 나서 1.8평짜리 방 안에서 '서바이브(생존)'하는 것 자
체가 힘들었다"고 토로했다. "(구치소 측이) 방 밖을 못 나가게 하는데,
강력범이 아니면 약간의 위헌성이 있다"고도 했다. 구치소 생활의 어
려움을 토로하던 그는 "보석을 해주시면 아침하고 밤하고 운동도 조
금씩 하고, 영양 이런 거, 당뇨식도 하고 하면서 사법 절차에 협조하겠
다"고 밝혔다.

"석방되면 재판에 성실히 출석하고, 아니면 출정을 거부하겠다는
거냐?"는 재판장의 질문엔 "현실적으로 일주일에 몇 회씩 (재판을) 하
는 건 쉽지는 않겠다는 생각"이라고 답했다. 특검 수사에 대해서도 강
한 불만을 드러냈다. 그는 "제가 무슨 뭐, 재벌 회장도 아니고, 지금 기
소된 사건도 보면 도대체 전직 대통령에 대해 기소할 만한 건인지 유
치하기 짝이 없다"고 반발했다.

특검 측은 그가 그간 특검의 소환과 재판에 모두 불응해오며 사법
시스템에 대한 불신을 드러냈다며 석방하면 신속한 재판이 어려워진
다고 지적했다.

윤 전 대통령의 18분간 발언은 주로 구치소 생활의 어려움에 관한

내용이었다. 하지만 그의 구치소 생활은 일반 수용자들보다 오히려 조금 나은 편이다. '1.8평'이라는 언급과 달리, 그가 수용된 3평 규모의 독방은 법무부가 정한 수용자 최소 수용 면적(0.78평, 혼거실 기준)보다 훨씬 넓다. '방 밖에 못 나가게 한다'고도 주장했지만, 법무부는 그 점에 대해서도 다른 수용자들처럼 일과 중 1시간 이내로 실외 운동을 실시하고 있다고 밝혔다. 특검 측은 "교도관에 따르면 피고인 판단으로 운동을 안 한 것"이라고 반박하기도 했다.

법무부의 조사 결과 그가 다른 수용자들에 비해 변호인 접견을 길게, 그것도 단독접견실에서 해온 사실이 드러나기도 했다. 그는 "변호인 접견하는 이유는 사실은 왔다 갔다 그 자체로 운동이기 때문"이라고 말했다.

기소가 부당하다며, "대통령이 얼마나 재량권을 갖고 있는데"라고 말한 부분은 어떨까. 비상계엄 선포와 '체포방해', '비화폰 삭제 지시' 등 모두 대통령의 재량권 안에 있는 합법적 행위라는 말을 하려던 것으로 보이나, 대통령 말 한마디에 모두가 움직이기 때문에 아무렇게나 휘두르면 오히려 '불법'이 됨은 박근혜 전 대통령 국정농단 사건의 공소장에 잘 드러나 있다. 당시 공소장엔 박 전 대통령의 불법행위를 설명하는 전제로 "국정 전반에 걸쳐 직무상 또는 사실상의 영향력을 행사할 수 있는 지위에 있던 대통령"이라는 점을 명시했다. 이를 수사한 책임자가 윤석열 전 검사였다.

그가 보석을 요청하며 "불구속 상태에선 재판이나 특검 소환에 성실하게 임해왔다"고 한 말도 맞지 않다. 그는 내란특검의 1차 소환 통보에 '지하를 통해 비공개 소환을 해달라'고 요구하는가 하면, 조사 중간엔 특검에 파견된 경찰에게 조사를 받을 수 없다며 대기실에서 조사실로 이동하지 않고 버티기도 했다. 2차 소환 통보에는 건강상의 이유로 소환을 미뤄달라고 여러 차례 요구하다가 특검팀이 체포영장을 청구할 수도 있다고 한 뒤에야 소환에 응했다.

재판부는 추후에 보석 여부를 결정하겠다고 밝혔다. 보석 심문은 윤 전 대통령의 건강 상태 등 사생활이 노출될 우려가 있다는 이유로 촬영과 중계가 불허됐다.

'정치인 체포조'

9월 25일 내란우두머리 혐의 20차 공판에 윤 전 대통령은 11차례 연속으로 불출석했다. 그날 재판에는 비상계엄 당시 '정치인 체포조'에 동원된 방첩사 대공수사단 소속 최진욱 소령이 증인으로 나섰다.

2024년 12월 3일 밤, 최소령을 포함한 수사관들은 함께 저녁 식사를 하는 동안 각각 소주를 한 병씩 마셔 취한 상태였다. '출동이 어려운 상태였냐?'는 윤 전 대통령 변호인의 질문에 그는 "법적 행동을 할 수 있는 상태는 아니었다", "술 냄새가 다들 났다"고 밝혔다.

그날 밤 그런 최소령에게 대뜸 '한동훈을 체포하라'는 명령이 떨어졌다. 국회로 가 경찰로부터 한 전 대표를 인계받은 다음 구금실로 이동하면 된다는 지시였다. 출동하는 동안 포고문이 적힌 종이도 받았으나 그는 애초에 임무를 이행할 생각이 없어 바닥에 버렸다고 말했다.

새벽 1시쯤 국회 인근에 도착한 최소령과 조원들은 임무를 수행하지 않고, 지시를 따르지 않은 증거를 남기기 위해 편의점에서 생수를 구매하기도 했다. 최소령은 "굉장히 긴급하고 다급한 상황에서 주먹구구식으로 이뤄진 상황이었다", "(수사관들이) 굉장히 혼란스러웠고, 무질서했고, 무기력했고, 안타까웠고, 무서웠다고 일관되게 증언하고 있다"고 말했다.

관할 이전 신청 기각

9월 26일 대법원 1부(주심 마용주)는 김용현 전 장관 측이 제기한 관할 이전 신청을 최종 기각했다. 앞서 8월 11일 김장관의 위계에 의한 공무집행방해 및 증거인멸교사 혐의 2차 공판준비기일에 김장관 측은 추가 기소 사건을 맡은 서울중앙지법 형사합의34부에 구속 취소를 청구하고 사건을 다른 법원으로 옮겨달라는 관할 이전 신청도 냈다. 그 때문에 재판이 한 달 넘게 열리지 않았다. 그 후 서울고등법원 형사8부는 김장관 측의 관할 이전 신청을 기각했다. 그리고 재항고를 거쳐 그날 대법원에서 최종 기각 결정이 나온 것.

그렇게 형사합의34부는 재판을 재개하게 되어 9월 30일 김장관의 구속 취소 청구도 기각했다. 앞서 김장관 측은 2025년 2월과 3월 자신의 내란중요임무종사 혐의 사건을 담당하는 서울중앙지법 형사합의25부에도 구속 취소를 두 차례 청구했지만 모두 기각됐다. 김장관 측은 9월 18일에 형사합의25부에 대해 재판부 기피 신청을 냈다가 같은 달 30일 기피 신청을 취하하기도 했다.

'접대 의혹' 결론 보류

9월 26일 대법원 법원 감사위원회는 서울중앙지법 형사합의25부 재판장인 지귀연 부장판사에 대한 '접대 의혹'에 대해 회의를 열었으나 공수처의 조사 결과를 보고 사안을 처리해야 한다며 판단을 보류했다.

대법원 윤리감사관실에서 파악한 바에 따르면, 2023년 8월 그는 광주지방법원 장흥지원에서 근무하던 시절 근무 인연이 있는 변호사 둘과 저녁 모임을 했다. 1차 모임으로 횟집에서 소주와 맥주를 마시고 2차 장소로 옮겼으나 그는 사진을 찍고 잠시 동석한 뒤 자리를 떴다.

9월 30일, '접대 의혹'을 제보받은 더불어민주당 당직자가 기자회견을 열었다. 그는 "대법원 발표는 제가 받은 제보 내용과 명백히 배치된다", "제보자는 1년에 한 번이 아니라 지난 수년간 본인이 직접 20여 차례 룸살롱 접대를 했다고 말했다"고 주장했다.

한편 10월 13일 최진수 대법원 윤리감사관은 국회 국정감사에 출석해 "십여 차례 접대를 받았다는 증빙은 전혀 없었다"고 밝혔다.

"총 한 번만 쏘면 되지 않느냐",
체포 저지 시나리오?

내란우두머리 혐의 21차·22차·23차 공판,
체포방해 혐의 2차·3차 공판

'부정선거 의혹을 검증하라'

2025년 9월 29일 열린 내란우두머리 혐의 21차 공판, 피고인석은 여전히 비어 있었다. 그날 재판에는 배정효 전 방첩사 지휘협력과장이 증인으로 나왔다.

배중령은 총선 직후인 2024년 4월 말, 정성우 당시 방첩사 1처장으로부터 "(여인형) 사령관이 부정선거를 궁금해한다"는 말을 전해 들었다. 그는 "저는 의혹을 안 믿어서, 심한 표현을 쓰면서 '말도 안 된다, 확인할 필요도 없고 (여사령관이) 정신 차리셔야 한다'고 말했다"고 밝혔다. 하지만 여사령관이 "의혹이 있으니 그게 뭔지 궁금하다, 확인해 보고했으면 좋겠다"고 하자, 배중령은 '부정선거 사실확인 보고서'를 작성하게 됐다.

결국 배중령은 선관위의 반박 자료와 대법원 판례, 언론의 검증 기사 등을 찾아 20여 장으로 정리했고, 정처장이 이를 여사령관에게 보고한 뒤 배중령에게 "사령관이 이해했다, 수고했다"고 전했다. 배중령은 "굳이 '보고자 의견'을 달아 사령관에게 훈계하듯 '특정 집단과 거리를 두라'고 하는 것에 대한 두려움이 커 썼다 지웠다를 반복했다"고 밝혔다.

특검 측이 "부정선거 의혹을 밝혀야 해 계엄을 선포했다는데 어떻게 보냐?"고 묻자, 그는 "개인의 믿음의 영역이니 어쩔 수 없지만, 저는 대한민국에서 시도될 수도 없고, 성사될 수도 없어서 국민 분열을 일으키는 거라 생각한다"고 답했다.

부정선거 의혹을 검증하라는 지시는 방첩사뿐 아니라 정보사 안에서도 이뤄졌다. 비슷한 시기, 노상원 전 정보사령관도 부정선거 의혹에 대한 유튜브 영상을 공유하며 보고서를 작성하라고 지시했다는 사실이 검찰 수사로 드러났다. 특검 측은 윤 전 대통령이 총선에서 패배한 뒤 두 사령관에게 부정선거에 대한 검증을 지시한 게 아닌지 의심해왔다.

결심지원실 "다시 계엄을 선포하면 된다"

10월 2일 22차 공판, 내란우두머리 혐의 재판은 그날 처음 중계됐다. 하지만 윤 전 대통령이 13회 연속으로 불출석하면서 그를 볼 수 없었고 재판 중계는 증인신문 전까지로 제한됐다. 그날 재판에선 박성하 방첩사 기획조정실장이 증인으로 출석해 윤 전 대통령이 국회에서 비상계엄 해제요구 결의안이 가결된 뒤 재차 계엄을 선포하려 했다고 증언했다. 그도 윤 전 대통령과 같은 충암고 출신이다.

2024년 12월 4일 새벽 1시 20분쯤, 합참 전투통제실 안에 있는 결심지원실에는 윤대통령과 김용현 장관, 박안수 육군참모총장 등이 함께 있었다. 당시 결심지원실 안에서 오간 대화는 현장에 있던 한 중령에 의해 방첩사 단체 대화방에 공유됐다.

박실장은 "1시 20분, 30분 어간에 '대통령님이 합참 전투통제실에 들어오신다'를 시작으로 내용들이 있었다"고 말문을 열었다. 이후 윤대통령이 '의원들부터 잡으라고 했잖아요!'라고 소리치며 들어왔고, 김장관이 '인원이 부족했습니다'고 답했다는 내용의 메시지를 봤다고 말했다. 또 윤대통령이 '그건 핑계에 불과하다, 계엄 해제가 의결됐어도 새벽에 다시 비상계엄을 선포하면 된다'고 말했다는 내용의 메시지가 이어서 올라왔다고 설명했다.

'대화 내용이 허위이거나, 과장됐을 가능성은 없냐?'는 특검 측 질문에 그는 "군사 정보 업무를 하는 인원들이어서, 과장해 올린다고 생각하지는 않고 있다"고 답했다. 윤 전 대통령 변호인은 "당사자들이 대화한 내용이 아니라, 신분도 알 수 없는 사람이 듣고 대화 내용을 단체 대화방에 쓴 것을 증인이 봤다는 것"이라고 반발했다.

그날 변호인단은 윤 전 대통령과 계엄을 직접 논의하거나 통화한 당사자가 아니라, 논의를 전해 들은 '지엽적인' 증인 위주로 증인신문이 이뤄져왔다며 불만을 표하기도 했다. 이에 특검 측은 "군인들의 증언 과정에서 '의원을 끌어내라'는 등의 대통령 지시 사항을 알 수 있었다"며 "이는 어떤 증언보다 중요하고 핵심적인 증언"이라고 반박했다.

같은 날 서울중앙지법 형사합의35부는 '증거를 인멸할 염려가 있다'며 윤 전 대통령의 보석 청구를 기각했다. 꼭 1년 전 '비상대권'을 말했다던 대통령은 이제 부부가 모두 수감된 채로 추석 연휴를 보내게 됐다.

반복되는 지연 전략

10월 2일 서울중앙지법 형사합의34부는 김용현 전 장관의 위계에 의한 공무집행방해 및 증거인멸교사 혐의에 대한 3차 공판준비기일을 진행했다. 8월 김장관 측의 재판부 기피 신청으로 재판이 중단된 지 약 두 달 만에 열린 재판이었다.

김장관 측은 "불법 구속을 결정한 형사합의34부는 심판권이 없고 공정한 재판을 기대할 수 없다"며 "이미 기소돼 형사합의25부에서 진행 중인 내란중요임무종사 재판과 병합돼야 한다"고 말했다. 또 그들은 내란특검법에 대해 위헌법률심판 제청을 신청하겠다고 밝혔다. 공개 재판과 재판 중계를 의무화한 특검법의 내용이 위헌이라는 주장이다.

특검 측은 김장관 측의 반복되는 지연 전략을 문제 삼으며 "더 이상의 공판준비기일은 무의미하다고 보이고 구속 사건일 뿐 아니라 공소 제기 6개월 이내에 판결을 선고해야 하는 사건이다"고 말했다.

박성재 장관 구속영장 기각

10월 9일 내란특검은 박성재 전 법무부 장관에 대해 내란중요임무종사와 직권남용 혐의를 적용해 구속영장을 청구했다. 9월 24일 박장관을 피의자로 불러 13시간 동안 조사한 지 보름 만이다. 특검 측은 박장관이 윤 전 대통령의 비상계엄 선포를 막지 못하고 방조한 혐의가 있다고 봤다. 또 계엄 선포 후 법무부 회의에서 합동수사본부에 검사를 파견하는 것을 검토하라고 지시한 것으로 의심했다.

그에 대한 영장실질심사는 10월 14일 서울중앙지법 박정호 영장

2025년 10월 23일 내란특검의 소환에 응한 박성재 전 법무부 장관. **사진** 연합뉴스

전담 부장판사의 진행에 따라 오전 10시 10분부터 오후 2시 55분까지 진행됐다. 다음 날인 10월 15일 박부장판사는 박장관에 대해 "구속의 상당성(타당성)이나 도주·증거인멸 염려에 대해 소명이 부족하다"며 영장을 기각했다. 또 "현재까지의 소명 정도, 수사 진행, 피의자 출석 경과 등을 고려하면 도주·증거인멸의 염려보다 불구속 수사의 원칙이 앞선다"고 설명했다.

"공포탄을 쏴서 겁을 줘야 한다"

10월 10일 체포방해 혐의 2차 공판에서, 지난 2차 체포영장 집행 당시 집행을 막기 위해 경호처가 총을 준비하고 여기에 윤 전 대통령이 관여한 정황이 있다는 법정 증언이 나왔다. 증인은 김대경 전 경호처 지원본부장이었다.

2025년 1월 3일 오전 6시쯤, 체포영장을 든 공수처 관계자들이 한남동 관저에 도착했다. 체포 대상은 '직무 정지된' 현직 대통령이었다. 공수처와 경찰 관계자 80여 명이 닫혀 있는 관저 정문을 뛰어넘어 통과했다. 크고 작은 몸싸움도 벌어졌다. 하지만 경호처가 차량을 동원해 겹겹이 세워둔 저지선을 끝내 뚫지 못해 관저를 불과 수백 미터 앞두고 빈손으로 철수해야 했다. 1월 15일 두 번째 영장 집행을 시도한 끝에 공수처는 당시 윤대통령을 체포했다.

그런데 공수처의 1차 체포영장 집행이 무산된 뒤 경호처 간부들은 2차 집행을 대비하기 위한 회의를 열었다. 김본부장은 당시 김성훈 차장이 "영장을 집행하는 인원을 체포할 수도 있으니, 케이블 타이를 구해달라"고 말했다고 밝혔다. 이광우 경호본부장은 철조망을 준비해달라고 요청했다. 더 나아가 김본부장은 경호처가 권총까지 준비했다고 말했다.

특검 측이 "이광우 전 본부장이 '공포탄을 쏴서 겁을 줘야 한다'며 38구경 권총을 구해달라고 했냐?"고 묻자, 김본부장은 "맞다" 답했다. 그러면서 "이광우의 단독 요청이라기보다 경호처장(박종준)도 같이 했다"고 말했다. 결국 김본부장은 갖고 있던 공포탄 20개 정도를 옮겨 두었다.

그런데 김본부장은 그 총을 윤 전 대통령이 준비하라고 지시한 것 같다고 말했다. 2025년 2월 국회에서 열린 내란국조특위 청문회에서 만난 박종준 전 경호처장이 '대통령께 건의해 수사기관에 출석하게 하려 했지만 말을 듣지 않았다'며 '대통령이 총 한 번만 쏘면 되지 않느냐고 했다'고 전했다는 것이다. "영장을 집행하는 사람들에게 포탄을 쏘라는 의미냐?"는 특검 측 질문에 김본부장은 공포탄으로 이해했다고 답했다.

특검 측은 윤 전 대통령이 경호처 관계자들에게 "경찰은 니들이 총기를 가지고 있는 것을 보여주기만 해도 두려워할 거다, 총을 가지고 있다는 걸 좀 보여줘라"고 말하는 등 체포영장 집행을 적극적으로 막았다고 봤다. 반면 변호인단은 경호처의 자발적인 대응이었다고 주장해왔는데, 김본부장의 증언이 사실이라면 체포영장 집행 방해에 윤 전 대통령이 직접적으로 관여한 게 된다.

변호인이 "(경호처의 대응이) 적법한지 여부는 경호처가 판단 내릴 수 있는 것 아니냐?"고 묻자, 김본부장은 "최종적 판단은 아니지만, 법원의 적법한 영장에 의해 진행되는 절차는 존중돼야 한다고 생각한다"고 말했다.

그날 재판에선 윤 전 대통령이 자신과 소통한 사령관들의 비화폰 통화 기록을 삭제하라고 지시했다는 증언도 나왔다. 2024년 12월 6일, 김본부장은 박종준 경호처장의 비서관으로부터 '처장님이 비화폰 지급 내역과 통화 기록을 지우라고 한다'는 말을 전달받았다. 홍장원 전 국정원 1차장이 국회를 찾아 계엄 당일 윤 전 대통령과 통화한 내용("이번 기회에 잡아들여, 싹 다 정리해")을 밝힌 직후였다. 삭제를 지시한 대상은 이진우와 여인형, 곽종근 등 전 사령관 세 명.

이상한 느낌이 들어 박처장에게 "대통령 지시냐?"고 묻자 "어떻게 알았냐?"는 답이 돌아왔다. '법적 문제가 있을 수 있다'고 했지만 박처장은 '내가 책임지겠다'고 말했다. 김본부장은 "부당한 지시라고 생각"해 명령을 이행하지 않고 차일피일 미뤘다. 그러자 박처장이 김본부장을 며칠 동안 사무실에 불러 재촉하는 한편 시키는 대로 하지 않는다고 질책했다.

증거인멸의 우려가 있다고 거듭 보고하자 '삭제'가 '보안 조치'라는 표현으로 바뀌었다고 했다. '보안 조치'가 무얼 의미하냐는 특검 측의 질문에 김본부장은 "기록을 지우는 것이라 생각했다"고 했다. 즉 계속된 지시를 "기록을 삭제하라는 압박으로 받아들였다"고 밝혔다.

그날 두 번째 증인으로 출석한 김민수 전 경호처 IT기획부장도 김성훈 차장으로부터 같은 지시를 받았다고 증언했다. 그는 "특전사령관 등과 (윤 전 대통령이) 통화한 사실이 있다고 (언론에) 나오니까, 통화를 삭제하라는 지시로 이해했다"고 말했다.

그는 김본부장과 함께 '보안성 강화 방안' 보고서를 작성해 김차장에게 보고했다. 지시를 그대로 수행할 수 없으니 시간이라도 끌기 위해서였다. 김차장은 그 보고서를 보고 '내가 보안 조치를 하라고 했지, 언제 삭제하라고 했냐', '이런 보고서를 쓰면 얼마나 오해하겠냐'고 말하며 크게 화를 냈다고 한다.

윤 전 대통령 변호인은 "홍장원 전 국가정보원 1차장이 2024년 12월 5일 해임된 뒤, 비화폰을 반납하지 않고 언론에 통화 내용까지 공개했다"며 이에 대한 조치 차원에서 이뤄진 논의라고 주장했다. 하지만 김부장은 "홍장원 건과 증거인멸 지시는 상관이 없다"며 선을 그었다.

1차 공판 직후 열린 보석 심문에 출석했던 윤 전 대통령은 그날 '건강상 이유'를 들어 다시 모습을 드러내지 않았다. 그는 '보석이 허가되면 재판에 협조하겠다'며 '조건부 협조'를 약속했는데, 보석이 기각됐으니 앞으로 재판에도 불출석할 것으로 전망됐다. 재판장은 피고인 불출석에 대해 "정당한 사유가 없다", "교도관 조사 후, 차회 기일부터는 궐석재판 여부를 결정하겠다"고 말했다.

체포영장 제시하자 자진 출석

10월 15일 아침 8시쯤 사복 차림에 수갑을 찬 윤 전 대통령은 서울구치소에서 호송차에 탑승해 1시간 뒤 내란특검 사무실이 있는 서울고등검찰청에 도착했다. 7월에 재구속된 이후 모든 특검 조사에 응하지 않고 며칠 전 체포방해 혐의 재판에도 출석하지 않던 중 돌연 자진 출석한 것.

176

그의 출석은 특검의 체포영장 집행 직전에 이뤄졌다. 앞서 특검은 9월 24일과 30일 두 번에 걸쳐 '평양 무인기 의혹'과 관련해 외환과 직권남용 혐의 등으로 출석해 조사받으라고 통보했다. 하지만 계속 불출석했다. 특검은 "(10월) 15일 아침 7시 30분 교도관이 윤 전 대통령에게 체포영장 발부 사실과 집행 계획을 알리자 그가 출석 의사를 표명했다"고 설명했다.

조사는 오전 10시 14분부터 시작해 오후 6시 52분까지 진행됐지만 그는 인적 사항을 포함한 모든 질문에 진술을 거부했다. 다음 날 특검은 브리핑에서 "어제 윤 전 대통령 조사는 준비된 질문은 모두 했다"면서도 "(윤 전 대통령이) 진술을 거부하면서도 '조서에 기재하지 말아달라'고 요구하면서 질문 관련 말도 했고, 다른 것도 하고 싶은 말을 한 것으로 안다"고 설명했다. 그러면서 "본인의 태도를 확인하는 충분히 의미 있는 조사였고, 추가 소환 조사는 하지 않을 것이다"고 했다.

"총기를 가지고 있으면서 뭐 했냐?"

10월 17일 체포방해 혐의 3차 공판에는 김신 전 경호처 가족경호부장이 증인으로 출석했다. 2025년 1월 당시 윤대통령이 공수처의 체포영장 집행을 막기 위해 경호처장에게 "총 한 번만 쏘면 되지 않느냐"고 했다는 말에 이어, 그날 법정에선 배우자인 김건희 씨도 '총'을 말했다는 법정 증언이 나왔다.

윤 전 대통령이 체포되고 약 2주 뒤인 2025년 2월 1일, 김부장은 한 경호관으로부터 의외의 보고를 받는다. 김여사가 가족경호부 근무 장소인 '가족데스크'에 방문해 경호처에 대한 불만을 쏟아냈다는 것. 보고에 따르면 김여사는 "경호처는 총기를 가지고 있으면서 뭐 했냐, 그런 걸 막으려고 가지고 다니는 거 아니냐"고 경호관을 질책했다.

김부장은 "제 마음을 설명드리면, 좀 황망했다", "이런 얘기를 직원한테 하시면 직원이 잘못 들으면 (어떡할까) 생각했다"고 말했다. 그는 말이 전해질 경우 '과잉 충성'으로 이어질 수 있겠다는 생각이 들어 다른 직원들에게 전파하지 않는 선에서 마무리했다.

다만 김여사로부터 '총을 써 체포를 막으라'는 지시를 받은 적은 없다고 했다. 김부장은 "영부인은 저한테 그런 말은 절대 어려워서 못 했을 것 같고, 대통령은 저와 그런 걸 나눌 수 있는 업무적 단계가 있어서 그럴 수 없다"며 선을 그었다.

2차 체포영장 집행에 대비해 경호처가 38구경 권총을 준비했다는 증언에 이어, 이번엔 기관단총이 등장했다. 체포 직전, 가족데스크에는 기관단총과 실탄이 놓였다. 처음 있는 일이었다. 김부장도 '왜 이 시기에 갖다 놓으라고 하지?' 싶어 의아했고, 이광우 전 경호본부장으로부터 '민주노총에 북한 지령을 받은 위협 세력이 관저를 침투한다는 정보가 있다'는 설명을 들었다고 했다. 그러나 최종적으로 '침투'는 없었다. 김부장도 "민주노총 세력이 한남동 관저에 침입한 적은 제 범위 내에서는 없다"고 밝혔다.

'체포영장 집행을 막으라'는 경호처 간부의 명령이 윤 전 대통령의 지시라고 생각했다는 증언도 나왔다. 그날 재판에 증인으로 나온 이진하 전 경호처 경비안전본부장은 김성훈 차장으로부터 "(관저에) 진입할 수 없도록 무조건 사수하라"는 지시를 받았다고 했다. 특검 측이

"그게 피고인(윤 전 대통령)의 지시나 지침이라고 이해했냐?"고 묻자, 이본부장은 "그렇게 이해했다"고 답했다.

이어 윤 전 대통령이 김용현 전 장관의 공관 등에 대한 압수수색도 막으려 했다고 증언했다. 체포영장 시도 전인 2024년 12월 8일, 김차장은 이본부장에게 '국가수사본부 수사관을 한 발짝도 공관 안으로 들이지 마라'고 지시했다. 이본부장은 "(김차장이) 절대 들어오면 안 된다는 걸 강조하며 부가 설명했다"며 "대통령의 지시를 받았다고 생각했다"고 했다. 특검 측이 "평소 대통령 지시 사항을 강조하는 뉘앙스였냐?"고 묻자, 이본부장은 "그렇다"고 답했다. 당시 박종준 경호처장은 국수본과 협의를 거쳐 수사관 한 명을 공관 내부로 들여보냈다. 이후 박처장은 '윤대통령이 높은 언성으로 자신을 꾸짖었다'고 이본부장에게 토로했다.

김성훈 차장과 이광우 본부장, 김신 부장은 모두 경호처 내 '강경파'로 분류된 인물들이다. 이본부장의 증언에 따르면, 김차장은 경호처장이 자리를 뜰 때면 종종 '강경 발언'을 쏟아냈다. '저놈들, 우리가 때려잡아야 한다', '총기를 노출하고 위력 순찰을 해야 한다', '경찰은 수사권이 없다' 하는 식이었다고 한다.

김신 부장은 1차 체포영장 집행 당시 공수처 수사관들과 몸싸움을 벌이기도 했다. 공수처 채증 자료에는 김부장이 공수처 수사관을 밀고 팔을 붙잡으며 제지하는 장면이 담겼다. 그런 강경파들의 충성에도, 1차 체포영장 시도 직후 경호처는 흔들렸다. 계속 체포를 막는 게 맞는지 의문을 갖는 직원들이 늘고 다음 집행 때는 막지 않아야겠다는 분위기도 형성됐다고 이본부장은 말했다.

김신 부장도 '나는 체포 못 하겠다', '나는 아예 빠지겠다'고 하는 부장들이 나왔다고 말했다. '경호처가 다 빠져버리면 어떡하냐, 끝까지 지켜봐야 한다'고 만류했지만, 소용없었다. 결국 공수처의 2차 체포영장 집행에 경호처가 큰 저항 없이 물러나면서 윤 전 대통령은 2025년 1월 15일 체포됐다.

"150명 넘으면 안 된다는데 못 들어가겠냐"

10월 13일 내란우두머리 혐의 23차 공판에는 김현태 전 707특임단장이 증인으로 나왔다. 비상계엄 직후, 김단장은 계엄 당시 곽종근 사령관으로부터 '국회의원을 끌어내라'는 지시를 받았다며 눈물의 기자회견을 열었다. 하지만 두 달여 뒤 국회와 헌법재판소에선 '그런 지시를 들은 적 없다'고 번복했다.

'국회의원들이 모이고 있단다, 150명을 넘으면 안 된단다, 막아라, 안 되면 들어가서 끌어낼 수 있겠냐' 이런 뉘앙스였습니다. (…) 인원을 포박할 수 있으니 케이블 타이 이런 것들은 원래 휴대하는 거지만 잘 챙기라고 다시 한 번 지시했습니다. _김현태 전 707특임단장 기자회견, 2024.12.9.

그날 법정에서도 김단장은 '의원을 끌어내라'는 지시는 없었다고 밝혔다. 곽사령관으로부터 '국회 내에 의결정족수가 안 채워진 것 같으니, 빨리 들어가 의사당 안에 사람을 데리고 나오라'는 지시를 받았냐는 특검 측의 질문에 그는 "그런 사실이 없다"고 답했다. "(곽사령관이) '(본회의장에 국회의원 수가) 150명 넘으면 안 된다는데 못 들어가겠냐' 해서 저는 '못 들어간다, 들어가려면 총이나 폭력을 써야 하는데 못 들어간다'고 설명했다." 150명이 의결정족수라는 사실도 당시에는 몰랐다고 했다.

케이블 타이에 대해서는 "테러범 진압을 위해 항상 소지한다", "민간인이나 국회의원 체포용이 아니다"고 말했다. 기자회견 당시 '인원 포박용'이라 한 발언에 대해선 "일부 말이 헛나왔다"고 했다.

하지만 그의 주장과 달리, 계엄 당일 707특임단 부대원은 한 언론사 기자를 케이블 타이로 포박하려 했다. 이에 대해 김단장은 "대테러 상황에서 기자가 촬영해 언론에 나갔다면, 요원들의 생명에 위험이 있었을 거라 확신한다"고 말했다. 이어 "그 당시 기자분의 행동은 지극히 위험한 것"이라며 "속으로 그 기자가 한심하다고 생각했다"고 밝혔다.

김장관 측 "병합 신청 결과부터"

10월 13일, 서울중앙지법 형사합의34부는 김용현 전 장관의 위계에 의한 공무집행방해와 증거인멸교사 혐의 4차 공판준비기일을 열었다. 지난 3차 공판준비기일은 김장관 측이 재판 병합 요청을 하면서 재판이 45분 만에 끝났는데, 이번엔 그들이 재판 병합 신청의 결과가 나오기 전까지는 증거에 대한 의견을 밝힐 수 없다고 주장해 재판이 1시간 만에 끝났다.

그는 웃다가 소리쳤다, "김건희가 뭡니까!"

**내란우두머리 혐의 24차·25차·26차 공판,
체포방해 혐의 4차·5차 공판**

"경찰관보다 잘 쏘지 않느냐?"

2025년 10월 21일 체포방해 혐의 4차 공판에는 이광우 전 경호처 경호본부장이 증인으로 출석했다.

그동안 체포영장 집행을 앞두고 당시 윤대통령이 경호처장에게 '총 한 번만 쏘면 되지 않느냐'고 했고 김건희 씨는 '총기를 가지고 있으면서 뭐 했냐'며 질책했다는 증언이 나왔으나, 그때마다 변호인단은 증인들이 직접 들은 게 아니라 '전해 들은 이야기'에 불과하다고 반박했다. 그런데 그날 재판에선 당시 윤대통령이 체포를 앞두고 '경찰보다 경호관이 총을 더 잘 쏘지 않느냐'고 말하는 것을 '직접' 들었다는 증언이 나왔다.

이본부장은 김성훈 전 경호처 차장과 함께 공수처의 체포영장 집행을 적극적으로 막은 인물 중 한 명이다. 2차 체포영장 집행을 앞둔 2025년 1월 11일 당시 윤대통령은 관저 내 식당에서 경호처 간부들과 오찬을 했다. 이본부장은 거기서 '총'이 언급됐다고 말했다.

그는 당시 윤대통령이 "경찰관들은 '1인 1총'이 아니고 경호관은 '1인 1총'이니, 경찰관보다 (경호관이) 잘 쏘지 않느냐", "자네들이 총을 갖고 있는 것만 봐도 그들(공수처와 경찰 등)이 두려워하고 위화감을 느끼지 않겠냐"고 말했다고 밝혔다.

그럼에도 그는 '윤대통령이 총을 쏘라고 직접적으로 지시하진 않았다'고 말했다. "공수처가 체포를 시도하면 무력을 쓰라고 한 적 없지 않으냐?", "총으로 쏴버리면 안 되냐고 한 것도 아니지 않으냐?"는 변호인단의 질문에 모두 "네"라고 답했다.

또 당시 윤대통령이 자신에 대한 영장이 모두 기각되리라고 자신만만하게 말했다고도 했다. 오찬 자리에서 '나(윤대통령)에 대한 체포영장 집행은 불법이라 기각될 것이다'고 말했냐는 특검 측의 질문에 그는 "그건 들었다"고 답했다. 변호인의 같은 질문에도 "(체포영장이) 불법이라는 이야기는 들은 것 같다", "위법성이 있다, 그런 식으로 말씀하셨다"고 말했다.

체포가 불법이라는 대통령의 말을 듣고도 그는 체포를 막으면 수사 대상이 되리라는 걸 "직감했다"고 말했다. 경호처 직원으로부터 '체포영장 집행을 막는 건 특수공무집행방해'라는 보고도 받았다고 했다.

그럼에도 체포를 막아선 이유로는 '상명하복' 문화를 들었다. 그는 "경호실 직원들은 상명하복에 의해 생활했고, 경호처 생활만 30년 하고 있는데 한 번도 상관, 지휘관의 명령에 거역하는 일을 안 해봤다", "처장님께서 많은 고민을 하셨을 것이고, 처장님 방식대로 해야겠다고 생각했다"고 말했다.

그런 설명과 들어맞는 메시지가 법정에서 공개되기도 했다. 이본부장은 체포영장 집행을 앞두고 김성훈 차장에게 '미친놈들이 오면 때려잡아야죠'라고 메시지를 보냈다. "체포영장 집행을 방해할 의도가 있었던 거냐?"는 특검 측 질문에 이본부장은 "그렇지 않다", "지휘부가 그런 의지를 보이니까, 그런 답변을 한 것"이라고 답했다. '저놈들 우리가 때려잡아야 한다'는 말은 김차장이 이본부장 앞에서 쏟아낸 발언 중 하나였다.

복명복창 "문 부숴서라도 들어가라"

10월 4주차에는 내란우두머리 혐의 공판이 20일과 24일 두 차례 열렸다. 10월 20일 24차 공판에선 김현태 전 707특임단장이 다시 나와 윤 전 대통령 측의 반대신문을 받았다. 곽종근 전 사령관이 '150명 넘으면 안 된다는데 못 들어가겠냐'고 지시했다는 부분에 대해 변호인단이 '기억이 오염됐을 가능성이 있어 보인다'고 질문했으나, 김단장은 "최선을 다해 진실을 말했다", "사령관(곽종근) 진술을 확인하면 알 수 있지 않을까 싶다"며 자신의 증언을 유지했다.

10월 24일 25차 공판에선 윤 전 대통령이 재차 계엄을 선포하려 했다는 증언이 또다시 나왔다. 박성하 방첩사 기획조정실장이 지난 22차 공판에 이어 다시 출석해, 비상계엄 해제요구 결의안이 가결된 뒤 자신이 목격한 비화폰 단체 대화방 내용을 상세히 증언했다.

박실장은 "대통령이 들어오십니다' 다음에, '소리치시면서 의원들부터 잡으라고 했잖아요', '김용현 장관께서 인원이 부족했다', '대통령께서 그건 핑계에 불과하다, 해제됐더라도 새벽에 다시 하면 된다' 이 정도로 (메시지 내용을) 기억하고 있다"고 밝혔다.

변호인단은 "문장 하나하나마다 'V'나 '대통령 말씀'이라고 올라온 것이냐?", "몇 초 간격으로 올라온 것이냐?", "메시지를 볼 때 어디서 뭘 했냐?"고 캐물었다. 이에 박실장은 "(주체가) 대통령이라 쓰여 있었는지, 'V'라 쓰여 있었는지 정확하지는 않지만, 대통령이라고 인식하고 읽었다"고 답했다.

비상계엄 당시 이상현 특전사 1공수여단장이 복명복창하며 "대통령께서 문을 부숴서라도 들어가란 말씀이십니까?"라고 말했다는 증언도 나왔다.

그날 재판엔 당시 이여단장과 함께 국회로 향했던 김웅희 중사가 증인으로 출석해 "명확하게 기억이 난다", "주변에 시민들이 많은데 (여단장이) 복명복창을 크게 해서 시민들이 들을까 봐 놀란 기억이 있다"고 밝혔다. 지난 5월 같은 사건의 5차 공판에 증인으로 나온 이여단장은 "곽 전 사령관이 '대통령님께서 문을 부숴서라도 국회의원을 끄집어내래' 하고 2, 3초 뜸을 들이더니 '전기라도 끊을 수 없냐'고 말한 것으로 기억한다"고 증언한 바 있다.

윤 전 대통령은 16회 연속으로 재판에 불출석했다. 변호인단은 "(윤 전 대통령이) 잦은 재판 일정으로 굶거나 식사를 못 하는 경우가 반복되는데, 혈당이 급변하면 망막을 불안정하게 하고 실명의 위험이 있는 상황이라 재판에 불출석한다"고 설명했다. 재판부는 변호인단이 '핵심 증인'이라며 먼저 신문하기를 희망한 곽종근 전 사령관에 대한 증인신문을 다음 재판에서 진행하기로 했다.

공판준비기일만 넉 달

10월 20일, 서울중앙지법 형사합의34부는 김용현 전 장관의 위계에 의한 공무집행방해 및 증거인멸교사 혐의 5차 공판준비기일을 열었다. 재판부는 김장관 측이 재판 병합을 주장한 것에 대해 "신청서 제출의 전제는 이 사건이 단독판사가 심리해야 한다는 것인데, 지난 6월 19일 (합의부가 심리한 것을 결정하는) 재정합의 결정이 있었다"며 받아들이지 않았다. 그렇게 2025년 6월 18일 내란특검이 출범하며 처음 기소한 '1호 기소' 사건은 공판준비기일에만 넉 달이 걸린 셈이 됐다.

'재판 의무 중계' 반발

10월 27일 김용현 전 장관 등의 내란중요임무종사 혐의 22차 공판에서 김장관 측은 "사전 고지도 없이 중계가 이뤄져 방어권 행사에 제약받고 있다"고 주장했다. 재판부는 "의무 중계 규정이 시행됐다"고 밝혔다.

내란특검법은 개정 전에는 '재판장은 특별검사 또는 피고인의 신청이 있는 경우 특별한 사정이 없는 한 중계를 허가해야 한다'고 규정돼 있었으나, 개정을 거쳐 해당 조항의 문안이 '내란 사건에 대한 1심 재판은 중계하여야 한다'로 바뀌었다.

김장관 측은 "중계 규정은 특검이 수사한 사건에 적용되며 이건 특검이 수사한 게 아니라 특검이 인계받은 사건이다"고 주장하며 "문언상으로도 특검이 인계받은 사건은 중계 대상이 아닌 것으로 해석된다"고 말했다. 하지만 재판부는 "개정 전 특검법은 애매했는데, 개정 후 법률은 인계받은 사건도 포함되는 것으로 해석하고 있다"고 밝혔다.

위헌법률심판 제청 신청 3차례

10월 28일 윤 전 대통령 변호인단은 서울중앙지법 형사합의25부에 위헌법률심판 제청을 신청했다. 9월 8일과 9월 30일에 이어 세 번째다. 변호인단은 내란특검법의 '재판 의무 중계' 조항이 공정한 재판을 받을 권리를 침해한다고 주장했다. "재판이 생중계되면 과도한 여론의 압박 속에서 재판이 진행된다"는 이유다.

지난 9월 8일에는 형사합의25부에 입법부가 특정 정당을 배제한 채 특검을 임명하도록 한 내란특검법이 위헌이라며 위헌법률심판 제청을 신청하고, 9월 30일에는 서울중앙지법 형사합의35부에 내란특검법에 대해 "헌법상 적법 절차 원칙과 권력 분립 원칙, 명확성 원칙 등에 위배된다"며 같은 신청을 또 냈다.

위헌법률심판제청은 재판에 적용되는 법률이 헌법에 위배되는지 헌법재판소에서 판단해달라고 법원에 요청하는 절차다. 법원이 제청해 받아들이면 헌법재판소가 결정할 때까지 재판은 중단된다. 두 재판부 모두 제청 여부를 결정하지 않고 재판을 계속 진행했다.

다시 마주한 두 사람

"피고인, 지금 출석한 상태인가요? 법정 안으로 들어오게 하시죠."

10월 30일 내란우두머리 혐의 26차 공판. 흰 셔츠에 짙은 남색 양복 차림, 오른손에 서류 봉투를 든 윤 전 대통령이 법정에 들어섰다. 변호인단은 모두 자리에서 일어섰다. 그는 재판장을 향해 허리를 굽혀 인사한 뒤 피고인석에 앉았다.

지난 7월 내란특검팀에 의해 재구속되고 넉 달 동안 사실상 재판을

'보이콧'해온 그가 갑작스레 출석한 배경엔 그날 재판의 증인, 곽종근 전 사령관이 있었다. 그간 내란우두머리 혐의 재판의 상당 부분은 '의원을 끌어내라'는 지시를 한두 단계 거쳐 전해 들은 군인들의 증언을 듣는 데 할애됐다. 반면 곽사령관은 헌법재판소 탄핵심판 당시 그 지시를 '직접' 들었다고 증언한 인물이다.

각각 피고인석과 증인석에 앉아 서로를 마주하게 된 두 사람. 피고인은 재판이 진행되는 내내 증인을 똑바로 바라보며 증언 내용에 집중했다. 중간중간 변호인단과 속삭이고 상의하며 메모하기도 했다.

곽사령관은 계엄 선포 두 달여 전인 2024년 10월 1일 윤대통령으로부터 '비상대권'이라는 말을 들었다고 했다. 그는 "확보해야 할 장소, 비상대권, 특별한 방법, 이런 게 그 시점부터 기억에 있다"고 말했다. 또 11월 9일에는 윤대통령이 시국 상황을 언급하며 또 한 번 "특별한 방법이 아니고서는 해결할 방법이 없다"고 했다고 밝혔다. 그 '특별한 방법'이 비상계엄이라고 생각했냐는 특검 측의 질문에 그는 "머릿속에서 그렇게 될 수밖에 없었다"고 답했다.

비상계엄 선포 직후인 12월 4일 새벽 0시 30분쯤, 그는 윤대통령으로부터 '아직 의결정족수가 채워지지 않은 것 같으니, 국회 문을 부수고 들어가서 안에 있는 인원을 끄집어내라'는 지시를 받았다고 했다. 윤대통령으로부터 '의원을 끌어내라'는 지시를 받았다는 증언이 헌법재판소 탄핵심판에 이어 형사 법정에서도 나온 순간이다. 곽사령관은 울먹이며 떨리는 목소리로 이렇게 설명했다.

이것도 트라우마 아닌 트라우마 같습니다. 지금도 TV를 보면 그 생

2026년 10월 30일 윤 전 대통령의 내란우두머리 혐의 재판에 증인으로 출석한
곽종근 전 특전사령관. **사진** KBS 뉴스 화면 캡처

각이 계속 나고 자면서도 생각납니다. 의결정족수 얘기하실 때, YTN
화면에 국회의사당과 의원들이 모이는 모습을 같이 봤습니다. 제가 그
걸 어떻게 잊습니까? 이게 시간이 간다고 잊혀지는 게 아닙니다. (…)
이건 제가 숨긴다고 될 것도 아니고, 말 안 한다고 안 될 게 아니지 않습
니까. 저는 부하들을 못 속입니다. 결국 그 부분은 그래서 제가 사실대
로, 정직하게 얘기해야 한다고 생각합니다.

이 말을 들은 윤 전 대통령이 마이크를 잡고 직접 반박에 나섰다.

윤 전 대통령: 사령관의 지시를 받고 그 지침에 따라서 국회 관계자
나 마당에 온 민간인들하고 충돌하지 않기 위해서 도망도 다니고 막 멱
살잡이해도 그냥 당하고만 있고 이런 거 아니겠습니까? 그러니까 거점

그는 웃다가 소리쳤다, "김건희가 뭡니까!"　　　　　　　　　　　　191

을 확보한다는 것도 다 그 맥락에 다 들어가는 얘기 아닙니까?

곽사령관: 그거는 약간 결이 다른 부분이고 확보하라는 부분들은….

또 윤 전 대통령은 특전사 요원들이 무력을 사용하기는커녕 도망다니기에 급급했다며, 국회 확보도 질서유지 차원의 임무가 아니었냐고 물었다. 국회를 해산하거나 국회 기능을 마비시키기 위해서가 아니라, 흥분한 시민들의 안전과 질서를 유지하기 위해 군을 투입했다는 기존의 취지가 반복됐다. 하지만 곽사령관은 "그건 결이 다른 부분"이라며 선을 그었다.

이후 윤 전 대통령은 "실무장하지 말라고 한 것이면, 질서를 유지하러 들어갔다는 게 머릿속에 있는 것이네, 거점 확보라는 게"라고 말했다. 여기에 대해 곽사령관은 "질서유지는 도저히 수긍할 수 없고, 질서유지, 시민 보호라는 말은 들어본 적이 없다"고 맞섰다.

곽사령관의 증언을 듣던 윤 전 대통령은 어이없다는 듯 여러 차례 허허 웃었다. 번번이 말을 잘라 재판장의 제지를 받기도 했다. 재판 말미에 또 한 번 마이크를 잡았다.

이번에 그는 "전 세계로 중계방송이 되는데 특수부대가 들어가서 의원을 끄집어내고 이러면 아무리 무슨 독재자라 그래도 성하겠냐?"며 계엄의 목적이나 투입되는 군의 규모도 되물은 적 없냐고 따졌다. 그것은 계엄을 구체적으로 '사전 모의'하는 과정이 사실은 없었던 게 아니냐고 따지려는 취지로 보였다. 곽사령관은 "솔직히 말하면 되묻고 싶은 부분"이라며 다음과 같이 목소리를 높였다.

만약에 김용현 전 장관이 '야, 이번 비상계엄이 정말로 들어가서 경고하고 시민 보호하고 짧게 하고 빨리 빠질 거야'라고 공론화 자리에서 그얘기를 꺼냈다면, '거기에 군이 왜 들어갑니까? 그냥 경찰을 넣으면 되지 왜 그렇게 됩니까?' 되물었겠죠.

'브이(V)는 살짝 걱정을 하십니다'

10월 31일 체포방해 혐의 5차 공판에 윤 전 대통령이 출석했다. 같은 사건에선 1차 공판에 출석한 이후 한 달쯤 만이었다. 그날 재판에는 '대통령 호위무사'로 불리던 김성훈 전 경호처 차장이 증인으로 출석했다.

비상계엄 며칠 뒤인 2024년 12월 7일, 김차장은 당시 윤대통령으로부터 세 번의 전화를 받았다고 했다. 윤대통령이 "비화폰 서버는 얼마 만에 한 번씩 삭제되냐?"고 묻더니, "수사받는 사람들 말이야, 그 비화폰 그냥 놔두면 되겠어? 아무나 열어보는 게 비화폰이냐, 조치해야지"라고 말했다고 밝혔다.

조치를 취해야 할 대상은 언급하지 않았다고 했다. 김차장은 당시 언론을 통해 보고 곽종근과 여인형, 이진우 등 전 사령관 세 사람이라 생각했다고 했다. 특검 측이 "비화폰 서버에 저장된 내역을 삭제해라, 그런 취지로 조치하라 한 게 아니냐?"고 묻자, 김차장은 "그렇게 이해하지 않았다"고 말했다. 비화폰 서버는 경호처가 별도로 관리하고 어디 제출할 일도 없으므로 삭제할 필요가 없다고 생각했다는 것.

김차장은 자신이 지시한 건 '삭제'가 아니라 '보안 조치'라고 강조했다. 앞선 재판에서 비화폰 기록을 삭제하라는 지시를 받았다는 경호처 직원들의 증언에 대해서는 "삭제를 지시할 이유가 없다", "로그아웃을 하면 제3자가 접속해 확인하지 못하기 때문에 제가 지시한 건 로그아웃, 접속 제한"이라고 말했다.

그 대목에서 윤 전 대통령도 "(비화폰 기록은) 경호 목적 때문에 상당 기간 갖고 있어서, 삭제 이런 건 이뤄지지 않는다"고 부연했다. 경호처는 내부 규정에 따라 일한다며, 자신도 그 규정을 물은 것일 뿐이라고도 했다.

특검 측은 법정에서 김건희 씨가 김차장에게 '브이(V)는 살짝 걱정을 하십니다' 등 압수수색에 대한 우려 내용을 보낸 텔레그램 메시지를 제시했다. 그 과정에서 특검 측이 "당시 영부인이었던 김건희"라 언급하자, 윤 전 대통령은 "아무리 그만두고 나왔다고 해도 김건희가 뭡니까! 뒤에다가 여사를 붙이거나 그러면 되지!"라며 발끈했다.

앞선 재판에서 경호처 직원들은 체포를 앞둔 윤 전 대통령이 총기 사용을 암시하는 듯한 말을 여러 차례 했다고 밝혔다. 하지만 체포영장 집행 당시 같은 자리에 있었던 김차장은 그런 말들을 모두 기억하지 못한다고 했다.

다만 그는 윤 전 대통령이 '힘에 의한 평화'를 언급한 것을 들었다고 했다. 윤대통령이 "북한이 핵무기를 갖고 있어도 감히 덤비지 못하는 것은 우리 국방력이나 현무5가 있어서"라고 했다는 것. 김차장은 경찰 조사에서 '힘에 의한 평화'를 두고 '체포영장을 위력으로 막으라는 취지는 맞긴 하다'고 답했다. 하지만 법정에선 진술을 조금 바꿨다. 위력으로 체포영장을 막으라는 취지가 아니라, 과시를 통해 공수처가 무력을 사용하지 않고 협의를 거치게 하라는 의미로 받아들였다고 했다.

윤 전 대통령의 '비화폰 삭제 지시 혐의'와 '체포방해 혐의' 모두에 대해선 김차장은 "직접 지시를 들은 바가 없다", "기억이 나지 않는다"고 말했다.

오전 신문이 끝나고 김차장은 곧장 법정을 나서지 않고 윤 전 대통령이 퇴정할 때까지 기다렸다가 그를 향해 고개 숙여 인사했다. 윤 전 대통령은 "고생이 많다"고 화답했다.

뒷돈 수수 혐의 부인

10월 29일 서울중앙지법 형사합의21부는 노상원 전 사령관의 개인정보보호법 위반 및 알선수재 혐의 9차 공판을 진행했다. 앞서 재판부는 내란특검이 추가 기소한 개인정보보호법 위반 혐의 사건과 알선수재 사건을 병합했다. 9차 공판에선 알선수재 혐의 부분을 다뤘다.

노씨는 2024년 8월부터 9월 사이 진급을 도와주겠다며 김봉규 전 정보사 중앙신문단장(대령)으로부터 1500만 원과 6백만 원 상당의 백화점 상품권을 받은 혐의를 받는다. 구삼회 전 2기갑여단장(준장)에게 인사 청탁 명목으로 5백만 원을 받은 혐의도 있다.

노씨 측은 김단장을 만난 사실이 없다며 공소사실을 부인했다. "지난해(2024년) 8월 김대령을 만난 사실 자체가 없고 당연히 받은 것도 없다." 구여단장에게 현금을 받았다는 의혹에 대해서도 "쇼핑백을 받은 사실은 있지만 안에 현금이 없었고 와인 선물만 있었다", "현금을 달라고 한 사실이 없다는 것이 입장이다"며 혐의를 부인했다.

그러나 증인으로 출석한 김대령은 노씨에게 돈을 건넨 사실을 인정했다. 그는 "많은 고민을 하던 끝에 지금 생각해도 올바르지 않을 수 있지만 그렇게 하게 됐다"고 밝혔다.

'형사합의25부 지정 배당' 의혹

10월 30일, 국회 법제사법위원회 종합감사장에서 내란 사건이 서울중앙지법 형사합의25부에 지정 배당된 게 아니냐는 의혹이 제기됐다. 내란 사건을 맡을 재판부에 대해 법원이 재판의 공정성을 담보하기 위해 무작위 전자 배당으로 정한 게 아니라, 지귀연 부장판사가 있는 형사합의25부로 지정해 배당했다는 내용이다. 사법부 내에 윤 전 대통령 재판을 고의로 지연하려는 세력이 있다는 취지의 의혹이다.

이에 국감장에 출석한 천대엽 법원행정처장은 맨 처음 기소된 김용현 전 장관 사건은 무작위 전자 배당을 통해 형사합의25부에 배당됐고, 이후 기소된 조지호 청장 등 경찰 지휘부 사건과 윤 전 대통령의 내란우두머리 혐의 사건은 '관련 사건'으로 같은 재판부에 배당됐다고 설명했다.

박안수 총장 임기 만료 전역

10월 30일, 비상계엄 당시 계엄사령관이었던 박안수 육군참모총장이 임기 만료로 전역했다. 보직 해임됐던 다른 계엄군 지휘부와 달리 그는 보직해임심의위 구성이 어려워 형식적 지위를 유지한 채 구속 기소돼 그동안 군사법원에서 재판을 받았다. 전역해 민간인 신분이 되면서 그의 내란 재판도 민간 법원으로 이송이 결정됐다. 그의 주소지로 인해 재판은 대전지법 논산지원으로 이송됐다.

대통령과 폭탄주
그리고 '한동훈 총살'

내란우두머리 혐의 27차 공판,
체포방해 혐의 6차·7차 공판

작심 폭로 "한동훈 잡아 와라, 총으로 쏴서라도 죽이겠다"

윤석열 정부의 첫 법무부 장관이자 2024년 여당을 이끌었던 한동훈 전 국민의힘 대표. 정권 초 '대통령의 최측근'으로 신임이 두터웠던 그가 12·3 비상계엄 땐 '처단' 대상이 됐다고 알려졌다. 처음엔 음모론처럼 다가왔다. 방송인 김어준 씨는 2024년 12월 국회에서 계엄군이 한대표를 사살하려고 한다는 제보를 입수했다고 주장했다. 이후 한대표도 비상계엄 당시 '한동훈 체포조가 있으니 피신하라'는 조언을 들었다고 털어놨다.

그런데 실제로 '한동훈을 죽이겠다'는 이야기를 들었다는 계엄군 수뇌부가 나왔다. 폭로자는 곽종근 전 사령관이었다.

2025년 11월 3일 내란우두머리 혐의 27차 공판에 곽사령관이 지난 재판에 이어 다시 참석했다. 재판은 윤 전 대통령 측의 반대신문부터 시작했다. 신문은 윤 전 대통령이 직접 나서며 치열하게 진행됐다.

곽사령관은 "김용현 전 국방부 장관이 (2024년) 10월부터 '오물 풍선'을 이야기하면서, 그때부터 상황을 만들어서 비상계엄으로 간다고 했다", "(계엄을 논의한 기억은) 제 머릿속에 10월 1일부터다"고 증언했다. 10월 1일 국군의날 행사가 끝난 뒤 관저에서 있었던 술자리 모임에 대한 증언이 오갔다. 당시 술자리에는 김용현 장관과 여인형 사령관, 이진우 사령관 등도 있었다.

곽사령관은 "윤 전 대통령이 '반국가 세력', '종북 세력'에 의해 국정 운영이 어렵다"며 '비상대권'을 언급했다고 말했다. 이에 윤 전 대통령은 그날 자리는 격려 차원에서 급조된 모임일 뿐이라고 주장했다. 이를 뒷받침하려는 듯 그는 구체적으로 '폭탄주'와 '김치' 등을 언급하며 술자리를 설명했다.

"오늘(국군의날)도 고생했으니 몇 사람 부르라고 해서, 계란말이와 베이컨 쪼가리 놓고 바로 그냥 소주, 맥주, 폭탄주⋯."

"몇 사람만 온다고 해서, 관저 주거 공간 식당에서 8시 넘어서 앉자마자 소맥 폭탄주 돌리기 시작하지 않았습니까!"

"한남동 고깃집에서 나오는 김치라 따로 사다가 여러분 온다고 2층 냉장고에 넣어놨습니다. 그날은 제가 술 많이 마신 날 아닙니까. 거기서 무슨 시국 이야기를 할 상황은 아니지 않았나요?"

윤 전 대통령의 주장을 한참 듣던 곽사령관은 어디서도 진술하지 않은 이야기라며 폭로를 시작했다. 그는 "그렇게 말씀하시니 제가 지금까지 말하지 못했던 부분을 말하겠다"며 "한동훈 이야기를 분명히 했다"고 말했다. 그러면서 "한동훈과 일부 정치인들을 호명하면서, 당신한테 잡아 오라고 했다. 당신이 총으로 쏴서라도 죽이겠다고 했다"고 밝혔다.

윤 전 대통령은 아무런 대꾸도 하지 않고 웃었다. '대통령의 여당 대표 총살 발언', 여기에 국군의날에 군 통수권자인 대통령이 군 주요 수뇌부와 거나하게 취했다는 내용까지 밝혀지면서 이목이 쏠렸다. 재판에서 그 발언이 나오자마자 언론들은 주요 소식으로 보도했다. 당사자들도 즉각 반응을 내놨다.

변호인단은 재판 도중 입장문을 내고 "변호인단 모두 처음 듣는 이야기고, 윤 전 대통령은 관련 발언을 한 적 없다"고 주장했다. 내란특검은 곽사령관이 말한 '한동훈 총살' 진술은 처음 듣는 이야기라며 확인하겠다고 밝혔다.

총살 대상으로 지목된 한대표는 SNS를 통해 "10월 1일 무렵은 윤 전 대통령에게 김여사 비선에 대한 단속과 특별감찰관 임명을 비공개로 요청하고 있을 때였다", "참담하고 비통하다"고 짧은 심경을 밝혔다.

그날 재판에서 특검 측은 '한동훈 총살'과 관련해 추가 질문을 했다. 유력 정치인에 대한 총살 발언이 어떤 맥락에서 나오고 추가 총살 대상자가 누구인지 알기 위해서였다. 특검 측이 "총으로 쏘겠다는 다른 정치인은 누구인가요?"고 묻자, 곽사령관은 "기억이 나지 않는다"고 답했다. 계속 특검 측이 "증인(곽사령관)이 알던 분도 있었나?", "특정 집단에 속한 사람인가?" 등을 묻자, 그는 "딱 집으라고 하면 못 한다", "들었으면 제가 알 정도였던 느낌이다"고 다소 모호하게 답했다.

그날 재판은 저녁 8시 49분에야 끝났다.

"공관촌 전체가 군사보호구역이다"

윤 전 대통령은 스스로 관저에 '술'을 들였다고 말했다. 하지만 그에게 관저는 체포영장을 들고 온 수사관들은 '절대 들일 수 없는 곳'이었다.

11월 4일 체포방해 혐의 6차 공판에선 박종준 전 경호처장이 증언대에 섰다. 박처장은 윤 전 대통령이 계엄 뒤에 진행된 수사에 불만이 많았다고 말했다. 그는 "(윤 전 대통령이) 대통령 탄핵 절차 전에 수사부터 개시하고 현직 대통령인데 일반 범죄자처럼 소환해 수사하는 것에 대해 굉장히 많이 말씀하셨다"며 "(윤 전 대통령은) 전부 불법이고 수사 절차에 맞지 않다고 말씀하셨다"고 강조했다. 이어 "윤 전 대통령은 '국방부장관 공관 등 공관촌 전체가 군사보호구역이다'며 수사기관을 들여보내면 안 된다"고 말했다고 설명했다.

그는 국방부장관 공관 압수수색을 허락했다가 윤대통령에게 크게 혼난 사실을 털어놨다. 그 때문에 경호처 내에서 자신의 처지가 상당히 난처하게 됐다고도 말했다.

"제가 대통령에게 굉장히 크게 혼났다는 게 이미 소문으로 돌았습니다."

"경호처장이 대통령 신뢰를 받지 못한다는 이야기가 밑에서 돌면서 제가 상당히 어려움을 겪었고, 그게 간부에게도 퍼졌습니다."

"압수수색이 들어오면 '대통령 방침에 어긋나는 걸 이야기하거나 의견 표시를 했다간 박살 나는구나'라는 생각들을 했던 것 같습니다."

11월 7일 체포방해 혐의 7차 공판에 다시 출석한 박종준 전 경호처장은 2025년 1월 공수처의 체포영장 집행 당시의 상황을 설명했다. 특검 측이 "2차 체포영장 집행을 막기 어렵다는 여론이 내부에 있었냐?"고 묻자, 박처장은 "경호처 내부적으로 염려했다", "김성훈 전 경호처 차장 등이 경찰의 소환 요청을 받아 다들 긴장했고, '나도 형사 처벌되는 것 아닌가?' 하면서 동요했다"고 말했다.

직원들의 동요에 박처장은 윤 전 대통령 변호인단에게 자문을 구하려 했으나, "변호인단은 변호인단의 법적 노력이 있고, 대통령경호처는 경호처 본분이 있다"는 답만 받았다고 밝혔다. 그는 1차 체포영장 집행과 2차 사이인 2025년 1월 10일 사직서를 썼다.

사직 경위를 묻는 특검 측의 질문에 그는 2차 체포영장 집행 때 예상되는 공권력 간의 충돌에 대해 우려했다고 털어놨다. 또 '윤 전 대통령이 총 한 번 쏘면 되지 않겠냐고 말했냐?'는 질문에, 그는 "(그런 발언은) 없었다"고 부인했다.

이후 증인으로 나온 박상현 공수처 검사는 당시 체포영장 집행 과정에서 나온 경호처 직원들의 비협조적이고 거친 반응을 자세히 설명했다. 특히 '체포영장을 집행하겠다'고 큰 소리로 말하자, 김성훈 차장이 "나가!"라고 소리쳤다고 증언했다.

윤 전 대통령은 직접 공수처 검사를 신문했다. '공수처가 수사권도 없고, 군사보호구역으로 승인 없이 들어와선 안 된다'는 취지의 질문을 이어가던 도중 "그런 식으로 수사합니까?"라고 쏘아붙이기도 했다. 그와 같은 신문이 계속되자 재판장이 "법률적인 평가니까, 증인에게 물을 건 아니다"고 제지했다.

추경호 의원 구속영장 기각

11월 3일 내란특검이 추경호 국민의힘 의원에 대한 구속영장을 청구했다. 혐의는 내란중요임무종사로, 내란 사건에 걸쳐 현역 국회의원을 상대로 구속영장을 청구한 첫 사례였다.

추의원은 12·3 비상계엄 당시 국민의힘 원내대표였다. 그는 국회의 계엄 해제 표결을 앞두고 의원총회 장소를 '국회'로 공지했다가 곧바로 '당사'로 바꾸었다. 이후 이를 다시 '국회'로, 조금 뒤 다시 '당사'로 변경했다. 특검은 추의원이 소집 장소를 바꿔가며 당시 의원들의 계엄 해제 표결 참여를 방해했다고 판단했다.

특히 당시 한동훈 국민의힘 대표가 국회 본회의장으로 오라고 요청했는데도 추의원이 이를 거부한 점, 우원식 국회의장이 국회의원 전원에게 본회의장에 집결하라고 지시할 때 의원총회 장소를 오히려 '당사'로 공지한 점을 의심했다.

특검은 추의원이 윤 전 대통령과 통화할 때 '계엄에 협조해달라'는 지시를 받았다고 봤다. 그러면서 "국회가 군에 의해 사실상 처참하게 짓밟히는 상황에서 여당 원내대표가 마땅히 해야 할 역할을 하지 않은 것 자체가 중대한 범죄"라고 설명했다.

추의원은 "의원총회 장소가 바뀐 건 통상적인 당 운영 절차였다", "표결을 방해하려면 왜 국회로 의총 장소를 바꾸고 이동했겠냐"며 반발했다. 추의원에 대한 체포동의안은 11월 27일 국회 본회의에서 통과되고 12월 2일 그에 대한 영장실질심사가 열렸다.

추의원에 대한 구속영장은 이튿날 새벽 기각됐다. 법원은 "혐의와 법리에 대해 다툼의 여지가 있다", "도망과 증거인멸의 우려 또한 있다고 보기 어렵다"고 사유를 밝혔다.

조태용 국정원장 구속

11월 7일 조태용 전 국정원장에 대한 구속영장이 청구됐다. 직무유기와 증거인멸, 국정원법 위반, 위증, 국회증언감정법, 허위공문서 작성·행사 등 총 7개 혐의가 적용됐다. 국정원장에게 직무유기 혐의가 적용된 첫 사례였다.

조원장은 윤 전 대통령의 대국민 담화 이전에 계엄 선포 계획을 사전에 알고도 이를 국회에 보고하지 않고, 계엄이 선포된 뒤 홍장원 국정원 1차장으로부터 '계엄군이 이재명, 한동훈을 잡으러 다닌다'는 보고를 받고도 이 또한 국회에 보고하지 않았다. 특검팀은 그가 이처럼 국가 안전에 중대한 영향을 미치는 상황을 미리 알고도 국회에 즉시 알려야 하는 국정원장의 의무(국정원법 제15조)를 다하지 않았다고 봤다.

또 특검팀은 그가 계엄 당일 홍장원 차장의 모습이 찍힌 국정원 CCTV 영상을 국민의힘 측에만 제공하고 자신이 찍힌 영상은 더불어민주당 측에 제공하지 않아 국정원법상 규정된 '정치관여 금지' 의무를 위반했다고도 판단했다.

2024년 3월 그가 삼청동 안가 회동(윤대통령, 신원식 당시 국방부 장관, 김용현 당시 경호처장, 여인형 사령관)에 참석하고도 국회와 헌법재판소에 증인으로 나가 윤 전 대통령이 '비상한 조치'를 언급한 적 없다

2025년 11월 11일 영장실질심사를 받기 위해 서울중앙지법에 들어서는 조태용 전 국정원장.

사진 KBS 뉴스 화면 캡처

고 증언한 것에 대해선 위증 혐의를 적용했다.

그는 증언과 답변서(국회 내란국조특위에 제출) 등을 통해 계엄 선포 이전에 용산 대통령실에서 포고령 등 계엄 관련 문건을 못 보고 다른 국무위원들이 문건을 받는 것도 못 봤다고 주장했으나, 이후 공개된 대통령실 CCTV 영상엔 국무위원들이 포고령 등으로 추정되는 문건을 받아 보고 그가 집무실을 나갈 때 종이를 양복 주머니에 접어 넣는 모습이 포착됐다.

그뿐 아니라 홍차장의 비화폰 정보 삭제에 관여했다는 혐의(증거인멸)도 포함됐다. 홍차장이 2024년 12월 6일 국회를 찾아 윤 전 대통령과의 통화 내역을 공개한 이후, 조원장과 박종준 전 경호처장 사이에 통화가 이뤄지고 곧 비화폰 기록이 삭제됐다.

11월 11일 오전 10시 10분쯤부터 서울중앙지법 박정호 영장전담

부장판사는 조원장의 영장실질심사를 열고 4시간가량 진행했다. 조원장 측은 "계엄의 위법성을 인식하지 못했고, 홍 전 차장의 발언도 정식 보고로 여기지 못했다"는 취지로 주장한 것으로 알려졌다. 조원장은 이튿날 새벽 5시 30분쯤 구속됐다. 영장 발부 사유는 '증거인멸 염려'였다.

영치금 6억 5천여 만 원

윤 전 대통령의 영치금 규모가 다시 한 번 공개됐다. 11월 9일 박은정 조국혁신당 의원실이 법무부로부터 제출받은 자료에 따르면, 그가 재구속된 2025년 7월 10일부터 10월 26일까지 받은 영치금은 6억 5725만 8189원이었다. 서울구치소 수용자 가운데 가장 많은 금액이고, 그의 대통령 연봉(2억 6천만 원)의 약 2.5배에 달했다.

법정에선 "지렁이"에 폭소,
체포 앞두곤 "미사일도 있다"

내란우두머리 혐의 28차·29차 공판,
체포방해 혐의 8차·9차 공판

그 무렵 윤 전 대통령의 재판에 나온 증인들의 증언에는 '갈등'이 담겨 있었다. 영문도 모른 채 선포된 계엄, 이해할 수 없는 출동 지시, 뒤이은 체포방해 지시 등을 맞닥뜨린 군인과 경호관들은 신념과 항명에 대한 두려움 사이에서 고뇌했다.

법정에서 이들을 대면한 윤 전 대통령은 선관위 출동은 '자유로운 분위기에서 검토하지 않았냐?', '서버 점검 정도는 할 수 있지 않느냐?'고 집요하게 따져 물었다. 계엄군들의 행동은 '대통령의 지시'가 아니었다는 취지였다.

"점검은 아니라고 인식했다"

2025년 11월 10일 내란우두머리 혐의 28차 공판엔 양승철 전 방첩사 경호경비부대장(중령)이 증인으로 나와 계엄 당일 선관위 출동 지시를 받았을 당시의 상황을 설명했다. 양중령과 같은 임무를 받은 8명은 임무의 적법성에 대한 회의를 열었다고 했다. 그는 "당시 8명이 (임무가) 문제가 된다고 결론을 냈다"고 말했다.

다만 '상부의 지시'와 상충돼 고민했다고 말했다. 출동 자체에도 문제의 소지가 있다고 봤으나 김용현 전 장관이 "따르지 않으면 항명"이라 했다는 것이다. 결국 출동은 하되 임무는 수행하지 말고 법무 검토를 기다리자는 생각으로 선관위에 도착했다고 말했다.

지시를 내린 '상부'가 누구냐는 특검 측의 질문에, 양중령은 "최초 임무를 내리신 대통령"이라고 했다. 그 증언을 듣던 윤 전 대통령은 직접 마이크를 잡았다.

윤 전 대통령: 강압적이거나 명령을 일방적으로 하는 그런 거는 내려온 적이 없죠? (…) 여러분들도 굉장히 자유로운 분위기에서 이것이 법적으로 타당한지 여부를 검토를 해보고 '일단 출동하자' 이렇게 한 거 맞지 않습니까?

양중령: 예. 그렇습니다. 근데 뭐, 자유스러운 분위기였다, 되게 편안한 분위기였다, 그런 것은 아니었습니다.

자신이 군을 강압적으로 동원한 게 아니라 군이 법리 검토를 거쳐 자발적으로 참여한 것 아니냐는 취지의 주장에 양중령은 "자유로운, 편안한 분위기는 아니었다"며 "군인 생활을 한 지 20년이 넘었지만 '항명죄'라는 단어는 쉽게 들을 수 있는 단어가 아니다"고 반박했다. 비슷한 취지의 신문은 이후에도 이어졌다.

윤 전 대통령: '이것이 위법이다' 이런 얘기는 상황이 다 종료되고 나서 그런 판단을 좀 나중에 한 거 아니에요?

양중령: 토의할 때 그 자리에서 저 포함해서 8명에서 그 내용의 토의가 다 있었습니다.

윤 전 대통령: 상부에서 어떤 지시를 받든지 간에, 여러분들은 이것이 법적으로 가능한지에 대해서 하여튼 다 토론하고 검토하고 그렇게 해서 움직인 거는 맞네요.

양중령: 예. 그렇습니다.

유재원 방첩사 사이버보안실장(대령)은 계엄 당일 선관위 전산실에서 하드디스크를 떼어 오라는 임무를 받았다. 증인으로 나온 그는 먼저 사이버보안실에 수사관 자격이 없고 전산 장비는 절차에 따라 가져오지 않으면 법적으로 문제가 될 수 있다는 의견을 냈다고 했다. 윤 전 대통령은 선관위 데이터베이스를 '점검'하는 건 계엄 당국이 할 수 있는 일이 아니냐고 물었다.

윤 전 대통령: 계엄이라고 하는 건 유사 군정 비슷한 거라, 계엄이 딱 선포가 되면 계엄 당국이 입법부를 제외하고는 행정 사법 업무를 직접 관장하거나 지휘 감독할 수 있는 권한이 법에 의해서 주어진다는 거는 혹시 알고 계시나요? (…) 거기에 있는 무슨 자료라든가 DB 현황이라든가 이런 것들을 점검하고 확인하는 건 계엄시에는 계엄 당국이 할 수 있는 일인가요, 아닌가요?

유대령: 그것도 절차를 따라서 절차에 맞게 적법하게 해야지 그냥 떼

오라고 이렇게 지시를 하면….

윤 전 대통령: 떼 오는 거 말고, 가서 만약에 점검을 한다 그러면….

유대령: 점검을 하더라도 그것도 특별 수사관 자격이 돼야 되는데 저희는 아니었습니다.

유대령은 계엄이라 하더라도 서버는 절차에 따라 확보해야 하고 당시 자신들에겐 임무를 수행할 자격이 없었다고 분명히 했다. 당시 내려온 지시가 "점검은 아니라고 인식했다"고도 했다. 그러면서 "12·3 계엄의 주범으로 꼽히는 방첩사 내부에서도 불법 계엄에 저항하는 세력이 있었다는 게 기록에 남겼으면 좋겠다"고 말했다.

홍장원 차장과 마주하다

11월 13일 내란우두머리 혐의 29차 공판엔 홍장원 전 국정원 1차장이 증인으로 출석했다. 윤 전 대통령으로부터 '싹 다 잡아들여라'라는 지시를 받았다고 헌법재판소 탄핵심판에서 증언한 인물이다. 홍차장은 계엄 당시 윤대통령이 전화를 걸어 와 '싹 다 잡아들여서 이번에 정리해'라는 말과 국정원에 대공수사권을 지원하겠다는 말을 했다며 헌법재판소에서 한 증언을 유지했다.

그날 재판에서도 체포자 명단이 적힌 '홍장원 메모'를 두고 공방이 이어졌다. 그 메모는 헌법재판소가 윤 전 대통령 탄핵을 결정하는 주요 근거가 되기도 했다. 홍차장은 계엄 당일 밤 여인형 방첩사령관과 통화하며 전달받은 체포 대상자 명단을 자필로 메모해두었다. 그 메모는 당일 보좌관이 깨끗이 베껴 쓰고 이튿날 보좌관이 기억을 되살려

2026년 11월 13일 윤 전 대통령의 내란우두머리 혐의 재판에 증인으로 출석한
홍장원 전 국정원 1차장. **사진** KBS 뉴스 화면 캡처

다시 적은 뒤 홍차장이 일부 이름을 덧붙이는 방식으로 여러 단계에 걸쳐 작성됐다.

변호인단은 메모의 대부분이 보좌관에 의해 작성됐다며 이의를 제기했다. 윤 전 대통령이 직접 나서 "초고가 지렁이(글씨)처럼 돼 있다", "보좌관을 시켜서 만들었다고 하는데, 초고 자체가 이거(제시된 메모)하고 비슷하지 않다"고 말했다. 홍차장을 마주한 그는 유독 흥분한 모습이었다. 목소리를 높여 반박하고 증언을 들을 때 여러 번 피식 웃기도 했다. 재판장이 "왜 이렇게 흥분하시냐"며 말리기도 했다.

이에 윤 전 대통령은 "아니, 흥분하는 게 아니고, 기사도 많이 나서 '홍장원 지렁이' 이렇게 치면 본인이 낸 초고가 다 뜬다"고 말했다. 그 말에 그와 변호인단이 모두 웃음을 터트렸다.

"밀고 들어오면 아작난다고 느끼게"

11월 14일 체포방해 혐의 8차 공판에선 경호처의 이 모 경호부장이 2025년 1월 11일 윤 전 대통령과의 오찬을 복기한 메시지가 공개됐다. 이부장은 "오찬으로 인해 제 공직 생활에 큰 전환점이 될 것 같다는 생각을 했다", "그 얘길 들으며 몇 가지 사항들은 문제가 될 수 있고 향후 이런 자리 내가 불려 나올 수 있을 것 같다고 생각했다"고 설명했다.

그가 '카카오톡 나에게 보내기'에 기록한 메시지에는 '밀도(밀고) 들어오면 아작난다고 느끼게 위력 순찰하고, 언론에도 잡혀도 문제없음'이라는 내용이 담겼다. 그는 "정확하게 저 단어들을 쓴 거로만 기억한다", "TV에 나와도 괜찮다, 무장한 채로 총기를 노출하는 것도 괜찮다는 의미로 저 말씀을 하신 것으로 기억한다"고 말했다.

'설 연휴가 지나면 괜찮아진다', '여기는 미사일도 있다, 들어오면 위협 사격하고 부숴버려라'라는 내용도 담겨 있었다. '부숴버리는 대상이 누구냐?'는 특검 측의 질문에 이부장은 "공수처"라고 답했다.

또 그는 자신의 지휘하에 있는 경호관들에게 '체포를 저지하지 말라'는 지침을 내렸다고 했다. 윤 전 대통령 변호인단이 '나중에 형사처벌을 받으면 생길 수 있는 경제적 문제 등을 고려한 게 아니냐?'고 묻자, 이부장은 이렇게 답했다.

그렇게 말씀하시면 안 되고요. (…) 제가 훈련부장 할 때 훈련시키는 게, 죽는 훈련을 시킵니다. 만약에 대통령이 옳았다고, 내란이 아니라고 판정되면 저는 제가 의견 가진 것에 대해 법적 책임을 또 받겠죠. 제 양심이랑 그런 것에 따라서 한 행동입니다.

"그렇게 하실 거면 재판이 왜 필요해요"

11월 6일 김용현 전 장관 등의 내란중요임무종사 혐의 24차 공판에서 김장관 측이 제출한 증거를 놓고 양측이 이견을 보였다. 특검 측은 "사진 출처가 불분명해서 증거 의견을 밝히기 어렵다"고 말했다. 재판장이 출처가 어디인지 묻자, 김장관 측은 "검사들이 하는 식으로 신문 기사에서 가져온 거다"고 답했다.

재판장이 재차 정확한 출처를 물어도 김장관 측은 따로 내겠다고 하며 증거로 계속 제시하겠다는 뜻을 굽히지 않았다. 그러자 지귀연 재판장이 "그렇게 하실 거면 재판이 왜 필요해요"라며 재판부의 소송 지휘에 응할 것을 요청했다.

특검 측: 말씀드렸듯이 저희가 증거 의견을 밝힐 수 없는 상황에서 이 부분 제시에 대해서는 동의하기 어렵습니다.

재판장: 알겠습니다.

김장관 측: 저는 제시하겠습니다.

재판장: 아유, 그렇게 하실 거면 재판이 왜 필요해요.

김장관 측: 검사들이 조사할 때는 그런 식으로 했지 않았습니까. 언론 기사 들이대면서 우리 군인들한테 압박을 하고 이렇게 나왔는데 너희들 뭐 했냐, 이런 식의 심문이 이뤄졌습니다. 불법이거든요. 저는 당연히 제시하고 하겠습니다.

재판장: 그건 다 증거로 제출을 하거나 증거 채택되거나 또는 증거로 채택이 안 되더라도 제시에 동의하신다고 해서 했던 거고.

김장관 측: 저는 동의한 적이 없습니다.

재판장: 룰은 다 똑같은 거죠

김장관 측: 저는 수긍할 수 없습니다.

재판장: 아니 근데, 그렇게 막무가내로 하실 거면 이런 건물이 왜 필요하고 판사가 왜 필요하고 해요. 그냥 다 원하는 대로 하면 되지.

김장관 측: 이게 민사소송이 아니고요.

재판이 끝날 무렵 김장관은 변호인들과 포옹한 뒤 방청석을 향해 인사했다. 방청석에서 "장관님. 힘내세요"라는 말과 함께 박수가 쏟아지자 재판장이 "정숙해달라"고 말했다. 하지만 방청석에선 "판사님도 사랑한다", "판사님, 고생하신다"라는 말이 나왔다. 퇴정하는 특검 측 검사들을 향해 방청객들이 수군거릴 때도 재판장이 다시 정숙을 요청했다. 김장관 측은 "저희가 황색 언론에 공격당할 때 보호 안 해주지 않느냐"고 따졌다. 재판장이 "변호인들도 지켜주고 있다"고 하자 방청객에서 웃음이 터져 나왔다. 일부 방청객들은 "판사님, 귀여우시다"고 말했다.

일반이적죄 기소

11월 10일 내란특검은 '외환 의혹'과 관련해 윤 전 대통령과 김용현 전 장관, 여인형 전 사령관 등을 일반이적죄와 직권남용 혐의로 기소했다.

박지영 특검보는 브리핑에서 "비상계엄을 선포할 수 있는 여건을 조성하기 위해 남북 간 무력 충돌 위험을 증대시켜 대한민국의 군사상 이익을 저해했다"고 기소 이유를 설명했다. 또 "군 통수권자인 대통령과 국방부 장관이 비상계엄 선포 여건을 조성할 목적으로 남북 대치 상황을 이용하려 한 행위는 국민 안전을 저해하는 용납 못 할 행위"라고 설명했다.

특검이 여사령관의 휴대전화에서 핵심 증거로 확보한 메모에는 '불안정한 상황을 만들거나 만들어진 기회를 잡아야 한다', '체면이 손상돼 반드시 대응할 수밖에 없는 타겟팅, 평양, 원산 외국인 관광지, 김정은 휴양소', '경찰력으로 통제 불가 상황이 와야 한다' 등이 적혀 있었다.

특검은 애초 거론되던 외환 유치 혐의를 적용하려 했으나 적국과의 공모를 밝혀내지 못해 일반이적죄로 기소했다고 설명했다. 다음 날인 11월 11일, 서울중앙지법은 내란특검의 일반이적죄 기소 사건을 형사합의36부에 배당했다.

"비화폰을 쓴다는 것 자체가 비밀"

11월 10일 서울중앙지법 형사합의34부는 김용현 전 장관의 위계에 의한 공무집행방해 및 증거인멸교사 혐의 1차 공판을 진행했다. 특검 측은 첫 공판에서 공소 요지를 이렇게 낭독했다. "김 전 장관이 부정선거 의혹을 규명하겠다는 명목하에 중앙선거관리위원회 직원을 체포할 목적으로 지난해(2024년) 12월 2일 대통령경호처로부터 비화폰을 받아 공범 노상원 전 국군정보사령관에게 교부하는 방식으로 공무집행을 방해했다." "비상계엄이 해제되자 (김장관은) 경호처 수행비서를 시켜 노트북, 휴대전화 등 증거를 망치 등으로 파괴해 인멸했다."

김장관 측은 공소가 기각돼야 한다고 주장했다. 즉 "공소장이 송달되지 않은 상황에서 불법으로 구속 심문을 했고, 공정한 재판이 이뤄지지 않아 기피 신청을 했음에도 간이 기각돼 계속 피해를 받았다"며 "공판 절차까지 왔는데도 재판부가 변론을 강요 중인 상태"라고 주장했다.

또 김장관 측은 앞서 공판준비기일에서 문제 삼은 '검찰청법 제4조 2항'을 또다시 지적했다. 해당 조항은 '검사는 자신이 수사 개시한 범죄에 대하여는 공소를 제기할 수 없다'고 규정돼 있다. 김장관 측은 "즉각 퇴정을 명령해달라. 명하지 않고 계속 관여하게 한다면 그 자체는 위법한 공소 유지"라고 목소리를 높였다.

특검 측과 김장관 측은 재판 공개를 놓고도 충돌했다. 특검 측은 국가 기밀 관련 사항을 빼고 신문하겠다며 공개를 주장하고, 김장관 측은 "대통령이 비화폰을 쓴다는 것 자체가 비밀입니다"며 "김정은이는 똥오줌까지 가져가는데 말이 됩니까?"라고 반대했다.

조지호 탄핵심판 변론 종결

11월 10일 헌법재판소에선 조지호 경찰청장의 탄핵심판 3차 변론이 열렸다. 앞서 헌법재판소는 2025년 9월 9일 첫 변론, 9월 30일 2차 변론을 진행했다. 조청장은 비상계엄 당시 국회 출입을 느슨하게 막아 비상계엄 해제에 기여했다고 주장했다. "비상계엄이 부당한 결정이라고 인식했지만 명백하게 위헌이라 판단을 못 했기 때문에 외관상으로는 명령을 따르는 모양새를 갖추되 실질적으로는 월담을 방치하는 방식으로 경력(경찰 인력)을 운영하는 고육지책을 선택했다."

조청장은 최후진술에서 "단 한 번이라도 (윤대통령에게) 말할 기회가 있었다면 비상계엄은 잘못된 판단이라고 말했을 것이다"고 말했다.

반면 국회 측은 그의 주장에 대해 "궤변"이라고 비판하며 "계엄 당시 국회 출입을 통제해 국회의 계엄해제요구권, 대의민주주의, 국회의원의 심의표결권을 규정한 헌법 조항을 위반했다"고 주장했다. 그렇게 김상환 헌법재판소장이 변론을 종결하면서 조청장 탄핵심판 사건은 2024년 12월 탄핵 소추된 지 11개월 만에 마무리됐다.

박성재 장관 구속영장 또 기각

11월 11일 내란특검은 박성재 전 법무부 장관에 대한 구속영장을 다시 한 번 청구했다. 10월 15일 구속영장이 기각되고 한 달쯤 만이다. 특검은 "(박장관) 영장 기각 후 추가 압수수색으로 확보한 증거를 통해 확인한 사실 등을 바탕으로, 범죄 사실을 일부 추가했다"고 설명했다.

11월 13일 서울중앙지법 남세진 영장전담 부장판사는 오전 10시 10분부터 오후 2시 52분까지 4시간 40분여 동안 영장실질심사를 진행하고, 다음 날 "여전히 혐의에 대한 다툼의 여지가 있어 불구속 상태에서 충분한 방어 기회를 부여받을 필요가 있다고 판단된다"며 박장관의 구속영장을 기각했다.

"어디서 그런 버르장머리를, 그러니 검찰청이 사라지죠"

11월 14일 김용현 전 장관 등의 내란중요임무종사 혐의 25차 공판에서 김장관 측은 재판 도중 재판 절차와 진행에 대해 거세게 항의했다. 특검이 증인신문을 하는 것을 보면 '피의자 조사'와 다름없다며 이의를 제기했다. 즉 특검 측이 신문할 때 질문의 어미에 문제가 있다는 것.

"증인은 최고 존칭은 하는데, (검사가) '이랬어요? 저랬어요?' 검사들이 정말 제대로 교육을 안 받아서, 어디서 그런 버르장머리를…"라고 말했다. 이에 특검 측은 "지금 발언, 조서에 기재해주시기 바란다"고 맞섰다. 그러자 김장관 측은 "이게 대한민국 검사의 수준인가? 그러니 검찰청이 사라지죠"라고 비난했다.

노상원 징역 3년 구형

11월 17일 서울중앙지법 형사합의21부는 노상원 전 사령관의 알선수재 및 개인정보보호법 위반 결심 공판을 진행했다. 특검 측은 노씨에게 징역 3년과 추징금 2390만 원 등을 선고해달라고 재판부에 요청했다.

특검 측은 "민간인인데도 전직 사령관의 지위를 이용해 현직 사령관과 대령들을 통해 대한민국 국가 안보 최전선에 있는 요원들의 실명, 학력, 특기 등 내밀한 정보를 수집했다", "단순 개인정보 누설이 아니라 국가 위기를 초래한 내란 사건의 사전 준비를 결행했다"고 강조했다. 또 "피고인은 (내란 준비) 전 과정을 직접 조율하며 '호남 출신은 제외하라'는 세부 사항까지 지시했다"고 설명했다.

알선수재 혐의에 대해선 "영향력을 과시하며 금품을 요구한 뒤 이들을 비상계엄에 끌어들이는 등 죄질이 극히 불량하다"고 지적했다.

반면 노씨 측은 무죄를 선고해달라고 재판부에 요청했다. "피고인은 요원 배치와 선발 권한이 전혀 없는 민간인"이라며 "부정한 목적으로 (정보사 요원의 정보를) 제공받은 게 아니다"고 주장했다. 알선수재 혐의에 대해서도 "승진 로비 소문을 들어 충고한 피고인이 (현역 군인들에게) 금원을 요구했다는 점은 상식적으로 납득이 어렵다"고 밝혔다.

노씨 본인은 최후진술에서 "개인정보보호법 위반 사건과 관련해서 문상호 전 정보사령관 등이 기소돼 고초를 겪는 점에 대해 마음이 무겁다"고 짤막하게 말했다.

"설 명절까지만 잘 버티면 전부 해결될 것"

11월 18일 체포방해 혐의 9차 공판에는 경호처의 김 모 정보부장이 증인으로 나왔다. 그날 재판에선 그해 1월 11일 당시 윤대통령이 경호처 부장급 인사들과 함께한 오찬에 대한 진술이 다시 한 번 공개됐다.

김부장의 특검 진술조서에는 윤대통령이 "경찰들은 경호처에 비해서 총도 잘 못 쏘고, 총기를 잘 못 다루고 전문성이 떨어진다"며 총기를 보여주라고 지시했다는 내용이 담겼다. 또 윤대통령이 "체포영장은 불법 영장이기 때문에 경호처 직원들이 영장 집행을 막더라도 형사처벌을 받지 않는다", "나에 대한 지지율이 조금씩 올라가고 있기 때문에 설 명절까지만 잘 버틴다면 전부 해결될 것"이라고 언급했다고 했다.

같은 날, 김용현 전 장관은 중앙지역군사법원에서 열린 곽종근·여인형·이진우·문상호 등 전 군사령관의 내란중요임무종사 혐의 재판에 증인으로 출석할 것을 요구받았지만 불출석 사유서를 내고 나오지 않았다. 김장관 측은 현재 진행되고 있는 형사재판 때문에 군사법원 출석이 불가능하고 건강상 문제가 있다고 주장했지만, 군사법원은 '불출석 사유가 정당하지 않다'고 판단된다며 과태료 5백만 원을 부과했다.

"부하한테 책임을 전가하는 것 아니냐?"

내란우두머리 혐의 30차·31차·32차 공판,
체포방해 혐의 10차·11차·12차 공판,
일반이적 혐의 1차 공판준비기일

"이재명, 우원식 등이 반국가 단체는 아니지 않으냐"

2025년 11월 20일 내란우두머리 혐의 30차 공판에선 홍장원 전 국정원 1차장이 지난 공판에 이어 다시 증인석에 앉았다. 홍차장은 '체포조 명단' 관련 지시 여부를 놓고 윤 전 대통령 측과 설전을 벌였다.

변호인단이 홍차장을 상대로 반대신문을 진행할 때 윤 전 대통령도 직접 신문에 나서 체포 지시를 한 적이 없다고 강조했다. 그러면서 "내가 방첩사 역량을 강화하는 데 관심이 있다는 이야기는 평소에도 듣지 않았느냐"고 물었다. 또 "내가 증인이랑 얘기할 때 '여인형한테 전화해 봐, 뭐 좀 얘기할 거야' 이런 말은 없었죠?"라며 체포 지시의 책임을 떠넘기는 듯한 발언도 했다.

홍차장은 "여인형이 대통령으로부터 아무 지시도 받지 않고, 단독으로 판단하고 결정해서 군사 쿠데타 내란을 혼자서 일으켰다는 말이냐"고 반박했다. 이에 윤 전 대통령은 "그게 아니고"라고 말했다. 홍차장은 멈추지 않고 "그게 핵심"이라고 강조했다.

윤 전 대통령이 비슷한 내용의 질문을 계속하자 홍차장은 "그럼, 누구를 잡아들이라고 하신 거냐? 일개 군사령관이 이재명, 한동훈, 우원식을 체포·구금하고 신문하겠다고 한 거냐?"고 따졌다. 그러면서 "피고인, 부하한테 책임을 전가하는 것 아니냐", "여 전 사령관이 왜 그런 요청을 한 거냐?"고 따졌다.

계엄 당시 윤대통령이 했다는 "싹 다 잡아들이라"라는 발언을 놓고도 양측은 공방을 벌였다. 윤 전 대통령이 "방산에 대한 방첩 대응이라든지 이런 게 부족해 국정원이 많이 도와주라는 얘기를 정무회의에서 들어봤냐?", "'방첩사 역량 보강 좀 해라' 하는 것과 같은 차원이라고 받아들이진 못했냐?"고 묻자, 홍차장이 "싹 다 잡아들이라는 얘기는 누구를 잡아들이라는 건가"라고 응수했다.

그러자 윤 전 대통령은 "간첩이라는 말도 안 썼고, 반국가 단체라는 말도 안 썼는데 내 계엄 선포 담화문을 보고 잡아들이라는 얘기를 반국가 단체로 이해했다고 얘기하지 않았나", "반국가 단체가 대공 수사 대상이 되는 간첩이 아니겠냐"고 말했다. 이에 홍차장은 "이재명, 우원식 등이 반국가단체는 아니지 않으냐!"고 답했다.

'시그널' 대화 기록

11월 21일 체포방해 혐의 10차 공판에서 특검 측은 2025년 1월 공수처의 체포영장 집행 당시 윤대통령과 김성훈 경호처 차장이 주고받은 메신저 대화 기록을 제기했다.

특검 측이 공개한 자료에 따르면 2025년 1월 7일 당시 윤대통령은 보안 메신저로 알려진 '시그널'로 당시 국민의힘 지지율이 계엄 이전 수준을 회복했다는 신문 기사를 김차장에게 보냈다. 김차장은 '대통령이 전략을 세우고 준비하는 데에 아무 걱정 없도록 철통같이 하겠다'고 답했다. 이어서 '경호처는 정치 진영 상관없이 국군 통수권자의 안전만 생각한다'고 보내자, 김차장은 '그 내용을 주지시키고 흔들림 없이 숭고한 의무를 수행하겠다'고 썼다.

또 1월 12일 당시 윤대통령은 '시그널'로 김차장에게 유튜브 영상 링크를 보내며 '모두 한남동을 지키려고 추위에 애쓰는 시민들을 생각해야'라고 썼다. 김차장은 '자세를 고쳐 잡고 대통령님을 위해 길바닥에서 고생하는 지지자를 생각하며 결연히 의지를 다지겠다'고 화답했다. 그가 공유한 유튜브 영상 제목은 '드디어 尹지지율 46% 질문지도 바꿨다!'였다. 해당 유튜브 계정 운영자는 서울서부지법 사태에 연루돼 2025년 8월 1심에서 징역형 집행유예를 선고받았다.

특검 측은 김차장이 김건희 씨에게 보낸 텔레그램 메시지도 공개했다. 김차장은 '특검이 아니라 더한 것이 와도 경호법상 막아낼 수 있다'고 썼다. 특검 측은 체포영장 집행 저지가 윤대통령의 뜻으로 알고 따른 것으로 보인다고 주장했다.

윤 전 대통령 변호인단은 비상계엄 선포 당시 대통령실 대접견실 CCTV를 증거로 채택해야 한다고 주장했다. 윤 전 대통령은 "영상이 국민에게 공개되자 제대로 국무회의를 했다는 여론이 있다"고 말했다. 해당 영상은 10월 13일 한덕수 전 총리의 내란우두머리 방조 혐의 재판에서 처음 공개됐다.

윤 전 대통령은 "지금 이 국무회의를 검찰 측에선 '모양만 국무회의

지, 실제 국무회의가 아니다'라고 주장하고 있다"며 "계엄을 선포하기 위한 헌법상 요건인 국무회의는 아무 위원들이나 되는대로 막 불러서 한 게 아니다"고 강조했다. 이에 특검 측은 그의 피의자 진술조서를 공개하며 반박했다. 앞서 그는 특검 조사에서 "최상목은 집이 가까워서 부른 것이고 송미령은 모르겠다. 빠른 시간 내에 의사정족수를 충족시켜야겠다고 생각했다"고 말했다.

'계엄 불가능하다'고 말하고 무릎 꿇어

11월 24일 내란우두머리 혐의 31차 공판에 증인으로 나온 이는 여인형 전 사령관이었다. 여사령관은 법정에서 "대통령(윤대통령)이 작년(2024년) 5월이나 6월쯤 삼청동 안가에서 비상대권과 계엄을 언급했다"며 "군은 불가능하다는 실태를 말씀드렸다"고 증언했다.

그는 "당시 대통령이 감정이 격해졌는데 헌법이 보장한 '대권 조치' 그런 말도 했다. 그 와중에 '계엄'도 나왔다", "저는 속으로 '통수권자이신데 계엄에 대해 어떤 상황이고 훈련이 준비돼 있는지를 모른다'는 생각이 들었다. 군이 전시든 평시든 어떤 상태인지를 일개 사령관이지만 정확히 말해야겠다고 생각했다"고 회고했다. 이어 "사회가 혼란하면 군이 동원될 거라고 생각할 수 있는데 천만의 말씀이다. 계엄은 개전 초기에 발령되는데 육군 30만 중에 계엄에 동원될 사람은 없다"며 "전시도 그럴진대 평시에 무슨 계엄을 하나. 훈련해본 적 없고 한 번도 준비한 적이 없다. 아무리 헌법이 보장한 계엄이라고 해도 군은 불가능하다는 실태를 말씀드린 것"이라고 설명했다.

여사령관은 그러면서도 "'일개 사령관이 무례한 발언을 했구나' 하는 생각에 무릎을 꿇었다. 술도 한두 잔 들어가서 말한 것이다. 저에게도 충격적이었다"고 덧붙였다.

그날 법정에선 여사령관이 2024년 10월부터 12월까지 휴대전화에 썼다가 지운 메모가 공개됐다. 특검 측은 이재명과 한동훈 등 주요 인사 14명의 이름이 복원된 그 같은 메모에 계엄을 사전에 준비한 정황이 담겼다고 주장했다. 여사령관은 "(특검팀이) 취사선택해 멋대로 스토리 라인을 만들었다"며 혐의를 부인했다.

"한 사람이 정부 비화폰 2대를 사용하는 경우"

11월 24일 김용현 전 장관의 위계에 의한 공무집행방해 및 증거인멸 혐의 3차 공판엔 경호처 통신·전산 실무자인 송 모 씨가 증인으로 나왔다.

특검 측이 "정부 비화폰이 정부 부처 관계자나 경호관 외에 민간인에게 지급이 가능한가?"라고 묻자, 송씨는 "원칙상 불가능하다"고 말했다. 이어 "한 사람이 정부 비화폰 2대를 사용하는 경우가 있냐?"는 물음에 그는 "없었다"고 답했다.

그는 여인형·이진우·곽종근 전 사령관 3명에게 정부 비화폰을 지급한 사실이 있다고 인정했다. 특검 측이 "군 장성들은 '정부 비화폰' 필요가 없이 '군 비화폰'으로 정부 비화폰 대상자들과 통화가 가능해서 (정부 비화폰을) 소지할 필요가 없냐?"고 질문하자, 그는 "원칙상으로 그렇다"고 대답했다.

김장관 측은 특검 측과 증인이 쓰는 '비화폰' 대신 '안보폰'이라는 명칭을 사용해야 한다고 주장했다. 즉 "(비화폰이) 무슨 허용되지 않은 비밀스러운 대화 느낌을 준다"며 "'안보폰' 정식 명칭이 있다. 이건 용어 전쟁이다"고 강조했다.

한편 김장관 측은 "김장관을 구속 상태로 두고 인질 삼고 재판을 하고 있다"며 "이미 결론을 정해놓고 인질로 삼고 재판하는 판사들이 과연 (재판을) 공정하게 할 것인지 두렵기까지 하다"고 밝혔다. 이어 "재판부와 다시 화해하고 싶다", "방법은 불법을 초래한 재판부에서 김장관을 직권 보석하시고 불구속 상태에서 정상적인 재판 절차가 진행되는 게 원칙이다"고 주장했다.

군사재판 증인으로 불출석

11월 25일 중앙지역군사법원은 여인형과 곽종근 등 전 사령관들의 내란중요임무종사 혐의 재판에서 증인신문에 출석하지 않은 윤 전 대통령에게 과태료 5백만 원을 부과했다. 윤 전 대통령 측은 불출석 사유서에 "주 3~4회 재판을 받고 있어 건강 상태가 악화됐으며 향후 재판에 대한 기록 검토와 변호인 접견 준비가 필요하다"고 썼다. 하지만 재판부는 "증인에게 오늘 민간 법원 출석 기일이 정해져 있지도 않고, 군사법원 불출석 사유도 정당하지 않다"고 지적했다.

2026년 1월 첫째 주에 마무리

11월 26일 서울중앙지법 형사합의25부는 내란우두머리 혐의 재판에서 공판준비기일을 진행했다. 재판부는 그날 "전체적인 사실관계는 어느 정도 정리된 상황"이라며 "검찰 측도 최대한 (증인신문을) 압축해서 해주고, 버릴 부분은 빨리 버리면서 가급적 1월 첫째 주에는 마무리돼야 한다"고 강조했다. 2026년 2월에는 법관 정기 인사로 재판부 구성이 바뀌는 만큼 이는 그 전에 판결을 선고하겠다는 의지를 드러낸 것으로 풀이됐다.

11월 27일 내란우두머리 혐의 32차 공판에서 윤 전 대통령 측의 반대신문 중 여사령관은 당시 체포조 운영에 관한 질문에 "군인들은 체포, 검거, 공격해, 쳐부숴 같은 말이 입에 배어 있다", "저도 모르게 한 말이 있고, 저도 나중에 보니까 '이때 이런 말을 왜 썼지' 싶은 말도 있다"고 말했다. 이어 당시 경찰과 국방부 조사본부에 인력 100명씩을 요청한 것으로 알려졌는데, 이에 대해서는 "엄청나게 당황해서 실수한 것"이라고 해명했다.

또 그는 "군인들은 연말쯤 되면 한 해 훈련을 종합해서 작전 계획을 새로 만드는데 내부적으로 합동수사본부를 만들려면 경찰 100명, 조사본부 100명 정도 생각을 했었다", "막상 비상계엄이 걸리니 당황하고 혼란스러워서 생각도 못 하고 머릿속 말을 실수로 했다"고 설명했다.

그날 재판장은 법정 소란을 경고했다. 지난 31차 공판에서 윤 전 대통령의 지지자로 추정되는 방청객이 다른 방청객의 사진을 찍어 SNS에 게재하고, 이에 사진 찍힌 방청객이 재판부에 항의하는 탄원서를 제출하는 일이 벌어졌다. 재판장은 "탄원서를 제출한 분께 법정 질서를 유지하지 못한 점에 대해 사과드린다", "이후로는 그런 일이 없도록 노력하겠다"고 말했다.

이에 윤 전 대통령이 나서 "재판장님, 저 때문에 오신 분들한테 제가 당부 말씀을 한 말씀 드려도 되겠습니까?"라고 하자, 재판장은 "아니요. 피고인께서 뭐 그런 말씀 하시는 거는 좀 적절하지 않은 것 같다"고 답했다. 그럼에도 그는 "제가 나가면서 법정의 정숙과 경건함을 유지해달라고 부탁을 드렸는데…"라고 발언을 이어갔다. 이후 퇴정할 때는 방청객을 향해 "감사하지만 법정에서는 경건함을 유지하는 게 필수"라며 "여러분들이 그러면 저도 불편하다"고 말하기도 했다.

또 그날엔 국회 봉쇄에 관여한 김봉식 전 서울경찰청장도 증인으로 나왔다. 윤 전 대통령은 국회 출입을 통제하고 또 해제하는 과정은 '경찰 스스로 판단한 게 아닌지' 따져 물었다.

계엄 당일인 2024년 12월 3일 밤 10시 48분, 국회는 경찰에 의해 전면 통제됐다. 국회의원들이 입구에서 출입을 요구하며 항의하자 밤 11시 7분부터 출입증을 가진 사람들에 한해 출입이 허용됐다. 하지만 포고령을 근거로 밤 11시 37분 다시 국회의원을 포함한 모든 이의 출입이 통제됐다.

윤 전 대통령 변호인: 결국 대통령이 지시해서가 아니라, 당시 시민들 모여서 안전조치를 강구하다가 증인과 조지호가 국회 출입을 차단하는 것으로 결론 내게 된 거네요?
김청장: 네.

변호인단은 국회 통제를 두고 김청장에게 "계엄 해제를 막으려고 통제한 건 아니지 않은지", "옳은 신념을 갖고 판단한 게 아닌지" 하고 추궁했다. 하지만 김청장은 일관되게 "책임을 통감한다"고 답했다. 부하 직원들은 자신의 지시에 따라 움직였을 뿐이니 처벌받지 않기를 간절히 바란다며 눈물을 흘리기도 했다.

'체포영장 청구·발부' 권한쟁의심판 청구 각하

11월 27일 헌법재판소는 윤 전 대통령이 2025년 1월 체포영장 청구와 관련해 오동운 공수처장과 서울서부지법 영장전담판사를 상대로 제기한 권한쟁의심판 청구를 재판관 9명의 전원일치 의견으로 각하 결정했다.

헌법재판소는 "피청구인 적격이 없는 자를 상대로 한 청구로서 부적법하다"며 윤 전 대통령 측의 청구 자체가 첫 단계부터 성립하지 않는다고 판단했다. 그에 대한 영장을 청구한 주체는 공수처장이 아니라 공수처 검사여서 공수처장을 상대로 권한쟁의가 성립할 수 없다고 본 것이다.

또 헌법재판소는 영장 청구와 발부 행위가 대통령의 권한을 침해했다고 볼 수 없다고 판단했다. 당시 윤 대통령은 2024년 12월 14일 국회의 탄핵 소추로 권한 행사가 정지된 상태였고, 체포·수색 영장 청구와 발부는 다음 해인 2025년 1월 6일과 7일에 이뤄졌기 때문이다. 그 직후인 1월 8일, 윤 대통령 측이 체포영장 청구와 관련해 헌법재판소에 권한쟁의심판을 청구했다.

계엄선포문 사후 작성 및 폐기 혐의 심리

11월 28일 체포방해 혐의 11차 공판에서 윤 전 대통령은 공수처는 수사 권한이 없어 체포영장 집행은 위법이라는 기존 입장을 다시 한 번 밝혔다. "내란죄 수사권이 (공수처에) 존재하느냐에 대해서는 정밀하게 별도로 따져봐야 한다고 생각한다"며 "체포영장 집행을 위한 수색영장 발부가 정당했고 따라서 내란죄 수사권이 있다고 하는 것은 공무집행방해죄에 있어서 공무원에게 정당한 권한이 있음을 원점에서 다시 판단해야 하는 것과는 별개의 문제"라고 주장했다.

공수처의 체포영장 집행 과정도 지적했다. 윤 전 대통령은 "위법하게 밀고 들어와서 수색영장을 위법하게 집행했기 때문에 수색 집행에 이은 체포 집행은 다 적법 절차 위반이다", "그에 따라서 발부받은 구속영장도 다 위법하다고 할 것이다"고 말했다.

그날 재판에는 강의구 전 대통령실 부속실장이 증인으로 출석했다. 재판부는 강실장을 상대로 국무위원 계엄 심의·의결권 침해와 계엄선포문 사후 작성 및 폐기 혐의에 대한 심리를 시작했다. 그는 특검 측의 질문에는 증언을 거부하고 윤 전 대통령 측의 질문에는 답했다. 그러면서 계엄선포문은 정식 공문서 양식과 절차를 따르지 않은 임의 작성 참고 자료였다며 따라서 공용서류 손상도 아니라고 주장했다. 또 "이번 일(비상계엄)에 있어서 아무런 일을 하지 않을걸 그랬구나 하고 후회를 몇 달째 하고 있다"고 덧붙였다.

'평양 무인기 작전' 일반이적죄 재판 시작

12월 1일 서울중앙지법 형사합의36부(재판장 이정엽)는 '평양 무인기 작전'과 관련된 윤 전 대통령 등의 일반이적죄 혐의 사건의 첫 공판준비기일을 열었다. 윤 전 대통령은 출석하지 않았다.

재판부는 내란특검팀의 요청에 따라 12월 23일 구속 의견을 듣는 심문기일을 진행하겠다고 밝혔다. 앞서 특검 측은 윤 전 대통령과 김용현 전 장관, 여인형 전 사령관 등이 무인기를 보내 북한과의 긴장을 높이고 이를 비상계엄의 명분으로 삼으려 했다며 이들을 일반이적 혐의로 기소했다.

일반이적죄는 대한민국의 군사상 이익을 해치거나 적국에 군사상 이익을 공여한 경우 성립되는 혐의다. 특검 측은 이들이 투입한 무인기가 실제로 평양 인근에 추락해 군사기밀이 유출된 만큼 혐의가 성립된다고 봤다.

일반이적죄 혐의 재판은 비공개 진행으로 결정됐다. 재판부는 "다수의 국가 기밀 노출이 예상되고 구두 변론, 증거조사 과정에서 국가 기밀이 포함된 심리와 그렇지 않은 심리의 구분이 어려워 국가 안전보장을 해할 여지가 있다"고 설명했다.

'범인 도피' 추가 기소

11월 27일 이종섭 전 국방부 장관의 호주 도피 의혹을 수사해온 해병특검은 윤 전 대통령을 범인 도피 및 직권남용, 국가공무원법 위반 혐의로 불구속 기소했다. 채상병이 사망하고 4개월 뒤인 2023년 11월, 당시 채상병 순직 수사외압 사건의 핵심 피의자로 공수처의 수사를 받던 이 전 장관을 호주로 도피시키기 위해 대사 임명을 지시한 혐의다.

당시 윤대통령의 지시에 따라 대통령실과 외교부, 법무부가 대사 임명 및 출국 과정에 깊이 관여했는데, 그 지시를 이행한 당시 인사들로 조태용 국가안보실장, 박성재 법무부 장관, 심우정 법무부 차관, 장호진 외교부 1차관, 이시원 공직기강비서관 등이 함께 기소됐다.

국무위원 계엄 심의·의결권 침해 혐의 심리

12월 2일 체포방해 혐의 12차 공판에 출석한 한덕수 전 총리는 증언을 거부했다. 한총리는 "이 사건에서 증언할 경우 제 형사재판에 영향을 줄 우려가 있어 형사소송법에 따라 증언 거부권을 행사하겠다"고 밝혔다. 내란중요임무종사 등 혐의로 별도로 재판받고 있는 그에 대한 선고는 2026년 1월 21일로 예정돼 있었다.

재판부는 특검 측의 의견을 고려해 범죄 혐의와 관련 없는 질문에만 거부할 것을 제안했지만, 한총리는 대부분 질문에 답하지 않았다. 그는 "국무위원 소집을 건의한 이유가 무엇인지", "연락 못 받은 위원들이 심의할 권리를 행사하지 못했는데 어떻게 생각하는지" 등 100개가 넘는 질문에 모두 침묵했다. 그에 대한 증인신문은 1시간 만에 종료됐다.

그날 오전에는 김정환 전 대통령실 수행실장이 증인으로 출석했다. 김실장은 계엄 선포 직전 대통령실 집무실의 분위기를 진술했다. 그러면서 당시 정진석 대통령실 비서실장이 김용현 장관을 향해 "역사에 어떻게 책임질 것이냐"고 언성을 높였다고 증언했다. 한편 김실장은 정실장이 항의하는 자리에 윤대통령이 있었는지, 항의를 받는 김장관의 반응은 어땠는지 등은 기억이 잘 나지 않는다고 설명했다.

또 그는 당시 한총리가 계엄을 선포하려는 윤대통령에게 만류하듯 "요건을 갖춰야 한다"고 말했다고 덧붙였다. 이후 윤대통령으로부터 최상목 부총리 등 국무위원을 추가로 부르라는 지시가 내려왔다고 설명했다.

"진술 압박을 느낀 적 없다"

같은 날인 12월 2일, 김용현 전 장관 등의 내란중요임무종사 혐의 공판엔 김철진 전 국방부 장관 군사보좌관이 증인으로 나섰다. 특검 측은 김보좌관에게 지난 6월 내란우두머리 7차 공판에서 윤 전 대통령이 김장관에게 '국회에 천 명은 보냈어야지. 이제 어떡할거야'라고 다그쳤다고 말한 진술이 맞는지 확인했다. 김보좌관은 자신의 진술을 번복하지 않았다.

김장관 측이 "(김보좌관이) 압박을 받았기 때문에 경호 주요 대상자인 김 전 장관의 시간대별 위치, 접촉 인원 등을 적어서 검찰에 제공한 것으로 보인다"고 주장하자, 이에 김보좌관은 "제가 피의자 조사도 받아봤지만 어느 한 기관에서도 진술 압박을 느낀 적은 없다"고 반박했다. 다시 김장관 측이 "참고인으로서의 권리 고지를 제대로 못 받은 것 같다"고 말하자, 그는 "그때 다 고지하셨을 것이다"고 설명했다. 또 김장관 측이 "참고인 신분이면 성실하게 조사받을 필요가 없다. 그런 생각 안 해봤냐?"고 물었지만, 그는 "저는 참고인이든 피의자든 진실을 말해야 한다는 소신으로 답했다"고 밝혔다.

계엄 선포 1년에 옥중 메시지

12·3 비상계엄이 선포되고 1년이 지난 12월 3일, 윤 전 대통령은 옥중 메시지를 발표했다. 그는 "비상계엄은 국정을 마비시키고 자유 헌정 질서를 붕괴시키려는 체제 전복 기도에 맞서, 국민의 자유와 주

권을 지키기 위한 헌법 수호 책무의 결연한 이행이었다"고 주장했다. 또 "민주당 의회 독재 권력은 무려 30차례 정부 인사를 탄핵했으며 안보, 국방, 경제의 주요 예산들을 전액 삭감했다", "부정 채용만 1200여 건에 달하고 투개표의 해킹이 모두 가능한 것으로 파악되는 등 선관위의 공정성은 심각하게 위협받고 있었다"고 설명했다. 그러면서 "대통령의 권한인 비상사태를 선포해 자유민주주의 헌정 질서를 바로 세우고자 한 것"이라고 강조했다.

"증거 목록을 정리해달라"

12월 3일 경찰 지휘부의 내란중요임무종사 혐의 속행 재판에서 재판장은 특검 측에 변론이 종결되기 전에 증거 목록을 정리해달라고 요청했다. 그러면서 "증거 목록을 병합될 것을 생각해 쫙 정리해야 한다", "고등법원이든 내란전담재판부든 하여간 고등법원에 이런 증거 목록으로 올릴 순 없다"고 말했다. 같은 날 오후, 국회 법제사법위원회는 여당인 더불어민주당의 주도로 '내란전담재판부 설치법'을 통과시켰다.

내란전담재판부 언급은 다음 날인 12월 4일 내란우두머리 혐의 33차 공판에서도 나왔다. 재판 진행에 앞서 윤 전 대통령 측은 내란전담재판부 설치에 대한 규탄 발언을 했다. "법원의 결정이나 처분에 대해서 자신들의 맘에 들지 않는다는 이유로 재판부나 법원을 비난하고 또 영향력을 행사하려는 상황에 대하여 우려를 금하지 않는다"며 "사법권 독립을 훼손하는 것이고 이로 인해서 피고인의 공정한 재판을 받을 권리가 침해될 우려가 있다"고 강조했다.

이에 재판장은 "최대한 공정하고 신속하게 재판 진행을 위해 노력하고 있다"고 짤막하게 말하고 재판을 진행했다.

"'계엄은 액션이었다'고 전파하라"

내란우두머리 혐의 33차·34차·35차 공판,
체포방해 혐의 13차 공판

'부방대'가 수사 전문가?

2025년 12월 4일 내란우두머리 혐의 33차 공판에는 문상호 전 정보사령관이 증인으로 나왔다. 그는 12·3 비상계엄 전, 노상원 전 사령관에게 계엄에 동원할 정보사 요원들의 정보를 넘긴 혐의로 재판을 받는다.

문사령관은 2024년 10월쯤 노씨로부터 부정선거 관련 책자를 요약해달라는 지시를 받았다고 했다. 한 달쯤 뒤에는 '상황이 발생하면 선관위에 너희(정보사) 병력이 들어가야 한다'는 말과 함께, 선관위 직원들을 위협할 야구방망이를 준비하라는 말도 들었다고 한다.

그런 지시는 비상계엄 당일 현실이 됐다. 그는 부하들에게 '실탄을 인당 10발씩 갖고 가라'고 지시했고, 정보사 대원 10명은 실탄 100발을 챙겨 가 선관위 서버실을 점거했다.

문사령관의 증언을 듣던 윤 전 대통령은 직접 마이크를 잡고, 아무리 뛰어난 군인이라도 부정선거를 조사하긴 어렵다고 항변했다.

부정선거 사건을 수사하거나 조사한다는 건 보통 일이 아닙니다. 이 선거 시스템을 자세히 알아야 하고, 중앙선관위, 특히 이 중앙선관위의 선거관리 전산시스템도 잘 알아야 하고, DB와 서버에 대한 상당히 전문적인 지식도 있어야 하고. 제가 볼 때는 '부방대'에서 활동하고 계시는 전문가 변호사 정도 수준은 되어야 (…).

'부방대(부정선거부패방지대)'는 부정선거 음모론을 꾸준히 제기하고 있는, 황교안 전 국무총리가 설립한 단체다. 윤 전 대통령은 재판에서 그런 '부방대'를 '수사 전문가'로 언급했다. 그는 '부방대'에서 활동하는 전문가가 아닌 이상 애초에 부정선거를 제대로 수사할 수 없기에, 서버 보안 취약점이 개선됐는지 확인하려는 차원이었다고 설명했다.

그러면서 계엄 선포 직후부터 "민주주의의 핵심인 선거를 관리하는 전산 시스템이 이렇게 엉터리인데, 어떻게 국민들이 선거 결과를 신뢰할 수 있겠냐"며 부정선거에 대한 믿음을 드러냈다. 이런 주장은 지난 헌법재판소 탄핵심판에서도 이어졌는데, 당시 헌법재판소는 그의 부정선거에 대한 인식이 타당하다 볼 수 없다고 못 박았다.

'위증 혐의' 추가 기소

12월 4일 내란특검은 윤 전 대통령을 위증 혐의로 추가 기소했다. 박지영 특검보는 "윤 전 대통령이 한덕수 전 국무총리 재판의 증인으로 나와, 비상계엄 선포 관련 국무회의를 한 전 총리 건의 전부터 계획한 것처럼 허위 증언했다"고 설명했다. 그러면서 "처음에 (국무위원) 6명만 부르고 추후 사람들을 부르기 시작했다. 처음부터 국무회의를 개최하려고 했다면 이렇게 부르지 않았을 것이다"며 "(윤 전 대통령은) 원래 비상계엄 선포를 오후 10시에 하려고 했다. 시간이 늦어진 건 개최하지 않으려 했던 국무회의를 한 전 총리의 건의로 열게 됐기 때문"이라고 설명했다.

앞서 11월 19일 윤 전 대통령은 한총리의 내란중요임무종사 혐의 10차 공판에 증인으로 나가 "국무회의를 해야 하기 때문에 최소한의 요건은 갖춰야겠다는 생각을 갖고 있었다"며 "원래 그런 생각을 하고 있었다"고 증언했다.

또 그날 특검은 박종준 처장과 김성훈 차장, 이광우 경호본부장, 김신 가족부장 등 전직 경호처 고위 간부 4명에 대해서도 지난 2025년 1월 공수처의 체포영장 집행을 방해한 혐의로 불구속 기소했다.

차범근·김두한 적힌 '노상원 수첩'

12월 8일 내란우두머리 혐의 34차 공판에 증인으로 출석한 노상원 전 사령관은 70매 분량의 수첩 메모는 계엄을 준비하는 과정에서 쓴 내용이 아니라는 취지로 주장했다.

노씨의 수첩에는 정치·사회계 인사 이름들, 'D-1', 'D' 등과 같이 날짜별로 계획을 세운 정황, '담화', '전 국민', '선별', '출금 조치' 같은 표현 등이 기재된 것으로 전해졌다. 하지만 그는 수첩 메모에 '김두한'과 '차범근' 등도 등장한다며 "TV를 보는데 드라마 '야인시대'가 나오길래 김두한 쓴 거고, TV에 손흥민 선수가 나오길래 우리 시대 때는 차범근 선수가 잘했지 하면서 쓴 거다"고 말했다.

구체적인 메모 작성 시기에 대해선 "2024년 4월 총선 이전에 작성했다고 단정할 수 없다"면서도 "제 기억엔 총선 승리 후 법적인 기반을 구축한 후에 계엄을 해야 하는 것 아니겠냐는 취지였다"고 발언했다.

부정선거 의혹과 관련한 특검 측의 질문엔 대부분 제대로 답하지 않았다. 거듭 그는 "하고 싶은 말은 있는데 증언을 거부하겠다", "질문을 쭉 보면 취지가 있어 보이는데 증언을 거부하겠다"고 대꾸했다.

그러자 재판장이 "증언 거부는 본인이나 가족이 형사처벌을 받을 수 있을 때만 거부하는 것이고 말씀하기 싫어서 그러는 건 안 된다"고 지적했다. 이에 맞서 노씨는 "그런 취지로 거부한 거 아니고, 제 재판에 영향을 미칠 수 있기 때문에 거부하는 것이 맞다. 하기 싫어서 그런 취지는 아니다"고 답했다.

2024년 대한민국수호예비역장성단(대수장)에서 부정선거에 대한 교육을 했냐는 특검 측의 질문에도, 그는 "아이가 좋지 않은 일이 있어서 못 했다"며 "나머지는 귀찮으니까 증언을 거부하겠다"고 말했다. 특검 측은 그의 수첩을 근거 삼아 2023년 10월 군 장성 인사 무렵부터 본격적인 계엄 준비를 진행한 것으로 의심했다.

또 그는 내란특검이 수사 과정에서 '플리바게닝' 시도 등 회유를 했다고 주장했다. 그 때문에 특검 측과 변호인단 사이에 공방이 벌어졌다. 그는 "플리바게닝 법이 나오기 전에도 특검 측의 제안이 있었다", "누구누구도 어떻게 했는데… 정확한 용어는 생각 안 나는데 넘어갔다고 했나, 하여간 다 굴복했다 이런 취지로 이해했다"고 말했다. 이어 "플리바게닝을 법 공포 전에 (특검이) 두어 번 제안한 게 맞고, 공포된

KBS NEWS

노상원 전 국군정보사령관

**압수 장소가 '책상'이란 점 강조…
중요한 물건이라면, 왜 안 숨겼겠냐고 반문**

2025년 12월 8일 내란우두머리 혐의 재판에 증인으로 출석한 노상원 전 사령관.
사진 KBS 뉴스 화면 캡처

이후에도 했다", "외환 관련해서 몇 가지를 진술해주면, 자기들도 이것 저것 털고, 하여간 그럴듯한 제안을 했다"고 설명했다.

플리바게닝이란 수사와 재판의 조력자에 한해 형량을 감면하는 제도다. 군 관계자나 공무원들의 '내부 고발'에 가까운 진술을 받아야 하는 수사 특성이 고려돼, 2025년 9월 26일 시행된 개정 내란특별법에 포함됐다. 이에 변호인단은 관련 특검법이 시행되기 전에 특검 측이 진술을 회유한 것은 불법 수사라고 지적했다.

그날 재판장은 이른바 '노상원 수첩'의 증거능력을 놓고 양측에 의견을 물어봤다. 재판장은 "증인이나 검찰이나 변호인이나, 수첩은 증인이 작성한 걸 전제로 하고 있다"며 "진정 성립(문서의 작성과 내용이 명의자의 의사대로 이뤄져 진정성이 인정됨)을 다투시는 취지인지 말씀해달라"고 말했다.

특검 측은 "노상원 증인이 자신이 작성했다는 취지로 인정했고 작성 경위도 일부 증언했다. 증거로 채택돼야 한다"고 말했다. 변호인단은 "수첩이 어떻게 입수됐는지 특검에서 전혀 설명하지 못하고 있다"고 밝혔다. 특검 측은 "수첩은 증인이 사용하던 책상에서 발견됐고, 증인 본인의 입으로 본인이 작성한 게 맞다고 했다"며 "이 이상 진정 성립을 어떻게 확인해야 하는지 모르겠다. 증거 채택을 해주시길 바란다"고 설명했다. 이에 재판장은 "증거로 채택할 가능성이 높을 것 같다"고 말했다.

김성훈 차장이 비화폰 요구

12월 8일 김용현 전 장관의 위계에 의한 공무집행방해 및 증거인멸 혐의 4차 공판엔 경호처에서 전산 장비와 정부 비화폰 등을 관리하는 직원 김 모 씨가 출석했다.

김씨는 비화폰을 민간인에게 줄 수 없고 1인에게 2대 이상 복수로 지급한 적은 없다고 증언했다. 또 김성훈 당시 경호처 차장이 비화폰 지급을 요청했다며 "누구한테 지급하는 거냐고 물었더니 '그냥 갖고 와라'고 말했다"고 밝혔다.

김씨는 "(김차장이) '알 거 없고'라면서 계속 안 알려줬다", "당시 비화폰이 누구한테 나가는지 모르면 안 된다고 했더니 (김차장이) '차장 비서관으로 하면 문제없지 않으냐'고 했고, 굳이 테스트기로 달라고 했다"고 설명했다. 그러면서 김차장이 보고도 하지 말라고 했다고 덧붙였다. 결국 김차장이 요구해 지급한 비화폰은 사전 승인 없이 나가고 이후 경호처장에게 사후 보고만 이뤄졌다고 진술했다.

특검 측이 "비화폰을 분출하면서 사용자가 누구인지 모르거나 경호처장의 승인이 없었던 적이 있냐?"고 묻자, 그는 "없다"고 말했다. 또 그는 비상계엄 선포 직후 비화폰을 회수해야 한다고 말했다고 증언했다.

'두 번, 세 번 하면 된다' 증언 추가

12월 9일 김용현 전 장관 등의 내란중요임무종사 혐의 30차 공판엔 비상계엄 당시 합참에서 군사 사항 관련 일을 한 A씨가 출석했다. 법정에선 신변 보호를 위해 '박수박'이라는 가명을 썼다. 그는 2024년 12월 4일 새벽 1시 17분쯤 합참 전투통제실 내 결심지원실에서 윤대통령과 김장관, 박안수 당시 계엄사령관 등을 목격했다고 증언했다.

그는 윤대통령이 김장관에게 "그건 핑계다, 그러게 잡으라고 했잖아요"라며 "다시 걸면 된다"고 말한 걸 봤다고 밝혔다. 그리고 "다시 걸면 된다는 말은 정확히 들은 건 아니지만 '두 번, 세 번 하면 된다'는 말은 기억하고 있다"고 덧붙였다. 윤대통령이 국회에서 비상계엄 해제요구 결의안이 통과된 뒤에도 "계엄을 두 번, 세 번 하면 된다고 말했다"는 증언이 추가된 것이다.

A씨는 당시 들은 대화를 방첩사 실무진의 비화폰 단체 대화방에 올렸다고 설명했다. 그는 증언대에서 "다시 걸면 된다'라고 했을 때, '진짜 돌이킬 수 없는 강을 넘어가는구나'라고 생각했던 걸로 기억한다"고 말했다.

김장관 변호인은 "결심지원실에 머무른 30초 정도 동안에 내부 내용을 비화폰으로 송신할 수 있냐?", "스톱워치를 갖고 해보겠다"며 시

연을 요구했다. 이에 A씨는 "재판에서 이런 것도 하는지 오늘 처음 알
았다"고 말한 뒤 같은 메시지 내용을 30초가 아니라 단 15초 만에 휴
대전화 메모장에 입력했다.

그는 증언 말미에 "'정치적 중립'이라는 교육은 제가 귀에 못 박히
도록 들었다", "저는 군인의 제복은 특정 권력의 사병이 될 때 입으라
는 것이 아니라 국민의 방패가 되기 위해 입어야 할 수의라고 생각한
다"고 강조했다.

그날 특검 측과 김장관 측은 증인신문을 놓고 강하게 충돌했다. 김
장관 측은 A씨의 증인신문과 관련해 특검 측이 유도신문을 한다고 주
장했다. 이에 특검 측은 증인에 대한 증거능력까지 폄하하고 있다고
반박했다. 그러자 김장관 측이 모욕적인 발언이라며 특검 측의 발언
도중에 끼어들기도 했다.

양측 대화가 말싸움으로 번지자, 지귀연 재판장은 자신의 어머니와
하는 대화를 언급하며 서로의 말은 적어도 들어주는 기본 예의는 지켜
달라고 했다.

**특검 측: 지금도 변호인께서 뒤에서 궁시렁궁시렁 대듯 말씀하셔서
제가 반박을 못 하겠습니다.**

**김장관 측: 어허, 궁시렁이라니! 저런 모욕적인 발언을 계속 두는 건
됩니까?**

**특검 측: 저잣거리의 시정잡배도 아니신 변호사님들께서 특검이 의견
을 대변하는데도 계속 뒤에서 궁시렁궁시렁대고 무슨 탑골공원에서 장
기판에 훈수 두듯이 궁시렁대고 있지 않습니까. 이런 식의 주신문이 계**

속 반복되는 것이 소송 지연의 가장 큰 원인이라고 생각됩니다. 그렇기 때문에 변호인들의 이의 제기는 반드시 주신문이 마친 이후에 제기될 수 있도록 지휘해주시길 바랍니다. 수차례 재판부에 말씀드렸습니다.

재판장: 제가 한 말씀만 드릴게요. 재판부에서 보기에는 가장 기본적인 거 딱 한 가지. 남이 말할 때 개입을 해버리시니 그 안에 있는 좋은 얘기든 뭐든 그 정당성이 너무 떨어져버려요. 그러니까 다른 말씀 안 드리고 딱 그거 하나만 말씀드릴게요. 저도 뭘 잘못하면 집에서 어머니가 복잡한 이야기 안 해요. '너, 방 깨끗하게 치웠니? 너, 할 거….' 기본적인 예절이나 예의 그 부분만 좀 해주시면 너무 좋을 거 같아요. (…) 변호사님 말씀도 타당하고 좋은 말씀인데 적어도 지금 그 말씀 하실 때 검사님은 말을 끊지는 않더라. 사소한 거 하나만 좀 지켜주시면 재판부에서도 조금 더 신경 쓰도록 하겠습니다.

"연출된 모습이다"

그날 30차 공판엔 김현태 전 707특임단장도 증인으로 나왔다. 김단장은 계엄 당시 안귀령 더불어민주당 대변인이 계엄군의 총을 빼앗으려 한 모습은 "연출된 모습"이라고 말했다.

그는 "군인들에게 총기는 생명과 같은 것인데 (안귀령 대변인이) 갑자기 나타나서 총기를 탈취하려고 했다"며 "어떻게 보면 전문가들만 볼 수 있는 크리티컬한 기술로 제지를 한 것이다"고 말했다. 이어 "나중에 들어보니 안부대변인(현 청와대)이 덩치가 큰 보디가드들을 데리고 왔고, 촬영 준비를 해서 직전에 화장까지 하는 모습을 봤다고 한다"며 "연출된 모습으로 총기를 탈취하는 걸 시도를 한 것이고 부대원들

246

이 많이 억울해했다"고 주장했다.

이 같은 증언에 안부대변인은 자신의 SNS를 통해 반박했다. 그는 "김현태가 허무맹랑한 주장으로 내란을 희화화하고 있다"며 "윤석열의 계엄 선포 당일 저는 어떠한 계산도 없이 오직 내란을 막아야 한다는 절박함으로 행동했고, 이는 여러 차례 인터뷰에서 일관되게 밝혀온 사실이다"고 반박했다. 그러면서 "김현태의 말을 믿을 국민은 없다. 김현태 주장이 저의 명예를 훼손하는 것은 물론 내란의 진실을 호도하고 있기에 단호하게 법적 조치할 것이다"고 덧붙였다.

박종준 경호처장 불구속 기소

12월 9일 내란특검은 박종준 전 경호처장을 비상계엄 이후 홍장원 전 국정원 1차장의 비화폰 정보를 삭제함으로써 윤 전 대통령의 내란 우두머리 혐의 사건의 증거를 인멸한 혐의로 추가 기소했다.

특검에 따르면 박처장은 2024년 12월 6일 오후 조태용 당시 국정원장에게 전화해 홍차장의 비화폰 통화 기록 화면이 국회를 통해 일부 공개된 점을 문제 삼으며 "홍장원이 해임되었다는 말도 있던데 비화폰 회수가 가능하냐?"고 물었다. 당시 홍차장은 국정원에 사직서를 제출한 상태로 면직 처리를 기다리고 있었다. 그럼에도 조원장이 "홍장원이 소재 파악이 안 되고 연락 두절이라 비화폰을 회수하는 것이 불가능할 것 같다"고 답하자, 박처장은 "보안 사고에 해당하니 홍장원 비화폰을 로그아웃 조치하겠다. 통화 기록이 노출되지 않도록 비화폰을 삭제해야 한다"고 말한 것으로 조사됐다. 비화폰은 경호처 서버에서 원격 로그아웃하면 통신 내역 등 관련 정보가 삭제된다.

무더기 기소

12월 11일, 수사 기한 종료가 임박한 내란특검은 두 차례 구속영장 기각으로 신병 확보에 실패한 박성재 전 장관에 대해 내란중요임무종사 및 직권남용, 부정청탁금지법 위반 혐의로 불구속 기소했다. 계엄 선포 직후 합동수사본부에 검사 파견을 검토하라고 지시하는 등 내란 범죄에 가담한 혐의다. 또 김건희 씨로부터 부적절한 청탁을 받은 내용도 공소장에 기재됐다.

같은 날 특검은 '헌법재판관 미임명·지명 의혹'과 관련해 한덕수 전 총리를 직무유기 및 직권남용 혐의로, 최상목 전 부총리를 직무유기 혐의로, 정진석 전 대통령비서실장과 김주현 전 민정수석, 이원모 전 공직기강비서관 등을 직권남용 혐의로 각각 불구속 기소했다.

윤 전 대통령에 대한 탄핵소추안이 통과된 뒤 대통령 권한대행을 맡고 있던 한총리는 국회가 추천한 헌법재판관 후보자를 여야 합의가 이뤄지지 않았다며 임명하지 않았다. 이에 국회는 한총리에 대한 탄핵소추안을 통과시켰고, 권한대행을 물려받은 최부총리는 헌법재판관 후보자 3명 중 정계선·조한창 후보자만 임명하고 마은혁 후보자는 임명하지 않았다. 2025년 3월 24일 당시 헌법재판소는 한총리에 대한 탄핵소추안을 기각하면서도 헌법재판관 미임명 행위는 위헌·위법하다고 판단했다.

이후 권한대행에 복귀한 한총리는 마은혁 후보자를 임명함과 동시에, 임기가 끝나는 재판관들의 후임자로 함상훈·이완규 후보자를 지명했다. 그때 한총리는 제대로 된 인사 검증 절차를 밟지 않고 대통령실 인사들과 소통해 그와 같은 의사결정을 내렸다고 특검팀은 판단했다.

또 특검은 이완규 전 법제처장을 계엄 직후의 대통령 안가 회동과 관련해 국회에서 위증한 혐의로, 최부총리를 한총리의 내란중요임무종사 혐의 재판에서 '비상계엄 문건을 받은 적이 없다'고 허위 증언한 혐의로 각각 기소했다.

허위 공보 혐의 심리

12월 12일 체포방해 혐의 13차 공판에선 하태원 전 대통령실 외신대변인(해외홍보비서관)에 대한 증인신문을 진행했다. 그는 2024년 12월 4일 당시 윤대통령이 전화해 계엄 선포 상황을 설명해주며 PG(프레스 가이던스. 언론 대응을 위한 정부 입장) 배포를 지시했고, 이후 자신이 초안을 작성해 확인받은 뒤 기자들에게 전파했다고 증언했다. 특검 측이 '외신기자들에게 '계엄은 액션이었다' PG 제공 논란'이라는 제목의 언론 기사를 제시하자, 그는 "제가 문서로 배포하지는 않고 구두로 전달한 내용"이라고 답했다.

그는 "대통령의 육성으로 최초 설명이 나온 상황이었고, 1차적 이해당사자가 본인 말씀으로 설명하는 건 최소한 전달하는 게 언론인 문법에 맞다고 봤다"고 답했다. 그러면서 "저는 어드바이저(고문)가 아니라 세크러테리(비서)"라며 "제 임무는 현직 대통령이 설명하는 부분에 대해 옳다 그르다 판단하기에 앞서 가치를 부여하지 않고 전달하는 것이라고 생각했다"고 말했다. 다만 계엄 선포에 대해선 "저 역시 황망하고 공직자로서 이 상황에 대해 할 수 있는 게 무슨 일인지 고민했다"며 "적절하지 않았다고 생각한다"고 말했다.

윤 전 대통령은 "보통 어느 조직이나 대변인이나 공보가 하는 일은 그 (조직의) 입장을 이야기하는 것"이라며 "팩트는 기자들이 취재하는 것이고, 어느 게 팩트인지는 시간이 지나봐야 안다"고 직접 말했다. 이어 "(정부 공보가) 사실과 다른 이야기를 하는 것도 있다", "국익을 위해 어떤 건 공개하기 어려운 경우엔 아니라고 잡아뗄 수 있다"고 덧붙이며, 자신이 직권을 남용해 허위사실이 담긴 PG를 외신에 전파하게 지시했다는 특검 측 주장을 반박했다.

한편 그날 박상우 전 국토교통부 장관도 증인으로 출석해 비상계엄 선포를 전후한 국무회의 상황과 관련해 증언했다. 그는 계엄 당일 밤 김정환 당시 대통령실 수행실장의 연락을 받고 대통령실에 도착했으나 이미 국무회의가 끝나고 윤대통령은 계엄 선포를 위해 회의실을 떠난 상황이었다고 진술했다.

윤 전 대통령 측은 반대신문에서 "국무회의가 개인의 권리를 보장하는 자리가 아니라 대통령의 정책 결정을 보좌하는 헌법상 심의 기구라는 생각에 동의하지 않느냐?"며, 윤대통령이 계엄을 선포하기 전 특정 국무위원만 소집해 나머지 국무위원들의 헌법상 권한인 계엄 심의·의결권을 침해했다는 특검 측의 논리를 반박했다.

'정보사 요원 명단 누설' 혐의 추가 기소

12월 13일 내란특검은 김용현 전 장관을 군사기밀 누설 및 개인정보보호법 위반 혐의로 추가 기소했다. 2024년 10월에서 11월 사이 문상호 전 정보사령관, 김봉규·정성욱 전 정보사 대령 등과 공모해, 부정선거 의혹을 수사할 제2수사단을 구성할 차원에서 HID 요원을 비롯한 정보사 요원 40여 명의 인적 사항을 노상원 전 정보사령관에게 누설한 혐의다.

"나는 사람들한테 많이 배신당한다"

12월 15일 내란우두머리 혐의 35차 공판엔 이진우 전 사령관이 증인으로 참석했다. 그는 계엄 선포 한 달여 전인 2024년 11월 9일, 국방부장관 공관에서 윤 전 대통령과 김용현 전 장관, 곽종근 전 사령관, 여인형 전 사령관 등과 저녁을 먹었다고 했다. 당시 윤대통령이 몸을 못 가눌 정도로 만취해 "한동훈" 이름을 언급하고 "나는 사람들에게 배신을 많이 당한다"는 말도 했다고 진술했다.

(윤대통령이) 11월 때는 더 술을 많이 드셔서, 거의 몸을 못 가눈다는 생각을 제가 들 정도로 많이 드셨는데 '나는 사람들한테 많이 배신당한다', '내가 살다 보면 나는 꼭 배신당한다' 그래서 (…) 그때 저분(한동훈)의 이름을 호명을 하셨어요.

이사령관은 당시 "우리도 나라를 위해 충성하는 사람인데, 왜 저렇게 마음이 힘드시나 이런 생각이 들었다"고 말했다. 모임을 마친 그는 자신의 휴대전화에 '구중궁궐'이라는 말을 메모했다고 한다. 그러면서 "대통령이면 제일 어른인데, 인간은 다 똑같구나. 저렇게 위에 있어도 혼자 있고 외부와 단절되면 굉장히 불편하고 사람에 대해 실망을 하는데, 과연 실망을 해도 대화한 상태에서 실망하는 건가, 혼자 하는 건가" 생각했다고 했다.

다만 곽사령관이 들었다고 증언한 "한동훈을 총으로 쏴서라도 죽이겠다"는 발언은 들은 기억이 없다고 밝혔다. 한동훈 전 대표 말고 다른 정치인 이름을 들은 기억도 없다고 했다. 그는 "잔을 모아서 쭉 따른 다음 섞고 나눠 주는 게 되게 빠르다"며 "그때마다 얘기 주제가 달라져서 탁탁 끊어지기 때문에 사실 집중해도 무슨 말 하는지 모를 상황"이라고 설명했다.

당시 윤대통령이 자신이 처한 상황에 대해 불평을 늘어놓았다고도 했다. 이사령관은 "본인이 정책적으로 뭔가를 쭉 하면 다 반대하고, 언론에서도 그걸 부정적인 얘기해버리고, 다 바꿔 쓰고 그래서 뭘 해도 힘이 안 난다고 얘기했다", "난 한 나라의 대통령인데 무조건 다 반대하고 안 하면 도대체 난 뭐냐, 이거, 잘못된 거 아니냐, 이런 얘기를 하셨다"고 말했다.

'부정선거'도 언급했다고 했다. 그는 "(윤대통령이) 술을 많이 드신 상태에서 불평을 얘기할 때, 선거도 국민들이 믿지 못하게, 투명하게 되지도 않는다는 얘기를 하셨던 기억이 난다"고 했다.

한편 헌법재판소 탄핵심판에서 '의원을 끌어내라'는 지시를 받았느냐는 질문에 입을 닫았던 이사령관은 앞서 지난 2025년 5월 20일 중앙지역군사법원에선 그런 지시를 받았다고 시인했다. 하지만 그날 법정에선 또 한 번 증언을 바꿨다. 국회의원 체포를 지시받았다고 한 자신의 증언은 '왜곡되고 상상을 한 것'이라고 했다.

제가 스스로 자꾸 TV를 보니까 제가 그렇게 됐을 거라고 생각을 하면서 말을 한 거예요. (…) 기억이 제가 제 스스로 그만큼 왜곡되고 상상을 한다는 거예요. (2024년) 12월 4일 이후에 제가 거의 20일 이상을 매일

TV를 보고 매일 조사받고 하다 보니까 제가 그렇게 상상하는 거예요.

이사령관은 "대통령이 끌어내라면서 체포하라는 말도 했다고 (내가) 얘기했다"며 "나중에 보니까 체포하라는 사람이 아무도 없고, 제가 유일하게 '우리 병력 건들면 체포한다'고 말하고 끄집어내라고 한 게, 제가 말해놓고 대통령이 말한 것같이 얘기했다"고 했다. 다만 "'발로 차서라도 문 부수고 들어가'라는 얘기는 제가 들었다"며 "'문 부수고 들어가'라는 것은 딱 듣는 순간에 되게 이상했다"고 말했다. 또 그는 "발로 차고 부수고 이런 건 어떤 회의체에서 나오는 얘기는 절대 아니지 않으냐"며 "이분 지금 엄청 화가 나가지고 막 얘기하는구나 해서 굉장히 실망을 했다"고 덧붙였다.

당시 윤대통령으로부터 "4명이서 1명을 끌어낼 수 있지 않느냐"라는 말도 분명히 들었다고 증언했다. 특검 측이 "4명이서 1명씩 데리고 나올 수 있지 않느냐, 발로 차서라도 끌어내라, 이런 말을 들은 사실이 있다는 것이냐?"고 묻자, 이사령관은 "발로 차서라도, 4명이서 1명을 끌어낼 수 있지 않느냐(라는 말을 들었지) 그냥 끌어내라고 말한 적은 없다"고 덧붙였다.

개인정보보호법 위반 1심

12월 15일 서울중앙지법 형사합의21부는 개인정보보호법 위반 및 알선수재 혐의로 기소된 노상원 전 사령관에게 징역 2년을 선고하고 범죄 수익 2490만 원 추징과 압수물 몰수를 명령했다. 내란특검이 기소한 사건 가운데 법원에서 처음 선고된 사건이다.

먼저 재판부는 그가 계엄 상황을 염두에 두고 선관위 수사에 투입할 수사단을 구성하기 위해 현역 정보사령관 등으로부터 요원 명단과 개인정보를 확보했다고 봤다. 그러면서 "계엄 선포 요건이 충족됐는지와 무관하게 계엄을 전제로 한 수사단을 사전에 준비한 행위는 명백히 위헌·위법이다"고 밝혔다.

특히 "국방부 장관 등 군 인사권자의 개인적 관계를 내세워 절박한 상태였던 후배 군인들 인사에 관여하고, 계엄 준비를 주도하면서 인사에 대해 도움받던 후배 군인들까지 주요 역할을 수행하도록 했다"며 "피고인의 범행은 실체적인 요건도 갖추지 못한 계엄이 선포 단계까지 이를 수 있게 하는 동력 중 하나가 됐다"고 강조했다.

군 장성 진급 청탁을 대가로 금품을 받은 혐의에 대해서도 유죄로 판단했다. 재판부는 "금품이 개인적 사익만을 위한 것은 아니고 실제 알선이 성사되지 않은 점은 참작했다"면서도 "군 인사에 개입하고 계엄 준비 과정에서 핵심적 역할을 한 점은 엄중히 평가할 수밖에 없다"고 설명했다. 나흘 뒤인 12월 19일 양측 모두 항소장을 냈다.

비상계엄 전날 비화폰 전달

12월 15일 김용현 전 장관의 위계에 의한 공무집행방해 및 증거인멸 혐의 5차 공판에는 박종준 전 경호처장이 증인으로 나왔다. 박처장은 자신이 비화폰과 서버 관리까지 담당하고 있다고 소개했다.

특검 측이 비상계엄 선포 전날 김장관에게 비화폰 테스트기가 전달된 사실을 아느냐고 묻자, 그는 "당시엔 전혀 몰랐고, 언론 보도가 나올 즈음 경호처 내에 소문이 있었다"며 "언론에 보도가 되어서 내용을 알게 됐다"고 답변했다. "정식 보고는 하나도 없었다"고 덧붙였다. 이어 특검 측이 "비화폰 테스트기 반출이 김성훈 차장 등으로부터 지원받은 사실을 알고 있냐?"고 질의하자, 그는 재차 "한 번도 (그들이) 보고한 적 없다"고 답했다.

김장관 측이 "윤석열 전 대통령이 김성훈 차장에게 직접 지시할 권한이 있냐?"고 물었지만, 박처장은 "행정 원칙상 맞지 않다"며 "각부 조직장이 있으면 장을 통해 움직이도록 지시하는 게 마땅하다고 생각한다"고 밝혔다. 관련 질문이 이어지자, 그는 "아무리 대통령이라도 행정 부처 장에게 '통신 업무는 처장이 일체 관여 말고 차장에게 떼주라'는 식으로 지시하지 못한다"며 "(지시) 했다고 하더라도 자기 업무를 포기하는 건 직무유기다"고 강조했다.

내란특검 180일 수사 마무리

12월 15일 내란특검은 180일간 활동을 마무리했다. 조은석 특검은 직접 브리핑장에 나와 최종 수사 결과를 발표했다. 특히 12·3 비상계엄의 동기에 대해 "윤석열 등이 권력을 독점·유지할 목적으로 비상계엄을 선포한 사실을 확인했다"며 "비상계엄을 선포할 명분을 만들기 위해 비정상적 군사작전을 통해 북한의 무력 도발을 유인했으나 북한이 군사적으로 대응하지 않아 실패했다"고 설명했다.

특검은 윤 전 대통령 등이 2023년 4월 총선보다 훨씬 이전부터 비상계엄을 준비했다고 밝히고도 김건희 씨의 관여는 없었다고 결론 내렸다. 박지영 특검보는 취재진과의 인터뷰에서 "계엄 선포 당일 김건희의 행적을 확인했으나, 계엄과 관련된 사항은 발견되지 않았다. 김씨가 (윤 전 대통령에게) '너 때문에 다 망쳤다'며 굉장히 분노했다는 진술도 확보했다"고 설명했다. 또 "권력 독점을 통해 본인이 가진 모든 문제점, 리스크 등을 일거에 해결하려 했던 게 아닌가 한다"고 덧붙였다.

특검은 2025년 3월 구속 취소로 풀려난 윤 전 대통령을 그해 7월 체포방해 혐의로 재구속하는 성과를 올렸다. 이어 외환 혐의를 수사해 전직 대통령 가운데 처음으로 일반이적죄 등 혐의로 기소하고 위증 혐의로도 기소했다. 또 계엄 당시 국무회의 상황과 국무위원들의 역할을 규명했다.

그렇게 특검은 2025년 6월 18일 수사를 시작해 총 27명을 재판에 넘겼다. 기소된 27명 가운데 윤 전 대통령과 이상민 장관, 조태용 원장 등은 구속돼 신병이 확보됐다. 하지만 한덕수 총리와 박성재 장관, 추경호 의원, 황교안 전 총리, 김용대 사령관 등의 구속영장은 기각됐다. 또 특검은 조희대 대법원장과 지귀연 부장판사 등 사법부 관계자에 대한 고발 사건은 불기소 처분했다.

내란특검 기소 내역

기소 내역(총 27명)	혐의(*빗금 이후는 추가 기소)
윤석열 전 대통령	특수공무집행방해 등 / 일반이적 등 / 위증
*정부 관계자(8명)	
한덕수 전 국무총리	내란우두머리방조 등 / 직권남용 등
김용현 전 국방부 장관	위계공무집행방해 등 / 일반이적 등 / 군기누설 등
이상민 전 행정안전부 장관	내란중요임무종사 등
박성재 전 법무부 장관	내란중요임무종사 등
최상목 전 부총리	위증 등
조태용 전 국정원장	국정원법위반 등
이완규 전 법제처장	국회증언감정법위반 등
이은우 전 KTV원장	직권남용
*대통령실 관계자(9명)	
정진석 전 비서실장	직권남용
김주현 전 민정수석비서관	직권남용
윤재순 전 총무비서관	직권남용 등
강의구 전 부속실장	허위공문서작성 등
이원모 전 공직기강비서관	직권남용
박종준 전 경호처장	특수공무집행방해 등 / 증거인멸
김성훈 전 경호처 차장	특수공무집행방해 등
이광우 전 경호처 경호본부장	특수공무집행방해 등
김신 전 경호처 가족경호부장	특수공무집행방해 등
*군 관계자(6명)	
여인형 전 방첩사령관	위증 / 일반이적 등
문상호 전 정보사령관	군기누설 등
노상원 전 정보사령관	개인정보보호법위반 등
김용대 전 드론작전사령관	직권남용 등
김봉규 전 정보사 대령	군기누설 등
정성욱 전 정보사 대령	군기누설 등
*정치인(3명)	
추경호 국회의원	내란중요임무종사
임종득 국회의원	직권남용 등
황교안 전 국무총리	내란선동 등

"통닭이라도 한 마리 사주려 하면, 딱딱 자르나" '또 다른' 계엄 선포 이유

내란우두머리 혐의 36차·37차 공판, 체포방해 혐의 14차·15차·결심 공판

"다음은 없습니다" 선고기일 지정

2025년 12월 16일 체포방해 혐의 14차 공판에서 재판부는 한 달 뒤에 선고하겠다고 발표했다. 윤 전 대통령이 재판받는 사건 가운데 선고기일이 처음 지정된 것.

백대현 재판장은 "내란특검법 제11조 1항에 따르면, 1심 판결 선고는 공소 제기일부터 6개월 이내 하라고 돼 있다"며 "특검의 공소 제기 날짜가 7월 19일이라 2026년 1월 19일 이전에 선고가 나야 해서 1월 16일에는 선고해야 할 것으로 보인다"고 설명했다.

그러자 윤 전 대통령 측이 선고기일 지정에 이의를 제기했다. "특검 측에서 제시하는 대부분이 내란 사건 재판 증거들이고, 이 증거들이 군사법원 사건과 제 사건(내란우두머리 혐의) 재판에서도 엄청 다뤄지고 탄핵되고 있다"며 "예를 들어 곽종근 증언은 완전 거짓말로 드러났는데, 저런 것들이 증거로 등장하고 있는데 (…) 어제(12월 15일) 이진우 사령관 재판에서도 다 바뀌있다"고 강조했다. 그러면서 "다른 재판에서 탄핵된 증거들을 간과하고 결론을 내는 게 맞겠는가?"라고 목소리를 높였다.

하지만 재판장은 "계엄 선포 자체가 내란에 해당하는지 불법인지 이 부분은 이 사건 공소사실 쟁점은 아닌 걸로 보인다"며 "다른 재판부의 판단을 보고 따라갈 필요는 없다고 판단된다"고 답했다.

변호인들이 계속 별도 기일을 잡아달라고 요청했으나 재판장은 "더 이상 의견진술을 듣지 않겠다"며 잘랐다. 또 변호인들이 추가 증거들을 다음 기일에 제출하겠다고 하자, 재판장은 "말씀드린 것처럼 오늘 공판 종결한다. 다음 기일은 없다"고 재차 강조했다.

별도 기일을 잡아달라는 윤 전 대통령 측의 주장은 구속 기한 만료 시점을 의식한 것처럼 보였다. 내란우두머리 혐의의 구속 기한은 2026년 1월 18일까지로, 체포방해 혐의 사건 선고가 그보다 늦어지면 그 사이 석방될 가능성이 생기기 때문이다.

조지호 경찰청장 파면

12월 18일 헌법재판소는 조지호 경찰청장을 파면했다. 2024년 12월 국회가 조청장을 탄핵 소추한 지 371일 만이다.

헌법재판소는 그날 오후 2시 13분 조청장 탄핵심판을 열고 헌법재판관 9명의 전원일치로 파면 결정을 내렸다. 파면의 효과는 선고 시각 즉시 발생해 그는 경찰청장 직위를 잃었다.

헌법재판소는 비상계엄 당시 조청장이 국회 봉쇄와 출입 통제를 지시해 국회의원들이 국회로 들어가지 못하거나 담장을 넘어가게 만들었고, 그럼으로써 본회의도 지연시켰다고 판단했다. 그로 인해 대의민주주의를 침해하고 국헌문란 목적의 폭동에 가담한 내란 혐의가 있다고 봤다. 또 조청장이 중앙선관위 과천 청사와 수원에 있는 선거연수원에 경찰 병력을 배치한 점도 중대한 파면 사유라고 판단했다. 선관위에 진입한 군을 지원함으로써 선관위의 직무 수행과 권한 행사를 방해해 그 독립성을 침해했다는 것이다.

조청장 측은 그동안 탄핵심판 변론에서 국회의원 월담을 방치하는 등 '항명'으로 계엄 해제에 기여했다고 주장했으나 헌법재판소는 이를 인정하지 않았다. 또 계엄의 위헌·위법을 인식하지 못했다는 조청장 측의 주장도 받아들이지 않았다.

군사법원에 처음 출석

12월 18일 윤 전 대통령은 중앙지역군사법원에서 열린 군 지휘관들의 내란중요임무종사 혐의 재판에 증인으로 출석했다. 그가 군사법원에 출석한 건 그날이 처음이다. 자신의 65번째 생일이기도 했다.

그는 "검찰이 생각이 다르면 위증 기소를 남발한다"며 대부분 질문에 증언을 거부했다. 일부 질문에는 "내 법정인 줄 착각했다"며 "나에 대해 물으면 답변할 이유 없다"고 말하기도 했다.

군검사가 '우두머리'라는 표현을 쓰자 그는 "(내가) 내란우두머리(혐의)로 기소된 사람이지 내란우두머리냐"라며 "이러면 재판 못 한다. 말을 그렇게 하냐"고 언성을 높였다. 다만 여인형 전 사령관 변호인이 "계엄 선포로 수많은 군인이 구속돼 수사를 받고 인사 조처를 받았는데 입장이 있냐?"고 묻자, 피고인석에 앉은 곽종근 전 사령관, 여사령관, 이진우 전 사령관 등을 보고 사과의 뜻을 밝혔다.

제가 아는 군 간부들과 경찰이라든지, 관계자들이 법정에 증인으로 나온 걸 보고 참 안타깝고, 그들은 내가 내린 어떤 결정에 따라 자기들이 할 일을 한 사람인데 미안하게 생각합니다. 재판 끝나고 좌우간 구치소에 돌아가서 상당히 밤늦게까지 기도를 했다.

하지만 계엄 선포에 대한 사과나 반성은 없었다. 그는 "계엄 자체가 국민들에게 위태로운 나라에 대한 북을 친다는 개념"이라며 "길어야 반나절이나 하루를 못 갈 것이라고 생각하고 있었다"고 말했다. 계엄을 선포하게 된 결정적인 계기는 2024년 12월 2일 당시 야당이 추진한 감사원장 탄핵이었다며 "감사원장 탄핵을 국회도 부담스러워서 안 하면 다 없던 이야기로 하자는 것이었다"고 했다.

"'여기서 끝냅시다'라고 하는 건 명백한 불의타"

12월 19일 체포방해 혐의 15차 공판에서 재판장은 12월 26일에 결심 공판을 진행하고 2026년 1월 16일 선고하겠다고 재차 밝혔다.

윤 전 대통령이 받는 형사재판은 12·3 비상계엄 관련 내란우두머리 혐의, 공수처 체포영장 집행 방해 관련 특수공무집행방해 등 혐의, 평양 무인기 투입 의혹 관련 일반이적 혐의, 한덕수 전 총리 재판에서 위증한 혐의, 순직 해병 사건 수사 외압 관련 직권남용 혐의, 이종섭 전 국방부 장관 호주 도피 관련 범인 도피 등이었다. 여기에 더해 김건희 특검이 명태균 씨 여론조사 무상 수수 의혹 정치자금법 위반, 20대 대선 중 허위사실 공표 혐의 공직선거법 위반 등에 대해 추가 기소했다.

그날 재판부의 결정에 윤 전 대통령은 즉각 반발했다. 그는 대통령의 계엄 선포가 "원칙적으로 사법 심사의 대상이 되지 않는다는 것이 통설이다"며 "내란 사건에서 이것이 내란에 해당하지 않는다라고 한다면, 대통령의 이 판단권이 존중돼야 한다"고 말했다. 내란우두머리 혐의 사건에서 무죄가 나면 체포방해 등 혐의 사건의 결론도 달라질수 있다는 주장이다.

또 그는 계엄의 성격 등 전체적인 흐름을 판단해야 법리 판단도 정확하게 할 수 있다며 "(증인 신청을) 130명 한다고 했다가 느닷없이 철회해서 '여기서 끝냅시다'라고 하는 것은 명백한 불의타"라고도 했다. 참고로 '불의타'는 '불의의 타격'이라는 뜻으로 기습 공격을 말하는데, 표준국어대사전에도 등재되지 않은 일종의 법률 용어다.

그의 반발에도 재판부는 기존에 밝힌 결심과 선고 일자를 유지하겠다고 강조했다. 그날 재판에는 이상민 전 장관과 최상목 전 부총리에 대한 증인신문이 예정돼 있었으나 모두 불출석했다.

김건희특검에 출석

12월 20일 윤 전 대통령은 김건희특검에 출석했다. '그동안 조사를 거부하다가 이번에 응한 이유가 무엇이냐?'라는 취재진의 질문에 변호인은 "마지막으로 마침표를 찍어야 되기 때문에 오는 거고 특별한 이유는 없다"고 답했다.

그날 오전 10시부터 시작한 특검 조사는 8시간 반 만에 끝났다. 특검은 준비한 질문지만 160쪽에 달할 만큼 대통령 부부를 둘러싼 의혹

전반을 조사했다. 특검이 들여다보는 주요 의혹 및 혐의는 20대 대선을 앞두고 정치 브로커인 명태균 씨로부터 2억 7천만 원 상당의 여론조사를 무상으로 제공받은 혐의, 김상민 전 부장검사로부터 1억 4천만 원 상당의 이우환 화백 그림을 받은 혐의, 대선 토론회에서 김건희 씨와 관련해 허위사실을 공표한 혐의, 이봉관 서희건설 회장과 이배용 전 국가교육위원장 등에게서 금품을 받고 인사 청탁을 받은 매관매직 의혹 등이다.

윤 전 대통령은 진술거부권을 행사하진 않았지만 '권한이 없다', '알지 못하는 일'이라며 대체로 혐의를 부인한 것으로 전해졌다. 앞서 2025년 7월 그에게 두 차례 출석요구서를 보냈으나 응하지 않자 이후 김건희특검은 강제 구인을 시도했고, 그마저 그가 속옷 차림으로 독방에 누워 극렬히 저항하는 바람에 조사가 무산됐다.

김건희특검의 수사 기한은 그해 12월 28일까지여서 그의 출석은 그때가 처음이자 마지막이 됐다.

'사병들에게 통닭 사줄 예산을 잘랐다'

12월 22일 내란우두머리 혐의 36차 공판에선 윤 전 대통령이 직접 밝힌 '또 다른' 계엄의 이유가 나왔다. 먼저 그는 그날 증인으로 나온 박안수 전 육군참모총장을 직접 신문하다가 "일선 부대를 가면 사병들이 '우리 소대장님 처우 좀 잘해달라, 사기가 죽어서 근무를 안 하려고 한다'고 이야기했다"며 "관련 예산들을 국회에 보내고 있는데, 인력 차원에서 핵심적인 거니까 국회가 그냥 잘라버렸다"고 말했다.

이어 그는 "부사관 등 초급 장교들 관사, 전방 관사가 40년씩 돼 녹물이 나오는 것을 봤다", "수리, 이사비 제대로 하라는데 그 관련 예산이 올라가면 잘린다", "전방에 가족들이 가서 장기 근무하는 부사관들이 살고 싶겠냐. 부사관 부인들하고 식사하며 다 들어봤다"고 말했다.

그러면서 "주임원사가 소대 사병들 관리하는데 하다못해 통닭이라도 한 마리 사주려 하면 필요한 돈인데 어떻게 이런 것만 딱딱 골라서 자르나 모르겠다. 군에서도 그런 얘기 좀 안 나왔습니까?"라고 격앙된 목소리로 되물었다.

당시 야당이 예산안을 받아주지 않아 군에서 '사병 통닭'도 사주지 못하는 상황에 이르자 계엄을 선포하게 됐다는 논리였다. 이에 재판장이 "관련된 것만 발언해달라"고 요청했으나 윤 전 대통령은 "이게 계엄 선포 사유와 관련해서 이유가 있는 거다"고 답했다.

한편 증인으로 나온 박총장은 계엄 당일 윤대통령으로부터 포고령이 하달됐는지 묻는 전화를 받았다고 진술했다. 그러면서 또 포고령 하달 사실을 경찰청장에게 알리라는 지시를 받았다고 증언했다. 다만 당시 통화에서 국회 통제에 관한 지시는 받지 못했다고 했다.

박총장은 비상계엄 선포 직후 김용현 장관의 지시로 열린 전군주요지휘관회의에서 계엄사령관에 임명됐다고 진술했다. 또 당시 회의는 2~3분 진행됐고, 김장관이 '모든 군사 활동은 장관이 진행하고 불응시에는 항명죄로 처벌한다'는 취지의 지시를 내렸다고 밝혔다.

그리고 전군주요지휘관회의를 마친 뒤 김장관으로부터 '포고령 1호'라고 기재된 문건을 건네받았다고 했다. 그 포고령에 대해 "법적 검토에 대한 얘기가 나왔는데 맥락을 짚을 수 있는 전문가는 없었고, 검토를 거쳤다는 김용현 전 장관의 말에는 수긍했지만 무거운 느낌은

받았다"고 설명했다.

또 포고령 내용 중 '처단'이라는 단어가 있어서 놀랐다며 "'계엄법에 의해 처벌하고 단죄하는 건가 보다, 우리 군대에서 쓰는 용어는 아닌데'라고 생각했다"고 말했다.

비화폰 추가 지급

12월 22일 김용현 전 장관의 위계에 의한 공무집행방해 및 증거인멸 혐의 6차 공판엔 김성훈 전 경호처 차장이 증인으로 나왔다. 김차장은 김용현 장관과는 박근혜 정부 때 수방사에서 함께 근무할 때 '복도에서 인사한' 사이라고 말했다. 이어 김장관을 2022년 윤석열 정부 인수위 시절부터 알게 됐다고 설명했다. 또 김장관과는 90퍼센트 이상 비화폰으로 연락을 주고받았다고 밝혔다. 노상원 전 사령관은 박근혜 정부 때 알게 됐다고 진술했다.

특검 측은 그가 김장관에게 비화폰을 지급한 과정을 집중적으로 따졌다. 특검 측이 "비화폰을 추가로 요구할 때 확인 안 했냐? 이유를 확인하지 않은 이유는?"이라고 묻자, 그는 "비화폰은 대통령님의 독점 지위 통신망 중 하나인데, 그 목적에 맞게 사용할 거라고 생각했다"며 "장관으로서, 전 경호처장으로서 운영 목적의 취지를 누구보다 잘 알 거라고 생각해 묻지 않았다"고 답했다. 이어 "다른 장관이 연락해서 비화폰 추가 지급을 요구하면 사유는 확인했을 거냐?"고 추가로 묻자, 그는 "물어봤을 거다"며 "(김장관은) 누구보다 잘 아시기 때문에"라고 덧붙였다.

그날 오후 김장관 측이 "통신 보안을 위해서는 민간에게도 (비화폰을) 부여할 수 있다고 생각하냐?"고 물을 때, 김차장은 "국정 지휘에 필요하고 보안이 요구되면 (할 수 있다)"고 밝혔다.

내란전담재판부 설치법

12월 23일 국회는 본회의를 열고 '내란·외환·반란 범죄 등의 형사절차에 관한 특례법안', 이른바 '내란전담재판부 설치법'을 통과시켰다.

통과된 법은 내란과 외환, 반란 등 12·3 비상계엄 관련 혐의 사건을 전담할 재판부를 서울중앙지법과 서울고등법원에 각 2곳 이상 설치하는 게 주요 내용이다. 전담 재판부를 1심부터 도입하는 대신 '이미 재판이 진행 중인 사건은 예외로 한다'는 부칙이 추가됐다.

내란전담재판부 설치법을 입법하는 과정에서 가장 큰 쟁점은 어떤 판사가 사건을 담당할지 정하는 배당 문제였다. 재판의 독립성·공정성과 직결되는 문제이기 때문이다. 당초 그해 12월 3일 국회 법제사법위원회를 통과한 법안은 헌법재판소장과 법무부 장관, 판사회의에서 추천한 인사들로 추천위원회를 구성하고 그 추천위에서 판사를 추천해 대법원장이 최종 임명하는 방식이었다.

하지만 법무부 장관 등 외부 인사가 판사 추천 권한을 갖는다는 점에서 '위헌' 논란이 불거졌다. 천대엽 법원행정처장은 국회 법제사법위원회에 출석해 "1987년 헌법 아래서 누렸던 삼권분립, 사법부 독립이 역사의 뒤안으로 사라질 수 있다"고 우려를 표했다.

결국 최종 본회의를 통과한 법안에는 추천위원회 내용이 삭제되고 서울중앙지법과 서울고등법원의 판사회의 및 내부 기구인 사무분담

위원회가 배당 업무를 맡는 것으로 바뀌었다. 사실상 대법원이 자체적으로 만든 '내란전담재판부 예규'와 큰 차이가 없어졌다.

'평양 무인기' 관련 영장실질심사

12월 23일 서울중앙지방법원 형사합의36부는 일반이적죄 및 직권남용 등 혐의를 받는 윤 전 대통령의 추가 구속 여부를 가를 영장실질심사를 진행했다. 심사는 오후 2시 30분에 시작해 오후 4시 50분까지 2시간 20분간 이어졌다.

심사가 비공개로 열린 가운데, 특검 측은 윤 전 대통령이 비상계엄 선포 요건을 갖추기 위해 무인기 투입과 원점 타격 등을 모의·계획했다는 점을 지적하며 범죄의 중대성과 상당성을 부각한 것으로도 전해졌다.

"'국회 월담' 의원을 체포하라고 지시했다" 재증언

12월 24일 내란우두머리 혐의 37차 공판에서 증인으로 출석한 조지호 전 경찰청장이 "윤 전 대통령이 '국회 월담' 의원을 체포하라고 지시했다"고 다시 한 번 증언했다. 지난 12월 1일 이상민 전 장관의 내란중요임무종사 혐의 공판에서 '국회로 월담하는 의원들이 많다, 다 잡아라, 체포하라'는 지시를 받았다고 증언한 이후 두 번째다.

조청장은 "계엄 선포 후 윤 전 대통령으로부터 여러 차례 전화가 왔다"며 "기억하기 쉽지 않지만, 뒤에 이뤄진 통화에서는 '국회의 담이 낮아서 쉽게 월담할 수 있어 월담하는 사람이 많다. 월담하는 의원들은 불법행위를 하는 것이니 체포하라'고 말씀하셨다"고 진술했다.

또 비상계엄이 해제된 뒤에도 당시 윤대통령이 전화해 '조청장, 수고했어'라고 말했고, 본인이 '대통령님, 죄송합니다'라고 하자 '아니야, 덕분에 빨리 잘 끝났어'라고 언급했다고 했다. 그러면서 "아무리 대통령이라 해도 비상계엄은 성사되기 어려운 것이라 생각했다"고 덧붙였다.

재판이 종료된 직후 윤 전 대통령 측은 입장문을 내고 "조 전 청장의 증언은 객관적 정황과 전혀 부합하지 않는다"고 반박했다. 그러면서 "특검 역시 주신문 과정에서 인정했듯이 해당 통화가 이뤄졌다고 주장되는 시간대에는 경찰이 이미 국회의원 및 국회 관계자들의 출입을 허용하고 있었다", "국회의원들이 담을 넘어 들어갈 수밖에 없는 상황이 아니었고 실제로 그럴 필요성이나 긴급성도 존재하지 않았다"고 주장했다.

'여론조사 불법 수수' 혐의 기소

12월 24일 김건희특검은 윤 전 대통령을 정치자금법 위반 혐의로 불구속 기소했다. 2021년 6월부터 2022년 3월까지 정치 브로커 명태균 씨로부터 2억 7천만 원 상당의 여론조사를 무상으로 제공받은 혐의로, 특검은 그가 부인인 김건희 씨와 공모해 여론조사를 받고 그 대가로 2022년 국회의원 재보궐선거 당시 김영선 국민의힘 의원 공천에 개입했다고 봤다. 특검은 명태균 씨도 같은 혐의로 불구속 상태로 재판에 넘겼다.

세 번째 구속영장

같은 날 서울중앙지법 형사합의36부는 일반이적죄 혐의로 추가 기소된 김용현 전 장관과 여인형 전 사령관에 대해 "증거를 인멸할 염려"를 사유로 구속영장을 발부했다. 이들에 대한 구속영장 발부는 세 번째다.

앞서 김장관은 2024년 12월 27일 구속 기소된 뒤 1심 구속 기간 만료를 앞둔 2025년 6월 추가로 구속 기소됐다. 여사령관은 2024년 12월 31일 구속 기소된 뒤 역시 구속 기간 만료를 앞둔 2025년 6월 추가로 구속 기소됐다.

함께 기소된 윤 전 대통령에 대한 구속영장 발부 여부는 좀 더 기다려야 했다.

재판 의무 중계 및 플리바게닝 관련 헌법소원

12월 24일 윤 전 대통령 변호인단은 내란특검법의 '재판 의무 중계' 조항과 '플리바게닝' 조항에 대해 헌법에 어긋난다며 헌법재판소에 헌법소원을 청구했다. 앞서 그들은 2025년 10월 '재판 의무 중계' 조항과 관련해 여론 압박 등을 지적하며 서울중앙지법 형사합의25부에 위헌법률심판 제청을 신청한 바 있다. 그런데 그때의 신청과 별도로 자체적으로 헌법소원 심판을 청구한 것이다. 이번에 낸 헌법소원은 법원 결정과 무관하게 제기할 수 있는 권리구제형 헌법소원으로, 헌법재판소에서 관련 심리가 진행돼도 형사재판은 멈추지 않는다.

군사령관들 사건 이첩

12월 24일 내란특검은 곽종근·여인형·이진우 전 사령관들에 대한 사건을 군검찰로부터 넘겨받았다. 특검은 "특검법에 따라 국방부에 군검찰이 공소 유지 중인 곽종근·여인형·이진우에 대한 내란중요임무종사 혐의 사건에 대한 이첩을 요구했다"고 발표했다.

특검팀의 군 장성들에 대한 이첩 요구는 국방부 징계위원회가 12월 19일 12·3 비상계엄 관련 군 장성들에 대한 징계를 의결한 뒤 이들이 민간인 신분이 될 가능성에 대비한 것이었다. 국방부에서 해임 또는 파면 징계를 처분받으면 민간인이 되므로 더는 군사법원에서 재판받을 수 없다. 그러면 주소지 관할 민간 법원으로 흩어질 수 있어 공소 유지가 어렵게 된다.

특검팀은 2026년 1월 4일에 구속 기간이 만료되는 문상호 전 사령관의 경우 추가 기소 혐의에 대한 구속심사가 완료된 뒤 이첩해달라고 요구했다.

체포방해 혐의 징역 10년 구형

12월 26일 체포방해 혐의 결심 공판에서 특검 측은 윤 전 대통령에게 징역 10년을 구형했다. 즉 체포방해 관련 혐의에 징역 5년, 국무위원 심의·의결권을 침해하고 외신 기자들에게 허위사실을 전파한 혐의 및 비화폰 관련 증거인멸 혐의에 징역 3년, 허위 계엄선포문 작성 관련 부분에 징역 2년을 각각 선고해달라고 재판부에 요청했다. 윤 전 대통령이 받는 재판 중에서 처음으로 나온 구형이었다.

특검 측은 "이 사건 범행은 피고인이 자신의 범행을 은폐하고 정당화하기 위해 국가기관을 사유화한 중대 범죄"라며 "피고인의 범행으로 대한민국 법질서가 심각하게 훼손되고 피고인을 신임해 대통령을 선출한 국민들에게도 큰 상처가 됐다"고 설명했다.

"집으로 돌아가겠다는 생각 안 하고 있다"

결심 공판인 그날 윤 전 대통령은 재판 마지막 최후진술에서 꼬박 1시간을 채워 자신의 혐의를 모두 부인했다. 먼저 그는 계엄의 이유가 국회, 거대 야당(더불어민주당)이라며 "우리가 할 수 있는 건 국민들 깨우고, 또 국민들로 하여금 정치와 국정에 무관심하지 말고, 좀 제발 일어나서 관심도 가지고 비판도 좀 하고 해달라고 할 수밖에 없는 상황이었다"고 주장했다.

이어 "45년 만에 있는 국가긴급권 행사였기 때문에 국무회의도 주례회의처럼 할 수 없었다"며 "대통령의 판단을 좀 존중해주길 바란다"고 설명했다.

공수처의 체포영장 집행 당시 차벽을 설치하는 등 과도했던 대통령 경호에 대해선 "대통령 경호란 건 아무리 지나쳐도 과하지 않다고 볼수 있다"고 했다. 그러면서 "어디까지가 직권남용이고, 또 어디까지는 해도 되는 건지 사법적으로 재단할 수 있는지, 앞으로 우리나라 대통령 제도 존속하는 한 이 같은 판단이 대통령의 안전을 위태롭게 할 수 있다"고 항변했다.

또 "보지 않았느냐, 대통령이 계엄 해제했는데도 내란 몰이 하면서 대통령 관저에 막 밀고 들어오는 것"이라며, "얼마나 대통령을 가볍게 생각하면 이렇게 하겠냐"고 반문했다.

곧 구속 만기가 다가오는 데 대해선 "집으로 돌아가겠다는 생각 안 하고 있다"며 "아내도 구속돼 있고 집 가서 뭘 하겠나. 다른 기소된 사건도 많으니 얼마든지 다른 혐의로 영장 발부해서 내 신병을 확보해주기 바란다"고 덧붙였다.

공직선거법 위반 혐의 추가 기소

12월 26일 김건희특검은 제20대 대통령 선거 과정에서 허위사실을 발언한 것에 대해 윤 전 대통령을 공직선거법 위반 혐의로 불구속 기소했다. 2021년 12월 14일 관훈클럽 초청토론회에서, 검사 신분임에도 불구하고 윤우진 전 용산세무서장에게 변호인을 소개한 사실이 있는데도 '그런 일이 없다'고 허위사실을 공표한 혐의다. 또 부인 김건희 씨로부터 건진법사 전성배 씨를 소개받고 만났는데도, 2022년 1월 17일 불교리더스포럼 출범식 인터뷰에서 '당 관계자로부터 전씨를 소개받았고, 김여사와 그를 함께 만난 적은 없다'고 허위사실을 공표한 혐의도 있다. 그로써 비상계엄 이후 그가 재판에 넘겨진 횟수는 8차례가 됐다.

"그런 이야기 하는 사람이
하나도 없다" 또 책임 전가

내란우두머리 혐의 38차·39차(병합)·40차·41차 공판

전국 법원이 2025년 12월 29일부터 2026년 1월 9일까지 2주간 동계 휴정기를 가졌다. 그 사이 통상 재판은 열리지 않았으나 내란우두머리 혐의 사건 등 특검이 기소한 사건들은 하계 휴정기와 달리 재판이 진행됐다.

전직 대통령과 전직 경찰청장의 만남

2025년 12월 29일 내란우두머리 혐의 38차 공판에선 모두 헌법재판소에서 파면 선고를 받은 전직 대통령과 전직 경찰청장이 한 법정에서 만났다. 조지호 전 청장은 비상계엄 선포 직후 여인형 전 사령관의 전화를 받았다고 했다. '안보 수사요원 100명을 지원해달라', '선관위 3곳에 계엄군이 진입한다', '이재명 등 15명의 정치인 체포를 위해 위치를 파악해달라' 등의 요구였다.

여사령관이 다시 전화해 그 명단에 '한동훈'을 추가했다고도 했다.

조청장은 "처음에는 당시 여당 관계자는 (명단에) 없었고, 추가로 저한테 불러준 게 확실하다"고 말했다. 그러면서 "100명을 파견 보내는 게 상황 처리하듯 할 수 없는 거고, 뭐에 대해 체포한다든지 협조도 보고도 없는 상황에서 체포조부터 협조하는 건 말이 안 되는 상황"이라며 "준비만 하라고 했던 것 같다"고 말했다.

또 조청장은 이튿날 새벽 6시 박현수 당시 행정안전부 경찰국장과 통화하며 여사령관을 '미친놈'으로 생각했다고 증언했다. 그는 당시 "위치 추적은 법원이 발부한 영장이 있어야 하는데, (여사령관에게) 지금은 안 된다고 설명했다", "귀담아 안 들으셔서, 상세한 것은 실무진을 통해 연락해 오시겠지 싶어서 이야기 안 했다"고 설명했다.

여사령관에 대해선 "이분이 수사에 대해 잘 모르시는구나 (생각했다)"며 "제 입장에서는 (위치 추적 요청이) 납득하기 어렵다고 생각했다"고 덧붙였다.

윤 전 대통령 변호인단은 그날도 증언의 신빙성을 집요하게 따져 물었다. 우선 "당시 기억하는 대통령의 말이 '월담하는 의원들을 체포하라' 이것이냐?"고 물었고, 조청장은 "정확하게 기억하는 건 '체포해라', '불법이다' 이 두 가지 정도"라고 답했다. "월담이 전제돼 있는 것이냐?"는 질문에는 "확신이 없다"면서도 "어느 통화에서 들었는진 모르겠지만 분명히 '체포하라', '불법이다'라는 취지로 들은 적이 있다"고 답했다.

변호인단은 통화가 이뤄진 시점에 이미 국회에서 본회의가 열리고 있었다며, 당시 윤대통령은 체포 지시를 내릴 이유가 없었다고 맞섰다. 하지만 조청장은 "어느 통화에서 무슨 말씀을 하셨는지에 대한 기억은 없지만, 그런 말씀을 하셨고, 기억한다는 취지"임을 분명히 했다. 이어 "체포하려면 할 수 있는 위치가 월담하는 사람들을 체포하는 것밖에 없지 않으냐"라며 "대통령이 '월담'을 말씀하셨는지 안 하셨는지는 아리까리한데, 기본적으로 월담하는 의원들 체포로 받아들여서 말씀드린 것"이라고 설명했다.

윤 전 대통령 변호인: '위법이다, 체포하라'는 지시가 있었다면 지금 출입이 다 허용되고 있는데 왜 갑자기 이런 지시가 내려왔는지 현장에 확인해봤냐고 묻는 겁니다.

조청장: 체포 자체가 저는 좀 아니라고 봤기 때문에, 그건 제가 제 선에서 이거는 '커트'를 해야 되겠다 이런 생각을 했던 겁니다.

그러자 변호인단은 '체포 지시를 받고도 현장에 확인해보지 않았냐'고 따지기 시작했다. 이에 조청장은 체포 지시는 '좀 아니라고 봤다'며 자신의 선에서 정리해야겠다 생각했다고 답했다.

'내란 재판' 모두 병합

12월 30일 내란우두머리 혐의 39차 공판엔 김용현 전 장관이 증인석에 앉았다. 김장관은 증언 내내 피고인석에 앉은 윤 전 대통령을 옹호하고 '존경하지 않을 수 없다'며 치켜세웠다.

(윤대통령을) 처음에 저는 좀 이상하게 생각했다. '너무 과하다'라는 생각도 아닌 게 아니라 했다. '혹시 저분이 자식이 없어서 그러신가' 이

런 오해도 했다. 그런데 시간이 지나면서 그게 진심이라는 걸 느끼고 저는 존경하지 않을 수 없었습니다. 정말 오직 이 하루 24시간을 국민과 민생, 국가만을 생각하시는 대통령님 입장에서 야당의 그 200석 가까이 되는 거대 야당이 국민의 삶에는 전혀 관심이 없고 오직 방탄 탄핵, 특검, 여기에 매몰돼 있는 그런 상황이 너무나 가슴 아프고 안타까워하시는 적이 많았습니다.

시국 상황에 대한 대통령의 걱정을 가까이서 반복해 들어온 김장관이었지만, 2024년 11월 24일의 대화는 다르게 느껴졌다고 했다. 윤 전대통령이 "국회의 패악질에 경종을 울릴 수단이 아무것도 없다"며 "유일하게 남은 건 비상계엄"이라 했다는 것. 김장관은 "지금까지 해오신 말씀과 그날 말씀의 수위는 사뭇 달랐다"고 기억했다.

계엄 선포 이틀 전인 2024년 12월 1일에는 윤 전 대통령이 '비상 대책을 강구해야 한다'며 "결연한 의지"를 말했다고 했다. 그리고 계엄 선포와 병력 동원을 위한 구체적인 논의가 이어졌다. 계엄을 위해 필요한 게 무엇인지 묻는 대통령의 질문에 김장관은 대국민 담화문과 계엄선포문, 포고령이 필요하다고 답했다. 그는 "제가 (포고령에) 통금을 넣었다"라며 "(윤 전 대통령이) 보시더니 '통금'은 빼는 게 좋겠다고 말했다"고 밝혔다.

병력은 최소 2~3만, 최대 5~6만 명을 동원해야 한다고 제안했다고 했다. 그러자 윤 전 대통령이 "그건 너무 많지 않으냐, 최소한으로 좀 할 수 없겠냐"고 말했다는 게 김장관의 증언이다. 이에 자신이 "이게 무슨 계엄입니까?"라고 따지기도 했다고 덧붙였다.

더 나아가 김장관은 지난 재판들에서 나온 군인들의 주요 증언들이 타당하지 않다고 주장했다. 계엄 해제 결의안이 통과된 뒤 당시 윤대통령이 '두 번, 세 번 하면 된다'고 했다는 증언에 대해서는 "그런 말을 들은 적도 없고, 그런 상황도 아니었다"고 반박했다.

국군의날 만찬 당시 윤대통령이 '한동훈을 총으로 쏴서라도 죽이겠다'고 했다는 곽종근 전 사령관의 발언에 대해선 "대통령이 왜 저런 말을 하겠냐, 이해할 수 없다"고 했다. 그 대신 비상계엄은 "위기에 빠진 대한민국을 구하기 위한, 대통령의 고뇌에 찬 결심"이라 평가하며 증언을 마무리했다. 발언 직후 방청석에선 지지자들의 박수가 터져 나왔다.

그날 재판에선 윤 전 대통령의 내란우두머리 혐의 재판, 김용현 전 장관 등 군 관계자들의 내란중요임무종사 혐의 재판, 경찰 지휘부의 내란중요임무종사 혐의 재판이 하나로 병합됐다. 그에 따라 남은 재판에서는 피고인 8명(윤석열·김용현·노상원·김용군·조지호·김봉식·윤승영·목현태)이 모두 함께 피고인석에 앉게 되고 선고도 나란히 받게 됐다. 재판부는 2026년 1월 5일과 1월 7일 증거조사와 피고인신문을 진행하고 1월 9일 결심 공판을 열어 재판을 마무리한다고 밝혔다.

"윤석열이 친구입니까?" 호칭 공방

내란 재판 세 사건이 병합되고 재판 일정이 막바지에 다다르자, 특검 측과 변호인단 사이에 호칭과 자리 배치 등 지엽적인 부분까지 양보하지 않고 대립하는 양상을 보였다.

그날 내란우두머리 혐의 39차 공판에서 박억수 특검보가 공소장 변경과 관련해 설명할 때 "안가 및 관저에서 윤석열과 김용현이 방첩·수방·특전 사령관들과 함께한 모임, 그리고 윤석열·김용현이…"라고 말하자, 김장관 측 변호인이 "특검보님, 김용현이 특검보님 친구입니까? 윤석열이, 김용현이가 뭡니까 지금? 그렇게 말하면 안 되죠"라고 항의했다. 그러자 박특검보가 "피고인, 피고인 윤석열, 피고인이 김용현이…"이라고 말했다.

윤 전 대통령 측은 "전직 대통령에게 예우를 안 지키고, 검사 선배이기도 한데 '윤석열이' 이렇게 말하는 게 타당할지 예우를 지키도록 지휘해달라"고 재판부에 요청하기도 했다. 특검 측은 "'피고인 윤석열'은 공소장에 나와 있는 정식 명칭이다. 공식적인 소송에서 논의한다는 것 자체가 소송 지연 전략으로 보일 만큼 불필요하다"고 반박했다.

그날은 재판 병합으로 피고인들과 변호인들이 다수 출석하면서 피고인 측 의석이 부족해져, 일부 변호인들은 방청석에 앉기도 했다. 이에 김장관 측은 "저희들은 다 앉지도 못하고 방청석에 변호인들이 앉아 있습니다. 그래서 이걸 개선해주셔야 공판이 정상적으로 진행될 것 같고요. 검사들은 저렇게 넓은 자리에, 자리 비워놓고 앉아 있는데…"라고 따졌다. 재판장은 "고민을 좀 해보겠다"고 답했다.

계엄군 수뇌부 '파면·해임'

12월 30일 서울중앙지법은 군사법원에서 이송받은 곽종근·여인형·이진우 전 사령관들의 사건을 형사합의26부에 배당했다.

전날인 12월 29일 국방부는 비상계엄 당시 국회와 중앙선관위로 병력을 출동시킨 곽종근·여인형·이진우 등 군 장성들에 대해 중징계

를 처분했다고 밝혔다. 여인형과 이진우 사령관은 파면, 곽종근 사령
관은 해임 징계를 받았다. 곽사령관은 애초 12월 19일 징계위원회에
선 파면이 의결됐으나 이후 실체적 진실 규명과 헌법 질서 회복에 기
여한 점이 참작돼 해임으로 감경된 것으로 전해졌다.

군사기밀을 누설한 혐의(정보사 예산 및 임무 관련 정보 누설)로 추
가 기소된 문상호 전 사령관은 12월 31일 구속영장이 발부됐고 이틀
뒤인 2026년 1월 2일 마찬가지로 파면 처분을 받았다.

'외환 혐의' 추가 구속영장 발부

2026년 1월 2일 서울중앙지법 형사합의36부는 일반이적·직권남
용 등 혐의로 추가 기소된 윤 전 대통령에 대해 구속영장을 발부했다.
12·3 비상계엄 선포 명분을 만들기 위해 평양에 무인기를 투입해 북
한의 군사 도발을 유도했다는 혐의다.

법원이 추가 영장을 발부하면서 2025년 7월 체포방해 등 혐의로
재구속된 뒤 2026년 1월 18일 구속 만료를 앞두고 있던 그는 구속 기
간이 다시 6개월 연장됐다. 그렇게 그는 지난 2025년 1월부터 내란우
두머리 혐의와 체포방해 혐의, 외환 혐의 등으로 3차례 구속됐다.

추가 영장 발부에 윤 전 대통령 측은 "사법의 이름으로 포장된 '자
판기 영장'이다"며 반발했다. 또 "대통령 직무 수행을 정치적 잣대로
재단해 사후적으로 '이적'이라 치환하는 순간, 대한민국의 모든 외교·
안보 결정은 언제든 형사처벌의 대상이 되는 것"이라고 했다.

"이 사람들한테 좀 발목이 잡혔다고나 할까?"

1월 5일 내란 관련 병합 사건 40차 공판엔 김용현 전 장관이 지난 공판에 이어 다시 증인으로 나왔다.

특검 측이 "2024년 11월 밤에 대통령이 관저에서 처음으로 비상계엄 지시한 사실이 있냐?"고 묻자, 김장관은 "찾으셔서 올라갔는데 평소에도 시국에 대해 많이 걱정하지만, 그날 말씀한 강도는 걱정 강도가 높았던 것으로 기억한다"고 답했다.

김장관은 "당시 대통령이 '거대 야당의 패악질이 선을 넘고 있다. 특단의 대책이 필요할 것 같다'고 말한 기억이 있다"며 "주중에 두 번 정도 티타임을 하면서 시국 걱정을 이어서 했다"고 말했다. 이어 "12월 1일 주말에 찾아서 관저에 올라갔는데 그때는 분위기가 조금 더 무거웠다", "계엄에 필요한 것들을 검토해줬으면 좋겠다고 말해 미리 준비한 대국민 담화문, 포고령, 계엄선포문 세 가지를 초안 준비한 것을 보고드렸다"고 덧붙였다.

또 그는 윤 전 대통령을 옹호하는 발언을 이어갔다. 윤 전 대통령 측이 "일과 시간에 비상계엄을 선포하지 않은 건 국민의 혼란을 피하기 위한 것이냐?"고 묻자, 그는 "그렇다"고 답했다.

주요 정치인 체포와 관련해선 윤 전 대통령한테 질책을 받았다고 밝혔다. 김장관은 "윤 전 대통령이 전화로 '방첩사령관에게 명단을 줬다는 게 뭐냐?'고 물었고, (제가) 동정을 파악해보라고 했다고 답하자 '안 해도 되는 일을 한 것 같다. 불필요한 일을 한 것 같다'고 말한 기억이 난다"고 주장했다.

계엄 당시의 군 투입과 관련해 김장관은 "제가 대통령에게 적게는

2~3만, 많게는 5~6만 명 소요된다고 말씀드렸는데 대답을 안 하셨다", "이후 대통령이 '많은 병력을 투입하는 지금까지 해온 그런 계엄 말고 다르게 하고 싶다. 나라 위기 상황을 국민에게 알리는 게 중요하니까 거기에 초점을 맞추고 싶다'며 수백 명 정도를 말씀했다"고 진술했다. 또 계엄 해제가 의결된 뒤 윤 전 대통령이 '두 번, 세 번 계엄 선포하면 된다. 병력 더 투입해서 해제 막았어야지'라고 발언한 적은 없다고 주장했다.

증인신문 도중 윤 전 대통령은 2024년 10월 1일 국군의날 행사 직후 마련된 식사 자리에 대해 직접 발언했다. 그는 감기에 걸린 듯 쉰 목소리였다. 그가 "생각나는 게 좀 있다"며 "곽종근 전 사령관이 '점프 수당을 해달라'고 했다. (곽사령관이) 1인당 점프할 때마다 받게 해줬으면 좋겠다고 했는데 기억나?"고 물었고, 김장관이 "그런 류의 수당 이야기가 많았다"고 답했다. 그는 곽사령관이 수당 인상을 건의한 게 전부였다며 "그게 뭐 계엄에 동의하는 것에 대한 대가라는 이야기가 나오니까 참 어이가 없다"고 말했다. 앞서 곽사령관이 국군의날 행사 직후 술자리에서 비상계엄에 대해 논의했다고 증언했는데, 특전사 부대원 수당 인상 건의만 있었다며 계엄 논의를 부인한 것이다.

이어서 윤 전 대통령은 김장관에게 "당시 여소야대가 심하고 또 야당이 기세가 등등하니 계엄이 오래갈 수 있나 상식적으로 충분히 관저에서 우리가 생각하지 않았나?"라며 다시 질의를 시작했다.

그러면서 "국무회의 때 총리하고 국무위원들이 와가지고 사실은 좀 최소한의 정무 감각이라도 갖추고 있는 사람들이었으면 오히려 대통령에게 외교니 민생이 어쩌니 이야기할 게 아니라, 계엄 선포해봤자

이거 하루이틀이면 야당이 달려들어서 계엄 해제할 텐데, 그러면 대통령님만 그야말로 좀 유세 떠는 게 되고, 좀 창피스러울 수 있고 오히려 야당에 막 역공당할 수 있지 않겠습니까, 이런 이야기를 사실은 나도 좀 기대하고 그럴 수 있는 상황인데 그런 이야기 하는 사람이 하나도 없단 말이야"라며 계엄 직전 국무위원들이 자신을 제대로 설득하지 못했다고 나무랐다.

다시 김장관을 향해 "그 옆에 총리나 장관들 그런 얘기를 안 꺼내는 거 보고 좀 답답해하지 않았나?"하고 물었고, 김장관은 "아무도 그런 이야기가 없었다"고 화답했다. 윤 전 대통령은 이어 "총리나 외교부장관이 차라리 '국회 민주당에서 가만히 있겠습니까, 이거 금방 해제될 텐데 이런 거 뭐 하려 합니까?' 이런 이야기를 한 것도 아니고 경제가 어떻고 민생이 어떻게 이런 소리를 계속하기 때문에 그 말 상대하고 대꾸해주느라고 나머지 국무위원에 대해 연락하는 시간이 좀 지체된 것 맞지 않느냐"며 "오히려 나를 설득하는 이 사람들한테 좀 발목이 잡혔다고나 할까?"라고 또다시 책임을 넘기는 듯한 발언을 이어갔다.

그가 계엄에 대한 책임을 전가하는 건 이번이 처음이 아니다.

지난 2025년 11월 19일 한덕수 전 총리의 재판에 증인으로 출석해선 "김용현 장관이 언론사와 여론조사기관 꽃 등에 군을 보내야 한다고 보고해서, 제가 절대 안 된다고 펄쩍 뛰었다"고 증언했다. 2025년 10월 30일 자신의 내란우두머리 혐의 재판에선, 증인으로 출석한 곽종근 전 사령관에게 "질서유지 하러 그냥 국회에 들어갔다는 게 머릿속에 있는 거네?"라며 자신이 국회에 병력을 투입한 이유가 국회의원 체포가 아니라 '질서유지'를 위한 것이었다고 주장했다. 당시 곽사령관은 "말씀하시는 질서유지는 도저히 제가 수긍할 수가 없고 질서유지, 시민 보호라는 말 자체를 들어본 적이 없다"고 반박했다.

"남의 말 막으시는 분들이 무슨 민주주의"

그날 내란 관련 병합 사건 40차 공판 도중 지귀연 재판장이 김용현 전 장관 변호인에게 버럭 화내며 태도를 문제 삼았다. 특검 측 검사가 피고인신문과 관련해 의견을 제시하던 중 김장관 측이 "해당 검사는 발언하면 안 된다"고 끼어들었다. 그러자 재판장이 "이따가 (말할) 기회를 드리겠다"고 제지했으나 김 전 장관 측이 항의를 이어갔다.

여러 번 제지하던 재판장은 "제가 세 번째 말씀드린다. 변호사님들 왜 그러시는지 모르겠다"며 "같은 이야기 했다. 문제가 있으면 다시 하면 된다. 계속 같은 이야기 반복해서 뭐 하려고요?"라고 목소리를 높였다. 이어 "약속드린다. 말씀할 기회 드리겠다. 왜 상대편 말을 못하게 막나?", "아까 민주주의 자유주의 실컷 이야기했다. 남의 말 막으시는 분들이 무슨 민주주의 자유주의를 이야기하나?"라며 이례적으로 언성을 높였다.

이에 김장관 측은 조용해졌다. 그러면서 "결례했다면 용서해주시는데 이건 전략적 억박이라 부득이 말씀드렸다"고 설명했다. 그때 그 모습을 뒤편 피고인석에서 지켜보던 윤 전 대통령이 웃는 모습도 포착됐다.

'체포방해 혐의' 선고일 유지

1월 6일 체포방해 혐의 사건의 재판부는 공판을 다시 열었다. 재판부는 "탄핵증거가 제출되고 이에 대한 증거조사가 안 돼서 (특검에) 석명(사실관계나 의사를 명확히 밝히는 것) 준비 명령을 하고 공판을 준비했다"고 재판을 재개한 이유를 설명했다. 특검 측이 재판부에 윤 전 대통령 측의 주장을 반박하기 위한 추가 증거를 낸 뒤 이에 대한 증거조사가 필요해 다시 재판을 열었다는 의미다.

특검 측은 박종준 전 경호처장의 피의자 신문조서 등을 탄핵증거로 냈다고 설명하고, 윤 전 대통령 측은 "변호인 측이 내용을 부인한 것을 재판부에 탄핵증거로 다시 제출하는 건 형사소송법 취지에 반한다"고 반박했다.

지난 2025년 12월 26일 결심 공판에서 재판장이 "다음 기일은 없다"고 강조한 바 있음을 들어, 윤 전 대통령 측은 변론이 재개됐으니 선고기일을 미뤄달라고 요청했다. 그러면서 "어차피 변론이 재개된 만큼 이번 주에 추가 증거신청을 하게 되면 바로 다시 종결하는 것보다 시간을 좀 달라"며 "제출 증거와 저희 측 의견서를 보고 증거조사가 필요하면 증거조사 기일이 진행될 수 있도록 허락해주시기를 재판부에 간청드린다"고 말했다.

하지만 재판부는 "증거조사를 살펴보고 변론 재개 여부를 결정하겠다"며 변론을 종결하고, 1월 16일 오후 2시로 선고 일정을 유지하겠다고 밝혔다.

공소장 변경, 앞당겨진 계엄 모의 시점

1월 7일 내란 관련 병합 사건 41차 공판에서 특검 측과 윤 전 대통령 측은 공소장 변경을 두고 공방을 벌였다.

특검 측은 "당초 피고인 진술에 근거해 알려진 계엄 준비 시기 이전부터 계엄을 치밀하게 준비한 사실을 밝혀내 공소장 변경에 이르게 됐다"고 설명했다. 변경된 공소장에는 윤 전 대통령과 김용현 전 장관 등 비상계엄을 모의한 시기가 기존 2024년 3월에서 2023년 10월로 앞당겨졌다. 윤 전 대통령이 취임하고 6개월이 된 2022년 11월부터 계엄에 대한 인식을 암시했다는 내용과 노상원 전 사령관의 이른바 '노상원 수첩' 일부 내용도 반영됐다.

윤 전 대통령 측은 강하게 반발했다. 변호인은 "그 시기나 내용, 방법, 범위 등이 너무나 많이 바뀌었기 때문에 공소사실 동일성이 없어서, 공소장 변경이 허가돼선 안 된다"며 "만일 허가된다면, 피고인 방어권 행사를 위해서 새로이 재판을 해야 할 것으로 사료된다"고 주장했다.

재판부는 논의 끝에 공소장 변경을 허가했다. 재판장은 "변경된 내용은 전체적인 내용과 구체적인 세부 사실을 보더라도, 검사가 기존에 했던 자기주장에 대해서 범위·공모·동기와 경위에 대해서 기존 주장을 보완하고 상세한 설명을 하는 것으로 보인다"며 "(검사가) 기존에 주장했던 내용과 기본적인 사실관계 동일성이 인정된다고 판단해서 공소장 변경을 허가한다"고 설명했다.

특검 측은 공소장 변경 이후 '노상원 수첩' 등의 요지를 설명했다. 이에 김용현 전 장관 변호인이 끼어들어 "'노상원 수첩'에 대한 연구

리포트를 듣고 있다. 증거조사도 아니고 변론도 아닌 거 같다"고 항의했다. 그러자 재판장이 "규정에 의해 검찰은 검찰 쪽에서 하실 말 다하고, 변호인 쪽도 하실 말씀 다 하실 수 있도록 하겠다", "상대편 주장듣기 싫을 수 있는데, 주장하는 거 다 말할 수 있게 하는 게 재판이다"며 제지했다.

특검 측의 설명에 방청객에서 야유가 나오자 재판장은 방청객을 에둘러 제지했다. "판사들은 특이하게 설명 듣다 보면, 야유 보내고 그러면 '더 뭐가 있어서 그런가' 오히려 그렇게 생각한다"며 "그냥 조용히 들어주시는 게 훨씬 낫다"고 말했다.

노상원 씨 변호인은 "(특검 측이) 거의 소설 수준의 이야기를 도배하고 있다"며 실물 증거와 조서 제출을 요구했다. 이에 특검 측이 "노상원 피고인이 대부분 진술을 거부한 것으로 알고 있다"고 답했다.

수첩의 당사자인 노씨도 직접 발언했다. 그는 "이 수첩 공신력을 입증할 수 있는 다른 증거를 제시해야 한다. 내일모레 구형하는데 쭉 이런 식으로 한다는 건 재판부 예단을 갖게 한다고 생각할 수밖에 없다"고 목소리를 높였다. 또 "이걸(노상원 수첩) 갑자기 들이대서 쭉 하면 저희가 반박할 수도 없고, 변호사들은 한 줄도 읽어본 게 없다"며 "만약 조서를 제시하지 못하면 문제가 있는 거다"고 주장했다.

재판장은 "상대편이 이야기한 거 그 자리에서 반박하고 그러면 기분은 좋다. 그게 시원하고 좋고, 내가 말싸움해서 이긴 것 같고, 그런데 재판은 말싸움으로 하는 게 아니다"며 "검찰이든 변호인이든 이기는 싸움을 해야 하는데, 그 순간 시원하고 통쾌하고 그런 건 효과가 없다. 상대편 주장을 냉정하게 잘 받아 적었다가 기회가 될 때 명확하게 공

격하는 게 소송 절차다"고 강조했다. 또 재판부는 '노상원 수첩' 원본
과 조사 내용은 특검 측이 제공해야 한다고 밝혔다.

'제2수사단' 노상원 2심 시작

1월 8일 서울고등법원 형사3부(재판장 이승한)는 개인정보보호법
위반 및 알선수재 혐의로 1심에서 실형을 선고받은 노상원 전 사령관
에 대한 2심 공판준비기일을 진행했다. 노씨 측은 "노사령관이 수사단
을 구성한 것처럼 공소사실을 기재한 건 객관적 사실에 반하는 공소권
남용이다"고 주장했다.

재판부는 2월 법관 정기 인사와 특검법상 항소심 심리 기간 등을
고려해 1월 27일 1차 공판을 열고 그날 변론을 종결하겠다고 밝혔다.
또 "(인사로 인해) 재판부가 변경되면 재판부 갱신 절차가 진행돼 특검
법에 규정된 3개월 내 심리가 어려워진다"고 설명했다. 특검법에 따르
면, 특검팀이 공소 제기한 사건의 판결 선고는 1심은 공소 제기 후 6개
월 이내에, 2심과 3심은 원심 판결 선고일부터 각각 3개월 이내에 해
야 한다.

"경호처 공무원들을 사실상 사병화했다"

내란우두머리 혐의 등 결심 공판,
일반이적 혐의 1차 공판, 체포방해 혐의 1심 선고

"프로와 아마추어 차이는 징징대지 않는다는 것"

2026년 1월 9일 내란 관련 병합 사건의 결심 공판이 열린 서울중앙지법 417호 법정. 그곳은 30년 전인 1996년 내란수괴 등 혐의로 기소된 전두환에게 사형이 구형됐던 법정이기도 하다.

하지만 당초 예상과 달리 재판부는 그날 결심 공판을 마무리 짓지 못하고 1월 13일 한 차례 더 열기로 했다. 재판부는 시간이 오래 걸릴 것을 고려해 평소보다 40분 빠른 오전 9시 20분에 결심 공판을 시작했으나 14시간 50분이 지난 이튿날 새벽 0시 11분에 끝냈다.

결심 공판은 특검 측과 변호인들이 추가로 제출한 서류 증거에 대한 조사(서증조사), 특검 측의 최종 의견과 구형, 피고인들의 최후진술 순으로 진행될 계획이었으나, 그날 특검 측의 구형과 윤 전 대통령의 최후진술은 시작도 못 했다.

시작부터 삐걱댔다. 김용현 전 장관 측이 서증조사 자료 복사본이 부족해 기다려달라고 요청하자, 특검 측은 "준비가 된 피고인부터 진행하면 좋을 것 같다"고 제안했다. 그러자 김장관 측이 "그럼, 자료 없이 구두로 변론하겠다"고 맞서고, 특검 측도 "저희는 어제 먼저 시나리오부터 제출했다"며 "준비를 해왔어야 한다"고 맞섰다.

결국 지귀연 재판장이 "프로와 아마추어의 차이는 징징대지 않는다는 것이다"며 "준비가 안 됐으면 (특검 측에) 양해를 구한다고 해야 한다"고 지적했다. 이에 김장관 측이 "하루 동안 준비한 것이다. 저희가 징징댄 건가?"라며 준비할 시간이 부족했다고 반문했다. 재판장이 "그 말씀이 징징대는 것이다. 이해하기 힘든 게, 말할 기회 드린다고 전날 기일 한 번 더 드린다고 했는데 그건 다 거절했다"며 "오늘 끝나는 일정이니까 프로답게 마무리를 깔끔하게 하시면 된다"고 재차 지적했다.

김장관 측은 수백 쪽 분량의 서류를 천천히 읽기 시작했다. 한 명씩 릴레이로 의견진술을 이어간 변호인단. 오전 9시 반부터 오후 5시 40분쯤까지, '1차로' 의견을 밝히는 데만 8시간가량 걸렸다.

김장관 측은 윤 전 대통령에 대한 '호칭'을 또다시 문제 삼았다. 특검 측이 윤 전 대통령을 '피고인'이라 부르는 것을 두고 "변호인과 국민들을 분노케 했다"며 "호칭마저 가볍게 부르는 건 이 시대를 살아가는 검사들이 얼마나 권력을 이용했는지 적나라하게 보여주는 것이다"고 말했다.

계엄 선포 조건을 충족하는지는 대통령이 판단하는 것이고 검찰에겐 권한이 없다는 기존 주장도 되풀이했다. 김장관 측은 "비상계엄 선포 요건을 검사들이 훔쳐 갔다"며 "특검의 특수 절도"라고 목소리를 높였다.

비상계엄을 미국의 '마두로 (베네수엘라 대통령) 체포 작전'에 빗대기도 했다. 즉 "마두로를 체포하기 위한 군사작전은 대통령의 고유한 통치 권한이라 사법 심사 대상이 아니다", "검사들이 하는 수사는 그런 경우에 명령을 거부하라는 것인데, 그러면 작전이 이루어질 수 없다"고 말했다.

김장관 측의 이런 '필리버스터식' 변론이 이어지는 동안 재판부는 별다른 제지를 하지 않았다. 오후 4시쯤이 돼서야 "5시까지 하고 다른 피고인들 증거조사를 진행한 뒤 다시 돌아오는 게 어떠냐?"고 제안했다.

여기에 반발한 건 김장관 측이 아니라 윤 전 대통령 측이었다. 윤 전 대통령 측은 "검찰에서 서증조사를 7시간 반을 했는데, 모든 피고인이 7시간 반씩 걸린다고 생각한다"며 "다른 피고인들의 변론 시간을 제한하지 않으셔도 된다"고 말했다.

휴정 중에 김장관 측이 박억수 특검보에게 "그냥 다음 주에 (추가로) 하자"고 말할 때 박특검보는 "그쪽이 너무 오래 걸리는 게 아니냐?"고 따졌다. 이에 김장관 측이 "(윤 전 대통령 측과) 한 팀이다"고 응수하기도 했다.

결국 조지호 전 경찰청장(1시간), 윤승영 전 수사조정기획관(1시간), 목현태 전 국회경비대장(20분) 순으로 서증조사를 이어간 뒤 다시 김장관 측 조사가 이어졌다.

밤 9시가 넘어 특검 측은 "읽는 속도만 조금 빨리 해주시면 좋을 것 같다"고 요청했다. 여기에 김장관 변호인은 "제가 빨리하면 혀가 짧아서 말이 꼬인다"고 받아쳤다.

피고인석에 앉은 윤 전 대통령과 김장관은 고개를 떨군 채 꾸벅꾸벅 졸았다. 암 투병 중인 조청장은 재판 중간 법정 밖에서 휴식을 취하고 돌아오기도 했다.

결국 재판부는 밤 9시 10분쯤 '추가 기일을 잡을지를 논의하겠다'며 휴정을 선언했다. 이후 "여름 무렵부터 원래 12월 말경에는 종결한다고 했다"며 "될 수 있으면 이렇게 모인 김에 종결하는 게 맞지 않나 생각한다"고 밝혔다. 하지만 윤 전 대통령 측은 "지금 이 사건에서 가장 중요한 윤석열 대통령의 변론을 모두 비몽사몽인 상황에서 하라는 것은 맞지 않다고 생각한다"고 밝혔다.

결국 재판부는 "새벽까지 사람을 가둬놓고 강제로 조사하는 것과 다름없어, 재판부에서도 원하는 게 아니다"며 1월 13일 한 차례 더 기일을 잡아 결심 공판을 이어가기로 했다. 그러면서 "다음 기일에는 무조건 종결하겠다고 다시 한 번 약속한다", "어떤 수단을 써서라도 끝내야 된다"고 못 박았다.

그날 재판은 노상원 전 사령관(50분), 김용군 예비역 대령(50분)의 서증조사를 끝으로 새벽 0시 11분에 마무리됐다.

앞서 전날인 1월 8일 조은석 내란특검은 수사에 참여한 특검보와 부장검사들을 소집해 6시간에 걸쳐 구형량을 정하는 회의를 열었다. 하지만 초유의 '필리버스터식' 변론에 막혀 특검 측의 구형 절차는 시작도 못 한 채 무산됐다.

'재판부 기피 신청' 철회

1월 12일 서울중앙지법 형사합의36부(재판장 이정엽)는 '평양 무인기 의혹'과 관련해 윤 전 대통령과 김용현 전 장관, 여인형 전 사령관 등의 일반이적 및 직권남용 혐의 첫 공판을 열었다. 재판에는 윤 전 대통령을 포함해 주요 피고인들이 모두 참석했다. 재판부는 신원 확인 절차 등만 마치고 재판을 비공개로 전환했다.

윤 전 대통령과 김장관 측은 재판부에 대한 기피 신청을 냈다. 윤 전 대통령 측은 공소장만 제출된 단계에서 재판부가 피고인을 구속한 건 비상식적이라는 기피 사유를 내세웠다. 또 증거능력 인정 여부가 판단되지 않은 피의자 신문조서와 진술조서를 특검 측으로부터 제출받아 구속심사 자료로 사용했다며 "재판부가 이미 공소사실에 대한 예단을 형성한 상태에서 재판을 진행하고 있음을 강하게 의심하게 한다"고 밝혔다.

김장관 측도 "공소장만으로 영장을 발부한 재판부가 공정한 재판을 할 것이라고 기대하는 건 어리석은 일이다"며 재판부 기피 신청을 냈다. 이에 따라 첫 공판은 3시간 만에 끝났다.

하지만 윤 전 대통령 측은 그날 밤 11시 반쯤 "기피 신청을 철회했다"고 공지했다. 철회 이유는 밝히지 않았다. 그렇게 '평양 무인기 의혹' 재판은 하루 만에 재개됐다.

사형 구형 그리고 최후진술

1월 13일 서울중앙지법 형사합의25부는 내란 관련 병합 사건의 결심 공판을 재개했다. 오전 9시 30분 시작과 동시에 진행된 윤 전 대통령 측의 서증조사는 저녁 8시 41분까지 11시간 넘게 걸렸다.

윤 전 대통령 측은 계엄이 정당했다는 변론을 종일 이어갔다. 계엄은 대통령의 정당한 권한이기 때문에 재판을 받을 수 없다는 논리를 폈다. 변호인은 삼권분립을 주장한 프랑스 철학자 몽테스키외를 언급하며 "대통령이 헌법 77조에 따라 선포한 비상계엄에 대해 법원이 심사할 수 없다"고 말했다. 대통령 재직 중 행위를 섣부르게 판단해선 안 된다며 "만약 법원이 대통령 권한에 대해 판단하고자 한다면 이재명 대통령의 공직선거법 위반 사건 재판도 개시해야 마땅하다"고 주장하기도 했다.

비상계엄에 대해선 '거대 야당'을 탓했다. 변호인은 민주당이 다수당 독재를 했다며 독일의 아돌프 히틀러, 베네수엘라의 우고 차베스 등 독재자의 이름을 거론했다. 그러면서 윤 전 대통령을 종교계 핍박에도 '지구는 돈다'고 말한 갈릴레오 갈릴레이에 비유했다.

변호인들은 '침대 변론'이라는 일각의 비판에 대해 반박했다. 즉 "15만 페이지에 달하는 문서 증거와 디지털 증거 대부분에 동의하며 신속한 재판에 협조했다"며 오히려 특검 측이 변론 종결 직전 새로운 내용을 담은 공소장을 제출하는 방식으로 신속한 재판을 방해했다고 주장했다.

특검 측의 최종 의견진술은 저녁 8시 57분 시작했다. 특검 측은 윤 전 대통령을 향해 사형을 구형하며 '계엄 선포의 목적과 사전 준비'를 정조준했다. 즉 윤 전 대통령이 2024년 12월 정치 상황 이전부터 비상계엄을 통한 권력 독점과 장기 집권을 염두에 두고 준비했다고 밝혔다. 그러면서 "윤 전 대통령이 지능적·계획적·조직적 범죄"를 저질렀다고 봤다. 그리고 "특별히 유리하게 참작할 사정이 없다"고 못 박았다.

또 특검 측은 법률가이자 검찰총장 출신인 윤 전 대통령이 헌법 수호 의무를 누구보다 잘 알면서도 오히려 헌정 질서 파괴로 나아갔다고 지적하며 "국민을 속인 것"이라고 표현했다. 그러면서 계엄 의혹을 일축해온 태도와 실제 준비·실행의 간극을 중대하게 봤다.

특히 특검 측은 전두환 씨 사례와 이번 사안을 비교했다. 과거 신군부가 야만적 무력에 의존했다면, 윤 전 대통령은 검찰총장을 지낸 법률가로서 대통령의 지위와 권한을 이용해 헌법을 지능적으로 파괴했다고 강조했다. "법률가인 피고인이 헌법 수호 책무를 저버리고 시스템을 악용한 것은 국민에 대한 기만이자 법치주의에 대한 조롱이다." "이번 재판을 통해 공직 엘리트들이 자행한 헌법 질서 파괴 행위를 전두환·노태우 세력에 대한 단죄보다 더 엄정하게 단죄해야 한다."

구형의 수위는 '반성 부재'와 '재발 위험' 논리로 끌어올렸다. 특검 팀은 윤 전 대통령이 "내란에 대해 진지하게 반성은커녕 사과한 적 없다"며 '경고성·호소용 계엄' 프레임으로 지지자 선동에 나서 사회 분열을 부추겼다고도 했다. 더 나아가 계엄이 해제된 뒤 수사·재판 과정에서 '출석 거부와 조사 회피' 등으로 형사사법 절차를 경시했다고 비판했다.

실제, 수사와 재판 과정 내내 윤 전 대통령은 그 절차에 불응해왔다. 체포, 출석 조사, 구인장, 법정 진술 등에 불응하면서도 본인의 보석 심문에는 출석하며 일반 시민들은 할 수 없는 '선택적인' 태도를 보여왔다.

특검 측은 결론적으로 "사형밖에 없다"며 최종 구형을 선고했다.

특검보가 "윤 전 대통령에게 사형을 선고해달라"고 말한 시각은 그날 밤 9시 35분이었다. 윤 전 대통령은 '사형' 구형이 나오는 순간 옅은 미소를 보이며 특검보를 응시했다. 일부 방청객들은 '미친XX', '개XX' 등 특검팀에 대해 욕설을 했다.

윤 전 대통령은 특검이 구형 사유를 읽는 내내 헛웃음을 보이거나 눈을 빠르게 깜빡이거나 입맛을 다셨다. 그러고는 1시간 넘게 최후진술을 할 때는 얼굴이 붉어진 상태로 혐의를 모두 부인했다. 최후진술은 1월 14일 새벽 0시 12분부터 1시 41분까지 1시간 반가량 이어졌다.

그는 먼저 재판부에 "1년 가까운 긴 시간 공정하고 현명한 소송 지휘로 충실한 심리 해주셔서 깊이 감사하다"고 했다. 그러나 특검 등 수사기관을 향해서는 "국내 모든 수사기관이 달려들어 공직자들이 마구잡이로 구속됐다. 현대 문명국가에 이런 역사가 있었나 싶다"며 강하게 비판했다.

이어 내란은 '프레임'이라며 "두세 시간 만에 국회가 그만두라고 그만두는 내란 보셨나? 총알 없는 빈 총 들고 하는 내란 봤냐?"고 반문했다. 그러면서 "이 말이 지난 1년간 이 나라를 휩쓴 광풍의 허상을 상징적으로 보여준다"고 주장했다.

특검의 공소장에 대해서도 "객관적 사실과 기본적인 법 상식에 맞지 않는 망상과 소설"이라고 했다. 특히 특검의 수사 과정을 두고는 "지휘 체계도 없이 중구난방으로 여러 기관들이 미친 듯이 달려들어 수사하는 것은 처음 본다. 어둠의 세력들과 민주당의 호루라기에 맹목적으로 달려들어 물어뜯는 이리떼의 모습"이라고 진술했다.

공수처와 경찰의 체포영장 집행에 대해선 오히려 국가기관이 "내란"을 했다고 주장했다. 그는 "관저는 군사시설 보호 구역이라 출입 수색 안 된다는 건 검사면 누구나 알 텐데, 저렇게 쇼하다 말겠거니 했다"면서 "정말 얼토당토않은 수사를 하고 수천 명 경찰을 동원해서 대통령 체포하겠다고. 이건 상당 기간 헌법기관인 대통령의 권능 행사를 저지하는 것이다. 이거야말로 정말 내란이라고 하지 않을 수 없다"고 주장했다.

그러면서 "이렇게 순진하게 생각을 했던 것이죠. 이런 바보가 어떻게 저 친위 쿠데타를 합니까? 친위 쿠데타 정도 되면은 눈치가 빨라야죠. 정치적 후각이 뛰어나야죠"라고 덧붙였다.

특검 측이 사형 구형 사유로 '전두환보다 엄하게 처벌해야 한다'고 말한 대목을 의식한 듯한 발언도 이어갔다. 그는 "친위 쿠데타를 이렇게 하는 거 보셨습니까. 여러분들, 그 신군부가 하는 그거 뭐 영화 보셨죠? (…) 거기서 이런 식으로 합니까"라며 "내가 옛날 무슨 하나회도 아니고"라고 말하기도 했다.

그날 결심 공판은 윤 전 대통령의 최후진술까지 포함해 17시간 만에 종료됐다.

김용현 장관 '무기징역', 노상원 '징역 30년' 구형

그날 내란 관련 병합 사건의 결심 공판에서 특검 측은 내란중요임무종사 혐의로 기소된 김용현 전 장관에겐 무기징역을 구형했다. 그러면서 "내란 모의부터 실행 단계까지 피고인 윤석열과 한 몸처럼 움직였다"며 "단순 가담자가 아니라 범행 전반을 지배·통제한 자로서 우두머리와 다를 바 없는 지위에 있었다"고 말했다.

이어 "김용현은 노상원과 함께 윤석열의 권력 독점과 장기 집권을 위한 비상계엄 선포 및 조치 사항을 치밀하게 준비했다", "국헌문란 목적 폭동 행위 전반에 대해 총괄 지휘했다"고 설명했다. 그러면서 "피고인 윤석열을 적극적으로 옹호하고 있고, 내란 범행을 반성하거나 사과한 사실이 없다"며 "책임이 극히 중대하고 참작할 만한 사정이 전혀 없다"고 덧붙였다.

김장관은 최후진술에서 "대한민국이 중국 공산·사회주의의 소품으로 전락하는 마중물이 될까 봐 그게 두렵다. 자랑스러운 대한민국이 베네수엘라처럼 될까 봐 두렵다"고 말했다.

노상원 씨에 대해선 징역 30년을 구형했다. 특검 측은 "김용현과 함께 내란 범행을 주도적으로 설계한 인물이다"며 "핵심 구상 단계부터 관여한 기획자·설계자에 해당한다"고 밝혔다. 또 "정치적 반대 세력을 제거하고 장기 집권을 기획하면서, 수단으로 반대 세력을 순차로 '수거'하고 해상 폭파 처리 등 극단적이고 비인간적 구상까지 계획했다"며 "수단의 잔혹함과 결과의 참혹함을 가늠하기조차 어렵다"고 강조했다.

노씨는 최후진술에서 "저는 군을 떠난 민간인이지만 저를 믿고 의지하는 (김용현) 장관님 말씀에 충실히 따르려고 노력했고 추호의 미련이나 후회가 없다. 윤석열 전 대통령을 한 번도 뵌 적이 없다. 그러나 대통령의 충정, 열정, 진실성은 국민의 한 사람으로서 존경한다"고 밝혔다.

그 밖에 조지호 전 경찰청장은 징역 20년, 김봉식 전 서울경찰청장은 징역 15년을 각각 구형받았다. 조청장은 최후진술에서 "계엄 당시에 많은 공무원들이 비상계엄과 포고령이 명백히 위헌·위법하다고 판단했을지 의문이다"면서도 "어떤 책임이 지워지든 기꺼이 감수하겠다"고 말했다. 김청장은 "제 지휘 책임을 통감하고 있다. 다시 한 번 국민들께 머리 숙여 죄송하다는 말씀을 드린다"고 최후진술을 했다.

재판부는 1월 14일 새벽 2시 25분, 선고기일을 설 연휴 다음 날인 2월 19일 오후 3시로 잡고 결심 공판을 끝냈다.

"세세한 것은 밑에서 알아서"

1월 14일 서울중앙지법 형사합의22부(재판장 조형우)는 윤 전 대통령과 조태용 전 국정원장, 박성재 전 법무부 장관, 심우정 전 법무부 차관, 장호진 전 외교부 1차관, 이시원 전 공직기강비서관 등의 범인 도피 혐의 등 사건 첫 공판준비기일을 열었다.

윤 전 대통령은 법정에 출석하지 않은 가운데 변호인이 공소사실을 부인했다. 즉 "이종섭을 호주 대사로 임명한 사실은 있지만 그 외 출국금지 해제 조치나 인사 검증에 관여한 바는 전혀 없다"며 "세세한 것은 밑에서 알아서 할 일이지 대통령에게까지 보고가 안 되고 관련자들과 상의한 일도 전혀 없다"고 주장했다.

조원장 측은 "체류지가 특정된 외교관을 임명하는 행위가 법리적으로 범죄가 성립하는지조차 논란이다"며 "나아가 피고인은 대통령의 공관장 임명(의사)을 전달하는 것 외에 후속 조치에 관여한 적이 없다"고 밝혔다. 박장관을 비롯한 다른 피고인 측도 대통령의 인사에 따른 지시를 수행했을 뿐 범인 도피를 위해 공모한 바 없다는 취지로 모두 무죄를 주장했다.

재판부는 특검 측에 이종섭 전 장관 출국금지 해제와 관련한 직권남용 혐의에 대해선 누구에게 어떤 압력을 가했는지 분명히 해달라고 요청했다. 또 특검 측에 "직권남용은 판례도 많은데 유죄를 본 사례가 있냐, 비슷한 케이스를 참고했는지, 무죄가 많이 나오는 것을 아느냐"고 말하기도 했다.

'체포방해 혐의' 1심 징역 5년

1월 16일 서울중앙지법 형사합의35부는 체포방해 혐의를 받는 윤 전 대통령에 대해 징역 5년을 선고했다. 내란 본류 선고는 아니지만 관련 혐의 재판 가운데 처음으로 나온 1심 판단이다.

그날 선고는 ① 윤 전 대통령이 경호처 직원들을 동원해 공수처의 체포영장 집행을 방해한 혐의 ② 계엄 선포 당일 일부 국무위원들만 대통령실로 불러 다른 국무위원들의 심의·의결권을 침해한 혐의 ③ 계엄선포문을 사후에 작성해 폐기한 혐의 ④ 비화폰 통신기록을 삭제한 혐의 ⑤ 외신기자들에게 허위사실을 공표한 혐의 등을 모두 판단하는 자리였다.

그날 재판부는 5개 주요 혐의 가운데 다섯 번째를 제외한 나머지 모든 혐의를 유죄로 판단했다.

① '체포영장 집행 방해' 유죄, "공수처, 수사 권한 있어"

최대 쟁점이던 '공수처의 체포영장 집행 방해'에 대해 재판부는 유죄로 판단했다. 먼저, 공수처가 윤 전 대통령의 내란우두머리 및 직권남용 혐의에 대해 수사할 권한이 있다고 판단했다. 헌법 제84조의 '불소추 특권'에 따라 대통령에 대한 강제수사도 안 된다는 윤 전 대통령 측 주장에 대해 재판부는 세 가지 이유를 들어 공수처 수사는 적법하다고 봤다.

첫째, 대통령의 헌법상 특권은 삼권분립 원칙을 고려할 때 엄격히 해석해야 한다. 둘째, 헌법 제84조는 형사상 소추를 받지 않는다고 규정할 뿐 대통령에 대한 수사를 제한하고 있지 않다. 셋째, 수사기관의 수사는 반드시 형사 소추를 전제하는 게 아니므로 형사 소추와 수사는 분명히 구분된다.

이에 따라 재판부는 "공수처가 현직 대통령이었던 윤 전 대통령의 직권남용 혐의 수사를 할 수 있다고 보이고, 공수처의 수사는 헌법 제84조를 위반했다고 볼 수 없다"고 결론 내렸다.

또 재판부는 직권남용 혐의를 수사하는 과정에서 관련 범죄로 내란우두머리 혐의 수사도 착수한 것으로 볼 수 있다고 봤다. 그러면서 서울서부지법의 체포영장 등을 통해 "피고인의 직권남용 혐의나 내란우두머리 혐의 사실관계가 동일함을 전제로 한다"며 "직권남용과 내란우두머리 혐의는 '직접성'을 인정할 수 있다. 나아가 수사 대상이 동일하고 내란우두머리 범죄 특성상 신속한 수사를 통해 정의를 실현할 필요도 있다는 점을 종합적으로 고려하면 '관련성' 역시 인정된다"고 설명했다.

윤 전 대통령 측은 서울서부지법에서 발부한 체포영장이 위법하다고 주장했는데, 재판부는 "피고인의 범행은 서울 용산구에 위치한 대통령실에서 이뤄졌고, 수사 당시 피고인은 서울 용산구 공관촌 내 대

통령 관저에 거주했으므로, 서울 용산구를 관할하는 서울서부지법에 관할이 인정된다"고 판단했다.

그러면서 재판부는 2017년 8월 국정원 댓글 여론조작 및 대선 개입 사건의 파기환송심 판례를 인용했다. 당시 국정원 사건의 수사팀장은 윤 전 대통령이었다. 내란 혐의로 재판에 넘겨진 윤 전 대통령에 관한 판단을 내릴 때 '검사 윤석열'이 관여한 사건의 판례를 이용한 것이다.

또 재판부는 2025년 1월 3일 공수처의 체포영장 1차 집행도 적법 했다고 판단했다. 즉 "국회에서 탄핵 소추가 의결돼 대통령의 권한 행 사가 정지된 피고인을 내란우두머리 및 직권남용 혐의로 체포하는 것 이 '국가의 중대한 이익을 해하는 경우'에 해당한다고 볼 수 없다"며 "경호처는 체포영장 집행이 '국가의 중대한 이익을 해하는 경우'에 해 당한다는 점을 구체적으로 소명하지도 않은 점을 보면 책임자는 (체포영장 집행을) 승낙해야 한다"고 봤다.

또 윤 전 대통령이 경호처의 김성훈 차장, 이광우 경호본부장과 함께 공모해 공수처 체포영장 집행을 저지하려고 경호처 직원들에게 의무 없는 일을 하게 했다고 판단했다. 재판부는 "피고인은 비상계엄 해제 이후부터 수사기관의 수사에 응할 수 없다는 입장을 경호처 간부들에게 여러 차례 밝혔고, 피고인 입장은 2025년 1월 3일 공수처 영장 집행이 저지된 후에도 그대로 유지됐다"며 "피고인은 공수처에 겁을 주기 위해 위력 순찰을 지시했고, 김성훈 차장 등은 위력 순찰을 실제 지시했다"고 설명했다.

② '국무위원 심의·의결권 침해' 유죄

재판부는 헌법재판소의 탄핵심판 결정문을 참조해 국무회의와 국무위원의 의미를 강조했다. "국무회의는 대통령이 정책을 결정하기에 앞서 다양한 관점과 이익을 반영한 논의가 이뤄지도록 함으로써 정책 결정에 신중을 기하고 대통령의 전제나 독선을 방지하는 것에 의의가 있다"며 "모든 국무위원은 국무회의 구성원으로서 국정을 심의할 권한을 가진다고 봐야 한다"고 규정했다.

특히 비상계엄과 같이 국가긴급권이 발동될 때 통제 수단으로서 국무회의의 중요성을 지적했다. "헌법이 계엄 선포를 위해 필수적으로 거쳐야 할 사전 절차로서 국무회의 심의를 규정한 건 대통령으로 하여금 국무위원들의 다양한 관점과 의견을 듣도록 해, 대통령의 독선 내지 독단에 대한 국가긴급권으로 발생할 수 있는 국가권력 남용 및 국민 기본권 침해를 방지하기 위한 것이다."

윤 전 대통령은 국무위원의 심의권이 존재하지 않는다고 주장했으나 재판부는 받아들이지 않았다. 재판부는 "국무위원의 심의권은 그 자체로 헌법상 보호돼야 하는 것"이라고 지적했다.

또 재판부는 국무위원 전원 소집도 필수 요건이라고 판단했다. 즉 "피고인이 (계엄 직전 국무회의에 참석하지 못한) 국무위원 7인에 대한 국무회의 소집 통지를 하지 않아 국무위원들을 참석하지 못하도록 한 행위는 직권을 남용해 각 국무위원의 심의권을 침해한 행위에 해당한다"며 "피고인의 고의도 인정되며 직권남용죄를 구성한다고 보는 게 타당하다"고 적었다. 그러면서 "국무위원 전원에게 소집 통지를 하지 못할 정도로 긴급성과 밀행성이 요구되는 상황이 존재한다고 보기 어렵다"고 덧붙였다.

또 재판부는 '내란죄 실행 착수' 시점을 비상계엄 선포 때로 봤다. 윤 전 대통령은 '체포방해 혐의' 공소사실은 내란죄에 흡수돼 별도의 죄가 되지 않는다고 주장했다. 하지만 재판부는 윤 전 대통령이 주장한 '이중기소'는 아니라고 봤다.

재판부는 "계엄 선포가 계엄군 배치 등 후속 조치와 불가분적으로 이어져 폭동으로 협박 행위가 될 수 있다고 판단해 내란죄 실행 착수로 평가될 여지가 있음은 별론으로 하더라도, 윤 전 대통령이 국무회의 소집한 행위는 계엄 선포 전에 이뤄진 것으로 헌법 및 관계 법령이 규정하는 계엄 선포에 필요한 사전 절차인 국무회의 심의를 거치기 위한 것에 불과하다"고 설명했다. 이어 "윤 전 대통령의 국무회의 소집은 (계엄 선포 및 후속 조치가 내란죄에 해당한다고 보더라도) 내란죄의 실행 착수 전 단계에서 행한 것이다"고 판단했다.

③ '계엄선포문 사후 작성·폐기' 유죄

비상계엄 이후에 계엄선포문을 작성하고 폐기한 혐의에 대해서도 유죄로 인정했다. 재판부는 판결문에 12·3 비상계엄 선포문을 전두환 씨가 주도했던 1980년대 두 차례의 계엄선포문과 나란히 제시했다. 재판부는 2024년 12월 3일 계엄선포문과 1980년 5월 17일, 같은 해 10월 16일 두 차례에 나온 계엄선포문을 비교하며 "제목과 내용, 구조와 형식 등이 매우 흡사하다"며 "(12·3 비상계엄의) 각 문서는 계엄 선포와 관련해 헌법 제82조에서 정한 절차적 요건인 문서주의(대통령의 국법상 행위는 문서로써 행함)와 부서 제도(국무총리와 관계 국무위원이 부서함)를 충족했다는 점을 증명한다"고 평가했다.

이어 재판부는 "(12·3 비상계엄) 문서의 기재 형식과 내용, 과거 비상계엄 선포와 관련해 작성된 문서와 형식적·내용적 유사성 등을 종합하면, 강의구 전 대통령실 부속실장은 12·3 비상계엄이 절차적 요건을 갖췄다는 점을 증명하기 위해 문서를 기안했고, 피고인 스스로도 이 문서가 국무총리와 국무위원의 부서를 받은 문서라는 점을 충분히 인지하면서 서명했다"고 판단했다.

재판부는 12·3 비상계엄 선포문을 허위 공문서로 규정했다. 2024년 12월 6일 작성돼 그다음 날 윤 전 대통령의 서명이 이뤄졌지만, 마치 12월 3일에 작성돼 국무위원 서명이 이뤄진 것처럼 기재됐기 때문이다. "실제로는 피고인이 계엄을 선포하기 이전에 관계 국무위원의 부서가 이뤄지지 않았는데도 불구하고, 문서에는 계엄 선포 이전에 국방부 장관과 국무총리의 부서가 이뤄진 것처럼 기재돼 있으므로 문서 내용은 허위다."

또 "윤 전 대통령은 강 전 실장이 가져온 문서를 보고 서명했고, 서명 당시 강 전 실장에게 '날짜가 지났는데 괜찮겠냐?'라는 취지로 말했다"며 "기재된 작성 및 결재 일자와 실제 작성 및 결재 일자가 상이하다는 점을 명확히 인식해 허위공문서작성죄의 고의가 있었다고 충분히 인정된다"고 덧붙였다.

윤 전 대통령 측은 12·3 비상계엄 선포문이 대통령기록물도 아니고, 공용서류도 아니어서 폐기도 죄가 되지 않는다고 주장했다. 하지만 재판부는 "해당 문서가 '문서주의'와 '부서제도'를 증명하기 위한 문서라는 점을 인식하며 서명하고 결재했기 때문에 대통령기록물로 생성됐다고 보는 것이 타당하다"며 "공용서류에 해당하고 폐기한 행위는 공용서류무효죄를 구성한다"고 지적했다.

윤 전 대통령은 계엄 선포와 같은 긴급한 경우 사후 부서가 가능하다고 주장했지만, 재판부는 오히려 윤 전 대통령이 강조한 '메시지 계엄' 주장과 모순된다고 지적했다. 즉 "윤 전 대통령은 평화적 계엄, 이른바 '메시지 계엄'을 선포하려 했다고 주장하는데, 계엄 선포 이전에 국무총리 및 관계 국무위원들의 사전 부서를 거치지 못할 정도로 긴급성 및 보안성이 요구되는 상황으로 보기 어렵다"며 "긴급하고 보안이 필요한 상황이었기 때문에 사후 부서가 가능하다고 생각했다는 윤 전 대통령 주장과 서로 모순된다"고 꼬집었다.

한편 강실장은 헌법재판소 탄핵심판에선 한총리로부터 문서 폐기 요청을 받고 윤 전 대통령에게 보고한 뒤 폐기했다고 진술했지만, 윤 전 대통령의 체포방해 혐의 형사재판에선 대통령에게 보고하지 않고 폐기했다고 증언했다.

재판부는 진술을 번복한 강실장의 형사재판 증언의 신빙성이 낮다고 판단했다. 즉 "문서 폐기일로부터 2개월가량 경과한 때 진술은 폐기 후 6개월 또는 1년 가까이 지난 법정 증언보다 생생한 기억에 기반한다고 보는 것이 일반적인 경험칙에 부합한다"며 "대통령 서명을 받아 작성한 문서를 대통령에게 사전 보고조차 없이 임의로 폐기하는 건 상식적으로 납득하기 어렵고, 대통령을 보좌하는 업무를 담당하고 있었다는 점을 고려하면 더욱 그렇다"고 꼬집었다. 이어 강실장과 한총리, 윤 전 대통령 등이 문서를 폐기하기로 공모했다고 인정했다.

다만 허위 공문서를 행사한 혐의는 무죄라고 판단했다. 재판부는 "강 전 실장이 문서를 폐기하기 전까지 다른 사람에게 제시하거나 외부에 제출하지 않았다"며 "사무실 서랍 속에 허위 공문서를 넣어둔 것만으로 문서에 대한 공공 신용을 위태롭게 하는 행위가 존재했다고 보기 어렵다"고 설명했다.

④ '비화폰 통신기록 삭제 지시' 유죄

공수처 등 수사기관의 수사에 대비해 군사령관들의 비화폰 기록 삭제를 지시했다는 부분도 직권남용죄에 해당한다고 판단했다. 먼저, 김성훈 당시 경호처 차장이 김대경 경호처 지원본부장에게 비화폰 통신기록을 삭제하라고 지시한 건 직권남용이라고 봤다.

재판부는 "이러한 지시(김성훈 차장의 통신기록 삭제 지시)는 내란 우두머리 혐의 등 수사를 받고 있는 윤 전 대통령의 사적 이익을 추구할 목적에서 이루어졌음이 분명하다"며 "이는 적법한 수사 활동을 방해하는 것이다"고 지적했다.

비록 김대경 본부장이 지시한 조치들을 이행하지 않았으나 결과가 발생하지 않았더라도 김차장의 직권남용죄는 성립한다고 봤다. 재판부는 "대통령경호법에서 금지하는 직권남용죄는 형법상 직권남용죄와 달리 '결과 발생'을 요구하지 않는다고 해석하는 게 타당하다"고 설명했다.

이어 재판부는 윤 전 대통령이 김차장에게 직권을 남용하도록 교사했다고 판단했다. 윤 전 대통령이 김차장에게 곽종근·이진우·여인형 전 사령관이 수사받는 상황을 거론하며 비화폰에 대한 삭제 조치를 지시한 점을 들어, 재판부는 "윤 전 대통령의 지시 내용과 당시 상황을 보면, 비화폰 관련 지시는 윤 전 대통령과 군 사령관들에 대한 수사에 대비하기 위한 것으로 보인다"고 봤다.

그러면서 "윤 전 대통령은 김성훈으로부터 '증거인멸 우려가 있다'는 보고를 받았는데도 '그래서 비화폰이지'라면서 비화폰 관련 조치를 재차 지시했다"며 "이런 지시는 수사기관이 비화폰을 열어볼 수 없도록 조치하라는 것이다"고 결론 내렸다.

⑤ '허위 공보' 무죄

외신대변인을 시켜 '의원들의 국회 출입을 통제하지 않았다', '국정 마비 상황을 타개하기 위한 계엄이었다'는 내용의 거짓 보도자료를 작성하게 했다는 혐의는 무죄가 나왔다.

재판부는 "대통령비서실 소속 비서관은 대통령 직무를 보좌하는 자로서, 상관인 대통령의 직무상 명령을 준수하고 복종할 의무가 있다"며 "소속 비서관이 '사실에 터잡아 업무를 수행해야 할 의무'가 있다고 볼 만한 근거 규정을 찾을 수 없다"고 설명했다.

이어 하태원 전 대통령실 외신대변인에 대해 재판부는 "PG의 내용은 '대통령실 입장'을 설명하는 것을 본질로 하는 것이므로, 대통령의 주관적 입장이나 견해, 판단이 주를 이룰 수밖에 없다"며 "대통령이 전달을 요청한 입장 내용 중에 사실관계와 일치하지 않는 내용이 있는지 여부까지 판단할 권한 또는 의무가 없다"고 판단했다.

그리고 재판부는 윤 전 대통령이 "일신의 안위와 사적 이익을 위해 경호처 공무원들을 사실상 사병화했다"고 질타했다. 그렇게 "엄중한 처벌이 필요하다"고 지적하면서도 다만 "형사처벌을 받은 전력이 없는 초범인 점을 유리한 정상으로 참작했다"며 징역 5년을 선고했다.

1시간 선고 시간 동안 윤 전 대통령은 구형 때와는 사뭇 다른 모습이었다. 변호인과 대화를 나누지도 않고 가만히 앉아 눈을 깜박이기만 했다. 재판부가 각 혐의에 대해 연이어 유죄를 선고하자 얼굴이 붉어질 뿐이었다.

'징역 5년' 주문이 낭독된 뒤 그는 붉어진 얼굴로 재판부를 향해 짧게 고개를 숙였다. 피고인 대기실로 가던 그는 잠시 재판부를 향해 다시 인사하고 법정을 나섰다. 며칠 뒤 양측 모두 항소를 제기했다.

'국무회의 개최는 나의 판단'

위증 혐의 1차 공판준비기일

"그런 생각 안 한 것이 제일 문제였다"

2026년 1월 20일 중앙지역군사법원에서 열린 이상현 전 특전사 1공수여단장과 김현태 전 707특임단장에 대한 내란중요임무종사 혐의 재판에 곽종근 전 특전사령관이 증인으로 출석했다.

곽사령관은 "대통령과 국방장관의 계엄 관련 명령이 합법적이라고 생각했냐?"는 이여단장 변호인의 질문에 "당시는 그런 생각 안 한 것이 제일 문제였다"며 "그런 생각을 안 거친 것은 제 실수가 맞다"고 답변했다. 이어 "위법, 적법 판단을 못 하고 (부하들을) 출동시킨 것은 뼈아프게 잘못했다", "그 부분 때문에 부하들에게 미안하고, 뼈아프다. 미안한 마음, 한이 없다"고 말했다.

이여단장에게 민주당사로 출동하라는 명령을 하달했는지를 묻는 질문엔 "제 기억엔 했다"고 답했다. 그러면서 "이 전 여단장은 민주당사로는 출동하지는 않았다"고 밝혔다. 이여단장 변호인이 재차 묻자,

다시 "제 기억으론 민주당사로 (병력을) 보내라고 했다"고 밝혔다.

"파쇄 문건 많았다"

1월 20일 김용현 전 장관의 위계에 의한 공무집행방해 및 증거인멸 혐의 7차 공판엔 전 국방부장관 공관관리관 문 모 씨와 김장관의 운전기사로 수행한 양 모 씨가 나왔다.

우선 문씨는 비상계엄 선포 직후인 2024년 12월 4일부터 12월 8일까지 장관 공관 인근에서 파쇄한 봉지를 봤다고 진술했다. 그는 "분리수거장에서 봤다"며 "봉지 수는 기억나지 않는다. 평소보다 많았던 기억이 있다"고 밝혔다. "평소보다는 양이 많아 세절을 많이 했다고 생각했다."

이어 증언을 시작한 양씨는 노상원 전 사령관을 차량에 태워 국방부장관 공관으로 데려왔다고 말했다. 그에 따르면 노씨는 계엄 선포 전날인 12월 2일에 공관에 왔고, 계엄 당일인 12월 3일엔 오전 6~7시 태워 공관으로 데려왔다고 밝혔다. 노씨가 평일 오전에 공관을 방문한 건 그때가 처음이라고 설명했다.

양씨는 김장관이 비상계엄 직후 문서 파쇄를 지시했다고 증언했다. 그러면서 "세절통이 4~5통이 찼다", "(비닐봉지는) 3~4개 정도였다"고 진술했다.

또 그는 2024년 12월 5일에 있었던 김장관의 노트북 및 휴대전화 폐기 지시를 상세히 말했다. 즉 "(김장관이) 휴대전화 폐기를 지시하자, 제가 '이것도요?', '제가 쓰면 안 되나요?'라고 묻기도 했다"며 "(김장관이) 업무폰이라 폐기하라고 해서, 생각할 겨를도 없이 망치로 부수었다"고 설명했다. 그는 휴대전화와 노트북은 공관 본관 뒤에서 폐기했으며, 둘 다 망치로 부수고, 휴대전화는 펜치로도 부쉈다고 덧붙였다.

'위증 혐의' 첫 재판

1월 21일 서울중앙지법 형사합의32부(재판장 류경진)는 윤 전 대통령의 위증 혐의 사건 1차 공판준비기일을 열었다. 윤 전 대통령은 재판에 나오지 않은 가운데 변호인이 "윤 전 대통령은 처음부터 국무회의를 열 의사로 국무위원들을 소집했다는 입장이다"며 혐의를 전면 부인했다. 그러면서 "처음부터 국무회의를 할 의사로 소집했고, 김용현 전 장관의 증언과 피의자 신문조서를 보면, 자신(김용현 장관)이 윤 전 대통령에게 처음부터 국무회의가 필요하다고 건의했고, 대통령도 국무회의 필요성을 알고 있었다고 했다"고 강조했다.

또 윤 전 대통령 측은 "특검팀이 내란우두머리 혐의 사건 공소장에는 윤 전 대통령이 처음부터 국무회의를 열 의사가 있었다고 기재했는데, 그런데 이 사건에선 그럴 의사가 없었다고 기소한 것이다"고 설명했다.

재판부는 주요 증거가 다른 사건 재판에서 나온 진술과 증언인 만큼 별도의 증인신문은 하지 않고 재판을 신속히 마무리하겠다고 밝혔다. 그러면서 앞으로 4월 16일 1차 공판기일에 구형과 양측 최종 의견을 듣는 결심까지 진행하겠다고 안내했다.

박성재 전 장관 첫 공판

1월 26일 서울중앙지법 형사합의33부(재판장 이진관)는 내란중요 임무종사 등 혐의로 재판에 넘겨진 박성재 전 법무부 장관과 위증(국회증언감정법 위반) 혐의로 기소된 이완규 전 법제처장의 1차 공판기일을 진행했다.

특검 측에 따르면 박장관은 비상계엄을 선포하는 과정에 핵심적 역할을 한 혐의를 받는다. 계엄이 선포된 뒤 출국금지 조치에 대비해 담당자를 대기시키고, 수용 공간 확보를 위해 교정시설의 수용 여력을 파악하라고 지시하고, 계엄사령부 합동수사본부에 검사 등 인력을 파견하라고 지시함으로써 윤 전 대통령으로부터 지시받은 계엄 임무를 실질적으로 뒷받침했다는 게 특검 측의 설명이다.

또 그는 김건희 씨로부터 수사 관련 청탁을 받고 해당 사건을 무혐의 처분하게 한 혐의도 받는다. 비상계엄 선포 다음 날, 비상계엄을 합리화·정당화하는 논리를 마련하라며 법무부 간부들에게 관련 문건을 작성하라고 지시한 혐의도 포함됐다.

박장관은 공소사실을 전부 부인했다. 박장관 측은 "피고인은 비상계엄 선포 당시 국무위원으로서 적극적으로 반대하고 만류했지만, 윤 전 대통령은 이런 반대를 무릅쓰고 비상계엄을 선포했다"며 "비상계엄 내용이나 실행 계획을 전혀 알지 못했고, 계엄 선포 비상 상황에서 장관으로서 소속 공무원들로 하여금 혼란 방지를 위해 무엇을 해야 하는지 함께 의논했고, 비상계엄을 옹호하거나 실행에 관여한 게 없다"고 반박했다.

'김건희 여사 관련 수사 무마' 의혹과 '특검법 입법 저지' 의혹에 대해서도 "사적인 목적의 직무 수행은 전혀 없었고, 정상적인 행정 업무를 특검이 정치공동체라는 허구적 개념으로 왜곡하고 있다"고 맞섰다.

또 계엄 당일 대통령실 CCTV 영상 등을 근거로 "영상을 보면 피고인이 한덕수 전 총리를 손짓으로 부르며 대통령을 만류하러 가는 것으로 보인다"고 주장했다. 이어 "박 전 장관이 계엄에 동조하거나 계엄 관련 문서를 전달받은 사실은 없다. 내란중요임무종사나 직권남용을 인정할 증거가 전혀 없다"고 덧붙였다.

이처장 측은 혐의를 전면 부인할 뿐 아니라 위증 혐의는 특검법상 수사 대상에 해당하지 않는다며 공소기각을 주장했다. 그는 2024년 12월 국회 법제사법위원회에 출석해, 계엄 해제 직후 삼청동 안가에서 박성재 장관, 이상민 장관, 김주현 민정수석 등과 만난 이른바 '안가 회동'에서 계엄 논의가 없다는 취지로 위증한 혐의를 받는다.

'정치자금법 위반' 첫 재판

1월 27일 서울중앙지법 형사합의33부(재판장 이진관)는 정치자금법 위반 혐의로 재판에 넘겨진 윤 전 대통령과 명태균 씨의 1차 공판준비기일을 진행했다.

피고인들이 법정에 나오지 않은 가운데 양측은 별도의 입장을 밝히지 않았다. 재판부는 도이치모터스 주가조작 및 통일교 금품 수수 혐의, 명태균 관련 무상 여론조사 혐의 등으로 기소된 김건희 씨의 1심 선고와 관련해 "이 사건 관련한 선고가 내일(1월 28일) 있는 것을 알고 있다"며 "선고 내용을 확인해 적절히 변론을 진행하면 될 것 같다"고 언급했다.

노상원 2심도 징역 3년 구형

같은 날 서울고등법원 형사3부는 노상원 전 사령관의 개인정보보호법 위반 및 알선수재 혐의 결심 공판을 열고 변론을 종결했다. 특검 측은 1심에서 징역 2년 실형을 선고받은 노씨에게 또다시 징역 3년을 구형했다. 그러면서 "노 전 사령관의 범죄는 비상계엄이 선포 단계에 이를 수 있게 하는 중요한 동력이 됐다", "그럼에도 전혀 반성하지 않고 후배 군인들에게 책임을 떠넘기고 있어 엄벌이 필요하다"고 구형 이유를 설명했다.

노씨 측은 "노 전 사령관은 김용현 전 국방부 장관과 대등한 지위에 있지 않아 독자적인 의견을 가질 수 없다"며 "명을 따르는 입장"이라고 반박했다. 또 구속 기한 만료를 열흘 앞두고 추가 기소한 것은 공소권 남용이라고 주장했다.

내란전담재판부 2곳 지정하기로

1월 29일 서울고등법원은 전체판사회의를 열고 형사항소재판부 가운데 2곳을 내란 사건을 맡을 전담재판부로 지정하기로 결정했다. 전담재판부는 법조 경력 17년 이상, 법관 재직 기간 10년 이상의 서울 고등법원 부장판사 또는 고등법원 판사로 구성된 형사항소재판부 중에서 지정된다.

내란전담재판부 설치법에 따르면 전담재판부는 판사 3명의 대등 재판부로 구성하게 돼 있다. 대등재판부는 중견 판사들이 대등한 위치에서 사건을 합의하는 구조다. 서울고등법원은 곤란한 사유가 있는 재판부는 지정 대상 재판부에서 제외하기로 하고, 지정 대상 재판부가

2곳 이상일 때는 판사회의에서 추첨해 정하기로 했다.

또 1월 30일 대법원 법원행정처는 내란전담재판부 설치법의 취지에 따라 관련 예규를 수정했다.

다른 법정, 직접 감치 지휘

2월 3일, 서울중앙지법 형사합의34부(재판장 한성진)는 김용현 전 장관의 위계에 의한 공무집행방해 및 증거인멸교사 혐의 8차 공판을 열었다.

재판이 끝난 직후인 오후 4시 20분, 김장관 변호인에 대한 감치가 집행됐다. 그 사건은 지난 2025년 11월 19일, 서울중앙지법 형사합의 33부에서 한덕수 전 총리의 내란 혐의 재판을 진행할 때 일어난 것으로, 해당 재판부의 재판장으로 감치를 선고한 이진관 부장판사가 그날 법정 경위들과 함께 들어와 직접 감치를 지휘했다. 이번 감치는 지난 법정에서 소란이 일어난 지 2개월 반 만에 집행됐다.

변호사가 법정 질서 위반으로 감치되는 것도 이례적이지만 감치를 선고한 재판장이 다른 법정에까지 와 집행을 지휘하는 것도 드문 일이다. 함께 감치 명령을 받은 또 한 명의 변호사는 그날 재판에 나타나지 않아 잠시 구금을 피했다.

김장관 변호인 측은 즉시 대법원에 집행정지를 신청했다. 그날 감치된 변호사의 구금 기간은 2026년 2월 16일까지였다. 법정에 나타나지 않은 다른 변호사는 감치 재판에서 재판장을 모독했다는 이유로 앞서 감치된 변호사보다 5일 많은 감치 20일을 선고받았다.

조태용 원장 첫 공판

2월 4일 서울중앙지법 형사합의32부(재판장 류경진)는 조태용 전 국정원장의 직무유기 및 증거인멸 등 혐의 첫 공판을 진행했다.

조원장 측은 "검사는 마치 조원장이 계엄 자체가 내란이라는 것까지 인식했고, 내란을 공모하고 실행 행위나 실행 계획까지 상세히 모의한 후에 윤석열 전 대통령을 비호하기 위해 범죄를 저질렀다고 하는 것 같다"며 "상상을 기반으로 기소해야 하면 직무유기가 아니라 내란 중요임무종사로 기소했어야 한다"고 말했다. 그러면서 "이것만 보더라도 검사의 주장이 얼마나 허약한 것인지 한눈에 알아볼 수 있다"고 주장했다.

또 조원장 측은 계엄이 돌발적으로 선포돼 국회와 언론을 통해 상황이 공개적으로 전파된 만큼, 조원장에게 곧바로 국회에 보고해야 할 의무가 성립하기 어려웠다고 밝혔다. 홍장원 전 국정원 1차장의 '정치인 체포 지시 보고'도 "정치인 체포가 구체적으로 실행될 것이라 전달한 게 아니라, 출처가 불명확한, 단정하기 어려운 발언으로 인식됐다"고 설명했다.

홍차장의 비화폰 정보를 삭제한 혐의에 대해선 통상적인 보안 조치로 이해했을 뿐 증거를 없애려는 고의는 없었다고 말했다. 위증 혐의에 대해선 "서류가 비상계엄 관련 문건, 단전 단수 관련 문건이라는 점을 보거나 인식하지 못했다"며 "사후적으로 원탁에 종이가 존재했다는 점이 (대통령실) CCTV로 확인됐다고 하더라도, 증언 당시에 특정해서 기억한 것도 아니기 때문에 기억에 반해 허위로 진술했다고 볼 수도 없다"고 밝혔다.

재판부는 2026년 3월 말에서 4월 초 사이에 변론을 종결하는 것을 목표로 증인신문을 진행하겠다고 밝혔다.

내란전담재판부 확정

2월 5일 서울고등법원은 무작위 추첨을 통해 서울고등법원 형사 1부와 형사12부가 내란전담재판부로 지정됐다고 밝혔다. 내란전담재판부는 윤 전 대통령의 내란우두머리 혐의 1심, 윤 전 대통령의 체포방해 혐의 1심, 한덕수 전 총리의 내란중요임무종사 1심 등에 대한 항소심을 담당한다.

이를 위해 3차례에 걸쳐 서울고등법원 전체판사회의가 열렸다. 총 16곳 형사 항소심 재판부 중에서 피고인들과 친분이 있는 판사가 속해 있는 재판부 3곳을 제외한 다음 무작위 추첨을 돌렸다.

두 재판부에서 담당하던 이전 사건은 다른 재판부로 재배당되고, 2월 23일 법원 인사 이후 '내란전담재판부'로서 공식 업무를 시작했다.

박종준 경호처장 1차 공판

2월 6일 서울중앙지법 형사32부(재판장 류경진)는 박종준 전 경호처장의 증거인멸 혐의 사건 첫 공판을 열었다. 박처장은 계엄 이후 윤 전 대통령과 홍장원 전 국정원 1차장, 김봉식 전 서울경찰청장 등의 비화폰 정보를 '원격 로그아웃'을 통해 임의로 삭제한 혐의를 받는다.

특검 측은 홍차장이 2024년 12월 6일 국회에 출석해 윤 전 대통령의 정치인 체포 지시 등을 폭로한 직후 비화폰 정보가 삭제된 점을 근거로 들어, 박처장이 윤대통령의 내란 형사사건 관련 증거를 없앨 목적이었다고 봤다.

박처장 측은 "김청장의 비화폰 정보 삭제는 비화폰 반납에 따른 통상적 조치였고, 윤 전 대통령과 홍 전 차장의 비화폰 기록과 관련해선 홍 전 차장의 보안 사고에 의한 조치였을 뿐"이라며 증거인멸 의도는 없었다고 주장했다. 그러면서 "홍 전 차장이 국회에서 비화폰 통화 내역 화면을 제시하면서, 언론에 윤 전 대통령의 비화폰 아이디와 통화 기록이 노출되는 보안 사고가 발생했다"며 "이후 국정원 비화폰 담당자가 경호처 담당자에게 전화해 '보안 조치가 필요할 것 같으니 확인해보라'고 했다"고 설명했다. 또 "비화폰을 사용하고 있다는 것 자체가 국가 기밀"이라고 말했다.

한편 재판부는 "(2026년) 4월 초에 가급적 변론 종결을 목표로 하고 있다"고 밝혔다.

지귀연 부장판사, 1심 선고 후 북부지법으로

2월 6일 대법원은 지방법원 부장판사 이하 법관 정기 인사를 발표했다. 2월 23일자로 인사이동이 이뤄지는 정기 인사에 따라 지귀연 부장판사는 서울북부지법으로 발령 났다. 그는 2월 19일 내란 관련 병합 사건의 1심 선고를 한 뒤 서울북부지법으로 자리를 옮기기로 했다.

김건희 씨의 도이치모터스 주가조작 의혹 등 사건의 1심을 맡은 우인성 재판장, 한덕수 전 총리의 내란중요임무종사 등 혐의 1심을 맡은 이진관 재판장, 윤 전 대통령의 체포방해 등 혐의 1심을 맡은 백대현 재판장, 이상민 전 장관의 내란중요임무종사 등 혐의 1심을 맡은 류경진 재판장 모두 서울중앙지법에 남았다.

"계엄을 반대한 게 맞냐?"

2월 9일 박성재 전 장관의 내란중요임무종사 등 혐의 2차 공판에서 이진관 재판장은 박장관에게 "12·3 비상계엄을 반대한 게 맞냐?"고 물었다.

박장관은 "대통령 집무실에서 계엄 문제를 이야기하면서 (반대 의견을) 말씀을 드렸다"며 "이후 대접견실 CCTV를 보니 기억하지 못한 여러 행동으로 만류하는 모습이 있었다"고 설명했다. "제가 조사받을 때 그 말을 안 해서 여러 고통을 겪었지만, 계엄 선포의 여러 문제점을 이야기하면서 반대한 건 사실이다."

재판장이 "왜 반대한 것이냐?"고 묻자, 그는 "당시 법률 조항 하나하나를 따져 말하진 못했지만, 계엄으로 해결할 상황이 아니라고 판단했다"고 답했다. 이어 재판장이 "비상계엄을 할 요건에 해당하지 않다고 생각하냐?"고 질문하자, 그는 "법률적으로 하나하나 따져서 말하지 못한 건 아쉽고 유감스럽게 생각한다"고 밝혔다.

그러자 재판장은 "경황이 없다는 식으로 말하는데, 그럼, 지금은 어떤가. 12·3 비상계엄은 요건을 갖추고 있냐?"고 물었고, 그는 "이후 상황 보면, 법률적 요건을 제대로 갖추지 못했다고 생각한다"고 답했다.

재판장은 계속 날카롭게 파고들었다. "당시에는 법률적 요건을 갖추지 못했다는 걸 알지 못했냐, 갖추고 있다고 생각했냐?"고 추궁하자, 박장관은 "제가 판단할 상황에 있지 못했다"고 덧붙였다.

다시 재판장이 "그럼, 비상계엄에 반대한 게 법적 문제 때문이냐, 정치적 상황 때문이냐?"고 묻자, 그는 "법률적 조건을 하나하나 말씀드려야 했는데, 그날 그렇게까지 하지는 못했다"며 "대통령께서 우려하던 여러 상황을 고려했을 때 '지금 계엄을 해서는 안 된다. 상황을 해결할 수 없다'며 계엄을 막는 데 주력했다"고 대답했다.

이에 재판장은 "그런 말은 여러 가지로 이해될 수 있다. '법적 문제는 없지만 정치적 상황은 아니다'는 뜻일 수도 있고, '법적인 문제가 있다'고 생각해 말할 수도 있다"고 밝혔다. 박장관은 "계엄은 안 된다고 말했지만 나머지 상황은 알지 못했다"고만 진술했다.

이후 증인으로 나온 류혁 전 법무부 감찰관은 비상계엄 당일 비상 간부회의가 열렸다고 밝혔다. 그는 "한번 들어갔을 때는 출입국본부장과, 또 다른 때에는 교정본부장과 피고인(박장관)이 대화 중이었다"고 말했다. 그러면서 "제가 들어갔을 때 피고인이 얘기를 끊었다", "제가 '이게 계엄 관련 회의이면 명령이나 일체의 지시를 내려도 따를 생각이 없다'고 말하자 박장관이 '그렇게 하세요'라고 말했다"고 증언했다.

곧바로 사직서를 작성한 류감찰관은 다시 회의실에 들어가 "계엄이 뭡니까!"라고 말하고 나왔다고 설명했다. 이어 "그 상황에서 '계속 이런 회의 하실 거냐', '수십 년 지나고 나서 어떻게 책임질 거냐'고 말하지 못한 게 장관에게 미안한 점 중 하나다"며 "용산에서 딱 끊고 왔어야지, 법무부까지 끌고 와 회의 주재하고 있냐? 저라면 창피해서 그렇게 못 한다"고 언성을 높였다.

또 그는 "박장관의 경우 용산에서 회의에 참석했을 것이고, 거기서 국무회의가 실체적으로 제대로 개최됐는지, 논의가 충분히 이뤄졌는지 충분히 목격했을 사람이다"며 "합리적인 사람이라면 문제의식을 가졌을 것이다"고 강조했다.

박장관 측이 "판단과 추측을 얘기하고 있다"고 말하자, 류감찰관은 "의견을 물어보니 답하는 것이다"며 "(회의장에) 녹음기라도 가지고 들어갔어야 하느냐"며 언쟁을 벌였다.

'변호인 감치 선고' 특별항고 기각

2월 10일 서울중앙지법 형사합의34부는 김용현 전 장관의 위계에 의한 공무집행방해 및 증거인멸교사 혐의 9차 공판을 진행했다.

김장관 변호인단은 재판이 시작되자 2월 3일 해당 재판 직후 집행된 변호사 감치에 대해 재판부가 미리 알았는지 물었다. 감치 명령을 한 재판부는 아니지만 그 점에 대해 문제를 제기한 것이다.

김장관 측은 "2월 3일 공판 직후 변호인 한 사람이 감치됐는데 재판장님이 사전에 감치 명령 집행과 관련해 공유를 받으신 게 있는지 궁금하다"며 "어떠한 통지나 예고도 없이 변호인 중 한 사람을 감치하는 건 피고인의 이익에 반하고 방어권 보장 차원에서 옳지 않다"고 주장했다.

재판장이 "답변할 필요는 없는 사안인 것 같다"고 말했으나 김장관 측은 "변호사 감치 명령이 그전처럼 집행되는 상황에서는 자유로운 변론 분위기가 보장될 수 없다"고 말했다. 이에 특검 측이 "변호인 감치 관련 내용은 본 사건과 무관하다"고 지적하자, 김장관 측은 "검사님께 답변을 요구한 사항이 아니고 재판부에 요구한 것이다"며 언성을 높였다.

그날 증인으로 소환된 노상원 전 사령관은 증언을 거부했다. 그는 증인신문 시작에 앞서 "제가 재판 중이다. (증언이) 제 재판에 영향을 미칠 수 있기 때문에 증언을 거부하겠다. 양해해달라"고 말했다. 재판부는 논의 끝에 "(증인이) 명백하게 얘기했기 때문에 일괄 거부를 인정한다"며 증인신문 절차를 마무리했다.

앞서 2월 6일 대법원 1부(주심 노태악)는 김장관 변호인인 두 변호사가 감치 선고에 불복해 제기한 특별항고를 기각했다.

민간법원 첫 재판

2월 11일 서울중앙지법 형사합의26부(재판장 이현경)는 여인형·이진우 전 사령관들의 내란중요임무종사 혐의 공판준비기일을 진행했다. 그간 군사법원에서 재판을 받아온 그들은 국방부가 파면을 결정하면서 사건이 서울중앙지법으로 이송됐다. 이사령관은 회색 정장을 입고 직접 법정에 출석하고 여사령관은 불출석했다.

이사령관 측은 "국회에 (비상계엄) 해제요구권이 있다는 것 자체를 몰랐다"며 "당시 접한 게 없어서 국회 내에서 어떻게 대처해야 하는지 전혀 몰랐다"고 혐의를 부인했다. 여사령관 측은 기본적인 사실관계는 인정한다면서도 국헌문란의 목적이 없어 직권남용 혐의가 성립하지 않는다고 주장했다.

특검 측은 윤 전 대통령의 내란우두머리 혐의 1심 선고가 나오는 대로 그 결과를 반영해 공소장 변경을 신청하겠다고 밝혔다. 재판부는 군사법원에서 이송되는 다른 피고인들과 사건을 합쳐 3월 중순에 첫 공판을 진행하기로 했다.

다음 날인 2월 12일 해당 재판부는 마찬가지로 민간인이 되어 이송된 곽종근·문상호 전 사령관들의 공판준비기일을 열었다. 곽사령관 측은 전반적인 사실관계를 자백한 터라 혐의에 대해 법리적으로 다투지 않겠다는 입장을 밝혔다. 반면 문사령관 측은 모든 혐의를 부인했다. 즉 정보사 명단을 넘긴 혐의에 대해선 "국방부 장관이 바쁘니 적절한 절차는 아니지만 비선인 노 전 사령관을 통해 전달한다 생각했다"며 그 명단이 제2수사단 구성에 사용될지는 몰랐다는 취지로 말했다. 또 선관위 장악과 관련해선 "피고인은 선관위에 대해 무력행사를 한 적 없으며 국헌문란 목적 또한 없었다"고 말했다.

노상원 2심도 징역 2년

2월 12일 서울고등법원 형사합의3부는 개인정보보호법 위반 및 알선수재 혐의를 받는 노상원 전 사령관에게 1심의 판단을 유지한다며 항소를 모두 기각한다고 판결했다.

재판부는 노씨가 승진 청탁을 알선하는 명목으로 후배 군인들에게서 금품을 수수한 것을 인정하며 "이는 계엄 준비 상황과도 관련돼 보인다"고 판단했다. 또 그런 행위를 "계엄 상황을 염두에 둔 사전 준비 행위"로 규정했다. 다만 이 같은 양형 요소는 이미 원심 단계에서 고려됐다고 밝혔다. 앞서 2025년 12월 15일, 1심 재판부는 노씨에게 징역 2년과 추징금 2490만 원을 선고한 바 있다.

1심 무기징역 선고

'국헌문란의 목적에 해당한다'

"피고인 윤석열을 무기징역에 처합니다."

2026년 2월 19일 오후 3시 서울중앙지법 형사합의25부는 내란 관련 병합 사건의 선고 공판을 열었다. 비상계엄이 선포된 지 443일 만이다. 43번의 공판, 161명의 증인을 거쳐 계엄 상황을 확인한 재판부의 결론은 무기징역이었다.

재판부는 내란우두머리와 직권남용 혐의로 기소된 윤 전 대통령에게 무기징역을, 내란중요임무종사 등 혐의를 받은 김용현 전 장관에겐 징역 30년을 선고했다. 노상원 전 사령관은 징역 18년, 조지호 전 경찰청장은 징역 12년, 김봉식 전 서울경찰청장은 징역 10년, 목현태 전 서울경찰청 국회경비대장은 징역 3년을 각각 선고받았다. 김용군 예비역 대령과 윤승영 전 경찰청 국수본 수사기획조정관은 각각 무죄를 선고받았다.

앞서 한덕수 전 총리와 이상민 전 장관의 내란 혐의를 심리한 재판

KBS1

지귀연 서울중앙지법 형사합의25부 재판장
특집 9 KBS NEWS
피고인 윤석열을 무기징역에 처합니다.

2026년 2월 19일 내란 관련 병합 사건의 선고 공판에서 선고를 내리는 지귀연 재판장.
사진 KBS 뉴스 화면 캡처

부들에 이어, 이번 재판부도 12·3 비상계엄을 '내란'으로 인정했다. 국헌문란의 목적을 갖고 폭동을 일으켰다고 인정하고, 윤 전 대통령이 내란의 우두머리가 맞다고 봤다. 그 과정에서 군과 경찰에게 의무 없는 일을 시켰으므로 직권남용 부분도 유죄라고 판단했다. 목현태·윤승영을 제외한 나머지 피고인들에 대한 내란 혐의도 인정했다.

우선, 재판부는 검찰과 공수처의 윤 전 대통령 등에 대한 수사권을 인정했다. 재판장은 "검찰청법에 따라 검찰은 직권남용만 수사 가능하지만, 직접 관련성이 있다면 수사를 개시할 수 있다는 예외 조항이 있다"며 "공수처도 예외적으로 수사 과정에서 인지한 직접 관련성 있는 범죄에 대해 수사가 가능하다"고 말했다. 이는 2025년 3월 7일 해당 재판부가 윤 전 대통령에 대한 구속을 취소하며, 검찰과 공수처의 수사 권한에 대해 '대법원의 최종적 해석과 판단이 있기 전까지 윤 전 대통령 구속에 위법 여부를 섣불리 판단하기 어렵다'는 입장에서 변화를 보인 것이다. 이어 재판부는 검찰의 기소와 수사기관의 체포영장 집행도 적법하다고 판단했다.

① '계엄 계획' 시작은 12월 1일

재판장은 "비상계엄을 아주 치밀하게 계획을 세운 것으로 보이지 않는다"고 말했다. 비상계엄의 본격적인 준비 시점을 두고 재판부의 판단은 특검팀의 시각과 달랐다. 특검은 윤 전 대통령이 2023년 10월 이전부터 준비했다고 밝혔으나, 재판부는 이를 받아들이지 않고 비상계엄 선포 이틀 전인 2024년 12월 1일부터 계획했다고 판단했다. 일 테면 특검은 '계엄' 관련 발언이 나왔다는 모임만 9차례라고 주장했으나, 재판부는 진술이 구체적이지 않거나 한 명의 증언이라는 이유로 '계엄' 관련 발언이 4차례 있었다고 인정했다.

즉 재판부는 "윤석열과 김용현은 검사의 주장처럼 2023년부터 비상계엄 선포를 계획했던 것이 아니다", "2024년 사령관들과 모임은 단순 격려나 시국에 대한 언급을 하는 자리였지, 비상계엄을 염두에 두고 후속 조치를 논의하는 자리가 아니었다"고 평가했다. 또 "윤 전 대통령은 김 전 장관과 생각을 어느 정도 공유하면서 정치 상황에 대해 한탄하는 일이 잦았다"며 "오히려 단순한 불만을 토로하거나, 하소연, 답답함을 내비친 것으로 볼 여지가 적지 않다"고 밝혔다.

그러면서 "야당(더불어민주당)이 다수를 점한 국회가 무리한 탄핵소추 시도, 일방적인 예산안 삭감 시도 등 대통령과 정부의 활동을 사실상 무력화하고 있다'는 생각에 (윤 전 대통령이) 점차 지나치게 집착해 적어도 2024년 12월 1일 무렵에는 '더는 참을 수 없다. 무력을 동원해서라도 국회를 제압해야겠다'고 결심한 것으로 보는 것이 이 사건 실체에 부합하는 것으로 보인다"고 판단했다.

이는 단지 야당 때문이 아니라 '장기 독재'를 위해 적어도 1년 전부터 계엄을 오래 준비했다는 특검의 수사 결과와는 다른 판단이다.

특히 재판부는 2024년 국군의날 만찬 당시 "윤 전 대통령이 한동훈을 잡아 오라고 하면서 총으로 쏴서라도 죽이겠다"고 한 곽종근 전 사령관의 증언도 배척했다. 그러면서 만찬 당시 곽사령관이 술을 상당히 많이 마신 것으로 보이는 점, 술을 마시지 않은 이진우 전 사령관이 기억한 날짜가 다른 점, 여인형 전 사령관이 '한동훈' 관련 증언을 하지 않은 점 등을 고려했다고 밝혔다.

재판부는 이런 증언들을 지워나가며, 윤 전 대통령이 비상계엄을 위한 치밀한 계획을 세웠다고 보기 어렵다고 했다. "비상계엄 후 이뤄진 각종 조치를 보면 장기간 마음먹고 선포했다고 보기에는 지나치게 준비가 허술하다"며 "국회를 무력화시키는 계획 등에 대해 별다른 증거나 자료 흔적 같은 것도 찾아볼 수가 없다"고 봤다.

재판부는 비상계엄의 계획과 실제가 달랐다는 점도 짚었다. 판결문에서 재판부는 "김용현은 비상계엄이 선포되면 바로 특전사 병력이 헬기를 타고 국회로 진입해 국회의사당을 봉쇄하려는 계획을 구상했다", "그러나 곽종근이 미리 헬기를 특전사령부로 전개시키지 않았고, 헬기가 진입 승인을 받지 못해 상공에서 대기하는 등 (12월 3일) 오후 11시 49분에야 도착할 수 있었다"고 밝혔다.

이어 재판부는 "윤석열과 김용현이 구상한 계획에는 중대한 착오가 있었던 것으로 보인다"고 지적했다. 즉 "(2024년 12월 3일) 화요일 밤 10시가 넘는 시간에 국회의사당 본관 안에 상당히 많은 국회 관계자들이 남아 야근 등으로 업무를 하고 있었던 상황을 (이들이) 제대로 예상하지 못했다"고 말했다.

그리고 재판부는 판결문에 비상계엄 선포에 관한 김용현 전 장관의 진술 내용을 정리해 적었다. 그에 따르면 김장관은 "비상계엄 선포에 대해 '주말, 토요일, 일요일 새벽에 하는 것이 좋겠다'고 건의했지만, 윤대통령은 '감사원장을 탄핵하면 그냥 하는 걸로 합시다'라는 취지로 말했다"고 진술했다. 2024년 12월 2일 더불어민주당이 발의한, 최재해 감사원장에 대한 탄핵소추안이 국회 본회의에 보고됐다.

이런 점 등을 근거로 재판부는 2024년 12월 1일에 윤 전 대통령이 비상계엄 선포를 결심했다고 결론 내렸다. 즉 "마음을 먹은 정확한 시기는 파악하기 어려우나, 늦어도 2024년 12월 1일경에는 그와 같은 결심이 외부로 표출된 것으로 보인다", "12월 1일에 결심을 굳히고 세부적이고 구체적인 계획을 김용현에게 일임했다"고 판단했다.

② '노상원 수첩' 증거 안 됨

그 때문에 재판부는 윤 전 대통령의 비상계엄이 허술하고 우발적이라고 봤다. 재판부와 특검의 시선이 달랐던 큰 이유 중 하나는 '노상원 수첩' 때문이었다. 거기엔 비상계엄 계획과 함께 이재명 당시 더불어민주당 대표와 문재인 전 대통령 등 주요 정치인들을 '수거 대상'으로 언급한 메모까지 담겨 있었다. 그 내용이 윤 전 대통령 일당의 실제 계획이라면 그들이 집권에 방해가 되는 인물을 제거하고 장기 독재를 하

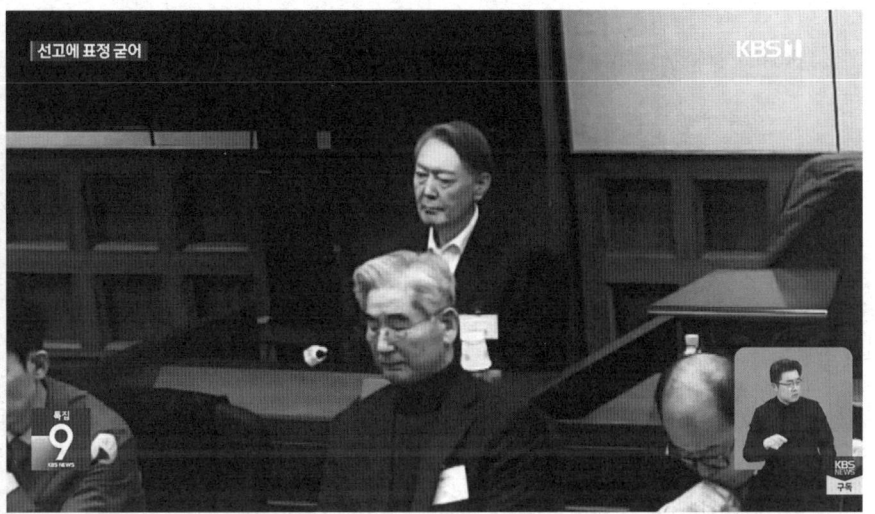

2026년 2월 19일 내란 관련 병합 사건의 선고 공판에서 윤 전 대통령과 김용현 전 장관의 모습.
사진 KBS 뉴스 화면 캡처

려 했다는 가설도 들어맞는다. 그러나 재판부는 '노상원 수첩'에 대한 신빙성에 의문을 제기하며 증거로 받아들이지 않았다. 즉 "작성 시기를 정확히 알 수 없고, 일부 내용들은 실제 이루어진 사실과 불일치하는 부분도 있다", "모양과 형상, 필기 형태, 내용 등이 조잡하고 보관 장소와 방법에 비춰 보더라도 중요한 사항이 담겨 있던 수첩이라고 보기 어렵다"고 판단했다.

특검팀은 여인형과 박안수가 수첩에 기재돼 있고 실제로 2023년 10월 군 인사에서 그들이 방첩사령관과 육군참모총장으로 임명된 점 등을 근거로 '노상원 수첩'이 그 무렵 작성됐고 계엄 모의도 최소 해당 시점부터 시작됐다고 주장했다. 하지만 재판부는 "특검의 주장은 막연하고 추상적인 주장에 불과하다"며 "여인형이 방첩사령관으로 보직됨과 동시에 곽종근, 이진우도 각 육군 특수전사령관과 수도방위사령관으로 보직됐는데, 이들에 대해선 아무런 기재가 없다"고 설명했다.

이어 재판부는 수첩이 발견된 장소도 주목했다. 재판부는 "수첩은 충청남도 노상원 모친 주거지의 책상 위에서 발견됐다"며 "만약 노상원이 2023년 10월 전부터 계획하고 김용현과 윤석열에게 전달했다면 수첩은 결정적 증거가 될 가능성이 높아 이를 수사기관이 발견하기 쉬운 주거지 책상에 그대로 두지 않았을 것이다"고 판단했다.

하지만 재판부는 노씨가 비상계엄에 깊숙이 관여했다고 인정했다. 재판부는 노씨가 34년간 군인으로 재직하고 정보사령관까지 역임한 점, 김용현 장관과 상당히 구체적으로 논의한 점, 문상호 전 사령관과 김용군 예비역 대령 등에게 정보사 요원과 군사경찰 추천을 요청한 점 등을 근거로 군이 국회 활동을 저지하고 마비시킬 것이라는 사정을 충분히 알 수 있었다고 봤다.

노씨는 계엄 선포 전날에 김용현 장관으로부터 경호처의 비화폰을 지급받았는데, 재판부는 "비상계엄 상황이 단기간에 종료될 것으로 예상했다면, 군이 비화폰을 지급받을 특별한 이유가 없다"고 평가했다. 이어 "2024년 11월경부터 국방부장관 공관에 '보안 손님'으로 출입해 김장관과 수차례 대면했다"며 "계엄 선포 당일 오전 무렵에 공관을 다시 방문해 2시간 동안 김용현을 만났고, 김용현으로부터 '오늘 계엄이 선포된다'는 말을 들었다"고 설명했다.

특히 재판부는 국회의 비상계엄 해제요구 결의안이 가결된 뒤 김용현 장관과 노씨 사이에 이뤄진 통화 내용을 주목했다. 김장관은 2024년 12월 4일 오전 1시 41분에 노사령관과 2분간 통화하면서 "응, 상원아, 이제 더 이상 어떻게 하나?"라고 말했다. 재판부는 "통화 빈도와 내용을 비춰보면, 예상과 달리 국회가 신속하게 계엄 해제요구안을 가결하자 예상치 못한 상황에 대한 대화를 나눈 것으로 보인다"고 지적했다.

③ 왜 내란인가: '절차가 아니라 목적이 문제', '군을 국회에 투입한 것이 핵심'

재판부는 윤 전 대통령이 계엄의 이유로 주장해온 '야당 탓', '부정선거 탓'은 비상계엄의 요건(국가 위기 상황)일 수 없다고 명시했다. 그러면서 대법원이 수차례 부정선거는 존재하지 않았다고 판단했다는 점도 확실히 했다. 또 비상계엄 선포를 위한 '졸속 국무회의'도 절차적으로 위법했다고 인정했다. 하지만 비상계엄 요건을 못 갖추고 절차적인 문제가 있다고 해서 이를 곧바로 '내란'이라고 할 수는 없다고 설명했다.

"비상계엄 발동의 실체적 요건을 섣불리 사법 심사 영역으로 가져오는 건 자칫 필요한 경우 (대통령의) 판단을 주저하게 만드는 저해 요소가 될 수 있다. 절차적 요건을 따지는 것도 어느 정도까지의 절차를 어기는 것이 문제가 되는지 알기 어렵다."

그러면서 판결문에 "국민에 의해 선출된 대통령은 '전시나 사변, 이에 준하는 국가비상사태'에 대한 나름의 판단을 할 수 있는 권한까지 부여받은 것으로 보인다", "요건을 갖추지 않고 비상계엄을 선포했다면 탄핵 등 정치적 책임을 부담하는 것으로 족하지, 형사 책임의 부담까지 지울 수는 없다"고 적었다.

즉 '요건을 못 갖춘 계엄 선포는 그 자체로 내란'이라는 견해를 배척하고, '비상계엄 선포 등 국가긴급권 행사에 대한 대통령의 판단은 존중돼야 한다'는 법리다. 이는 '비상계엄은 통치행위로서 사법 심사의 대상이 되지 않는다'는 윤 전 대통령의 주장과 맞닿아 있기도 하다.

하지만 재판부는 대통령이라도, 헌법에 의해 설치된 국가기관의 권능 행사를 강압으로 불가능하게 만드는 '내란' 행위를 하면 처벌할 수 있다고 전제했다. 그러면서 "행정부 수반이 군 통수권을 이용해 의회를 점령하거나 의원을 체포해 국회 기능을 상당 기간 마비시키려 했다면, 이는 국회의 권능을 침해하려는 국헌문란 목적에 해당할 수 있다"고 판단했다.

즉 비상계엄의 요건이나 절차나 주체가 문제가 아니라, 그 목적이 '국헌문란'이어야만 내란죄가 성립한다는 것. 재판부는 '윤 전 대통령의 비상계엄은 내란'이라는 결정적 증거로 계엄 포고령을 들었다. 포고령 1호의 내용인 '국회·정당·정치 활동을 전면 금지하고 이를 어길 시 처단한다'에 바로 '국회 기능을 제한하려는 목적'이 드러났다는 것. 이것이 바로 '국헌문란'에 해당한다고 판단했다.

그리고 그 수단으로 군을 국회에 투입한 것이 핵심이라고 거듭 강조했다. 재판부는 이 '군 투입'을 두고 "국회가 사실상 상당 기간 기능을 제대로 할 수 없게 만들려는 목적을 내심으로 가지고 있었음을 부정하기는 어렵다고 보인다"고 설명했다. 그러면서 윤 전 대통령이 동기나 이유·명분과 목적을 혼동했다고 봤다. 그런 까닭에 "국가 위기를 바로 잡으려는 정당성 등은 동기나 이유, 명분에 불과할 뿐이다", "윤석열과 김용현이 군을 보내 국회 활동을 마비시켜 제대로 기능을 할 수 없게 하려는 목적을 가진 것이고, 수단으로 비상계엄, 국회 봉쇄 시도는 명백하게 구분돼야 한다. 성경을 읽는다는 이유로 촛불을 훔칠 수는 없다"고 말했다.

재판부는 또 다른 근거로 '국회 봉쇄 지시'와 '체포조 편성 및 운영'을 꼽았다. 먼저 계엄 당시 김용현 장관이 여인형 사령관에게 체포할 14명의 명단을 불러줬다는 점을 인정했다. 또 재판에 증인으로 선 여 사령관과 조지호 전 경찰청장, 홍장원 전 국정원 1차장 등의 관련 진술과 메모를 인정했다. 앞서 곽사령관 진술을 인정하지 않은 것과 달리, 이 사안은 '다수' 증거가 있다는 판단이었다.

특히 당시 우원식 국회의장과 이재명 야당 대표, 한동훈 여당 대표 3인방을 우선 체포해 수방사 벙커에 구금한다는 계획도 사실로 봤다. 윤 전 대통령이 국회를 봉쇄하고 비상계엄 해제요구 결의안 처리가 임박했을 때 국회의원을 끌어내라고 지시한 것도 사실로 보고 내란 행위로 판단했다. 윤 전 대통령이 이진우, 곽종근 전 사령관에게 '끌어내라'고 지시하고 곽사령관에게 최초 임무로 국회 출입을 제한하라고 하달했다는 다수의 증언 등이 근거였다.

그리고 이 같은 국회 및 선관위 진입 행위를 내란죄의 또 다른 요건인 '폭동'에 해당한다고도 했다. 재판부는 "군이 무장을 해서 국회로 출동하는 자체, 헬기 등을 타거나 담을 넘어서 국회로 진입하는 자체, 또 그 안에 있는 관리자 등과 몸싸움을 하는 자체, 심지어 체포를 위해서 장구를 갖추고 다수가 차량을 이용해서 국회로 출동하는 행위 자체 등 대부분의 행위가 모두 폭동의 포섭이 된다"고 못 박았다. 이어 윤 전 대통령과 김용현 장관이 의도치 않은 크고 작은 폭동이 일어난 데 대해서도, 모두 포괄적인 책임을 진다고 보고 내란죄가 성립한다고 밝했다.

정리하자면, 지귀연 재판부는 계엄 선포의 요건을 갖추지 못한 경우 내란죄가 성립한다는 견해와 어떤 목적을 가졌는지를 살펴 국헌문란 목적이 인정되는 경우에만 내란죄가 성립된다는 견해를 법리적으로 검토한 뒤 후자의 견해가 타당하다는 입장을 취했다고 할 수 있다.

④ 김용군·윤승영 무죄

재판부는 내란죄 공범 성립 기준을 설명하며 내란죄는 다수가 저지르는 범죄행위라 관여했다는 이유만으로 섣불리 적용하지 못한다고 밝혔다. 그러면서 "(비상계엄에) 관여했더라도 국헌문란 목적의 인식을 공유했어야 집합범으로 인정된다"고 말했다. 이런 인식 공유는 사전에 공유한 것뿐 아니라, 사후 폭동에 참여하는 과정에서 공유할 수도 있고, 암묵적 의사소통으로도 가능하다고 설명했다.

이런 기준에 따라 재판부는 안산에서 이른바 '햄버거 회동'에 참가한 김용군 예비역 대령에 대한 내란 혐의는 무죄라고 판단했다. 그가 노씨로부터 '부정선거 수사'에 관한 말을 들었다는 사실을 인정하기에는 증거가 부족하다는 것. 재판부는 "안산 롯데리아 모임(햄버거 회동)에서 노상원이 김용군에게 '(선관위) 서버에서 반드시 부정선거의 증거를 찾아야 한다. 특히 QR 코드 관련한 증거는 반드시 찾아야 한다'고 말한 사실도 인정하기 어렵다", "부정선거 증거를 확보하는 계엄 임무에 대해 논의했다고 보기 어렵다"고 설명했다. 그러면서 "김용군이 부정선거 수사를 할 수 있는 능력이나 전문성이 있다고 보이지 않는다"고 덧붙였다.

윤승영 전 수사기획조정관에게 무죄를 선고한 이유도 '목적의 인식 공유'에서 찾았다. 즉 조지호 청장이 법정에서 "윤승영이 '방첩사에서 한동훈 체포조 5명을 지원해달라고 한다'고 말했다"고 증언했으나, 재판부는 "조지호가 기억에 혼동을 일으켰을 가능성을 배제할 수 없고, 객관적 사실에 반하는 측면이 있다"며 조청장의 진술 내용을 그대로 믿기 어렵다고 판단했다. 또 재판부는 "윤승영이 '방첩사의 수사관 100명 등 지원 요청'이 국회의원 혹은 정치인을 체포하기 위한 것임을 알고 사후 승인했다고 보기 어렵다"고 지적했다.

반면 계엄 당시 의원들의 국회 출입을 막은 목현태 국회경비대장은 유죄가 인정됐다. 재판장은 "처음부터 (국헌문란의 목적) 인식을 공유한 것으로 보이지 않는다"면서도 "국회 관계자들로부터 항의도 받았고, 군 투입 사정을 목격했지만 계속해서 의원 출입을 제한해 미필적으로 본인 행동의 목적으로 알았을 것으로 보인다"고 설명했다.

⑤ '계엄 짧게 지속, 무력 자제, 65세 고령, 전과 없음'

재판부는 윤 전 대통령의 내란우두머리 혐의를 인정하면서도, 그가 계엄에 실패했다는 점을 양형에 참작했다며 길게 서술했다. 먼저, 아주 치밀하게 계획을 세운 것으로 보이지 않고, 물리력의 행사를 최대한 자제시키려 했던 사정도 보이고, 실탄 소지나 직접적인 폭력을 행사한 예는 거의 찾아보기 어렵다고 했다.

또 재판부는 계엄의 지속 시간이 비교적 짧았다는 점, 군경과의 충돌로 인해 치명적인 상처를 입은 사람은 없는 점, 정치인 체포조는 국회 경내로 진입하지 못한 채 체포 활동을 종료한 점, 선관위 직원 체포 활동 또한 준비 단계에서 더 나아가 실제 체포 활동을 하지는 못한 점 등을 모두 고려했다. 군인들이 선관위와 여론조사기관에도 도달하지 못하고, 민주당사에도 도달하지 못했으며, 특정 언론사 단전·단수 지시 또한 실제 이행되지 않았다고 하며 힘을 실었다.

이는 앞선 한덕수 전 총리의 1심 재판부가 '내란이 종료된 것은 국회에서 맨몸으로 맞선 국민들의 용기 때문이지, 내란 가담자들의 자제 때문이 아니었다'고 명시한 것과 차이가 있다. 재판부는 "대부분의 계획이 실패로 돌아갔다. 피고인이 이 사건 범행 이전에 아무런 범죄 전력이 없고 장기간 공무원으로 봉직해왔으며, 현재 65세의 비교적 고령"이라고도 덧붙였다.

비상계엄 이후 1심 선고까지 443일, 윤 전 대통령의 모습은 어땠을까. 형사재판이 시작된 뒤로 16차례나 법정에 불출석한 그에 대해, 재판부는 "재판 과정에서 비상계엄으로 인한 막대한 사회적 비용에 대해 국민들에게 최소한 사과의 뜻을 내비치도 않았고, 별다른 사정 없이 법정 출석을 거부했다"고 비판했다. 김용현 장관에 대해선 "비상계엄을 주도적으로 준비했고, 부정선거 수사 계획도 별도로 마련한 것으로 보인다"며 "윤석열의 비이성적 결심을 조장한 측면도 있다"고 꼬집었다.

선고 당일 특검팀은 결과에 대해 "의미 있는 판결이었다"면서도 "사실인정과 양형 부분에 상당한 아쉬움이 있다"고 밝혔다. 선고 다음 날인 2월 20일, 윤 전 대통령은 "구국의 결단이었으나 결과적으로 많은 좌절과 고난을 겪게 해드린 것에 대해 국민 여러분께 깊이 사과드

'란혐의' 무기징역 선고

연합뉴스TV
19(목) 16:05

조금 전 서울중앙지법

ㅁ '내란우두머리' 윤석열 1심 무기징역 선고

ㅏ 전보다 20.4% ┃ ▶금감원, '유령 코인' 빗썸 검사 연장…오지급 사례

2026년 2월 19일 윤 전 대통령의 내란우두머리 혐의 1심 선고 공판이 TV로 생중계되고 있다.

사진 연합뉴스

린다"고 입장을 밝혔다. 그러면서도 "재판부가 장기 집권을 위해 여건을 조성하려다 의도대로 되지 않아 비상계엄을 선포했다는 특검의 소설과 망상을 받아들이지 않은 것은 그나마 다행"이라며 "단순히 군이 국회에 갔기 때문에 내란이라는 논리는 납득하기 어렵다"고 주장했다.

윤 전 대통령 등 유죄 선고를 받은 피고인 6명이 1심 판결에 불복해 항소하고, 특검 측도 피고인 8명 전부에 대해 항소했다. 계엄의 시작은 언제부터였는지, 계엄의 '진짜' 이유는 무엇이었는지, 무기징역으로 그 단죄가 끝날지, 아직 그 결론은 끝나지 않았다. 앞으로 내란 관련 항소심은 2월 23일부터 서울고등법원의 내란전담재판부가 맡게 됐다.

한덕수 총리 재판

대통령 꿈꾼 '관운의 남자', CCTV 앞에서 멈췄다

진보와 보수 정부를 넘나들며 국무총리를 두 번 역임한 한덕수 전 총리. 총 55년간 공직에 있던 동안 국무총리와 경제부총리 겸 재정경제부 장관, 주미대사 등 고위직에 두루 중용되면서 '관운의 남자', '처세의 달인'이라는 평가가 따라붙었다. 윤 전 대통령이 탄핵된 이후엔 대통령 권한대행을 역임하고 대통령 선거에도 뛰어들었다.

하지만 그 공직 생활의 끝은 법정 구속이었다. 특검이 출범한 뒤 내란 관련 혐의로 재판에 넘겨져 1심에서 징역 23년을 선고받으면서 그야말로 '몰락'했다. 공판이 총 12차례 진행되는 동안 그는 자신의 위증 혐의는 인정하면서도 내란 관련 혐의는 끝내 부인했다.

"계엄 막았어야 할 최고 헌법기관"

2025년 8월 24일 내란특검은 한총리에 대해 내란우두머리 방조 등의 혐의로 구속영장을 청구했다. 전직 국무총리에 대한 구속영장 청구는 헌정 사상 첫 사례였다.

적용된 혐의는 6가지로 내란우두머리 방조, 위증, 허위공문서작성, 공용서류손상, 대통령기록물관리법 위반, 허위공문서작성 행사 등이다. 박지영 특검보는 "국무총리는 행정부 내 국회의 동의를 얻어 대통령이 임명하는 유일한 공무원으로, 대통령의 국가 및 헌법 수호의 책무를 보장하는 제1의 국가기관이다"며 "한 전 총리는 위헌 위법한 계엄을 사전에 막을 수 있었던 최고의 헌법기관이었던 것이다"고 구속영장 청구를 설명했다.

앞서 특검은 7월 2일, 8월 18일, 8월 22일 3차례 그를 불러 조사하고 7월 24일에는 그의 자택을 압수수색했다.

구속영장 기각

8월 27일 오후 1시 30분 한총리가 정재욱 영장전담 부장판사의 심리로 열리는 영장실질심사에 출석하기 위해 서울중앙지법에 도착했다. 비상계엄과 관련해 국무위원에게 구속영장이 청구된 건 김용현 전 장관, 이상민 전 장관에 이어 세 번째였다.

한총리는 본인에게 적용된 혐의들 가운데 위증을 제외한 대부분 혐의를 부인했다. 계엄 선포를 막기 위해 노력했으나 대통령의 뜻이 워낙 강해 말릴 수 없었으며, 국무회의를 소집한 것도 계엄을 만류하기 위한 목적이었다고 주장했다. 사후에 작성, 서명한 계엄선포문은 작성 직후 폐기했기 때문에 계엄 선포를 합법화하기 위한 시도로 볼 수 없고, 윤 전 대통령 등 계엄 주요 가담자들이 이미 구속된 상태여서 증거인멸 가능성도 크지 않다고 했다.

2025년 8월 27일 한덕수 전 총리가 영장실질심사를 마친 뒤 대기 장소인 서울구치소로
이동하기 위해 서울중앙지법 청사를 나서고 있다. **사진** 연합뉴스

영장실질심사가 끝난 뒤 그날 밤 10시쯤 법원은 그에 대한 영장을 기각했다. 정재욱 부장판사는 "중요한 사실관계 및 피의자의 일련의 행적에 대한 법적 평가와 관련해 다툴 여지가 있다"며 "현재까지 확보된 증거, 수사 진행 경과, 피의자의 현재 지위 등에 비춰 방어권 행사 차원을 넘어선 증거인멸의 우려가 있다고 보기 어렵다"고 설명했다.

이틀 뒤인 8월 29일 내란특검은 그를 불구속 기소했다.

"위증했다는 것만 인정한다"

9월 30일 오전 10시 서울중앙지법 형사합의33부(재판장 이진관)는 내란우두머리 방조 등 혐의로 재판에 넘겨진 한총리에 대한 첫 공판을 진행했다.

재판부가 법정 촬영을 허가함에 따라 본격적인 재판이 시작되기 전 1분 정도 촬영이 이뤄졌다. 진행 과정에 대한 중계도 허용돼 재판을 마친 뒤 개인정보 비식별화 과정 등을 거쳐 인터넷에 재판 영상이 공개되기로 했다.

'2024년 12월 3일 비상계엄과 관련해서 계엄행위가 위헌이라고 생각하느냐, 합헌이라고 생각하느냐'는 재판부의 질의에 한총리는 "계엄이 국가 발전 차원에서는 받아들이기 어려운 행위"라고 말했다. 한총리 측은 "계엄 선포 당일 대통령실에서 계엄 관련 문건을 받은 기억이 없다고 말한 부분을 위증했다는 것만 인정한다", "나머지 모든 공소사실은 부인하는 입장이다"고 주장했다. 위증에 대해서도 ""피고인에게 기억이 없었기 때문에 그런 문건을 받은 사실이 없다고 진술한 것이어서 위증의 고의가 없다는 취지의 입장이다"고 답변했다.

애초 진행되기로 한 '대통령실 CCTV 영상' 증거조사는 다음 공판으로 연기됐다. 특검 측이 군사상 3급 비밀인 해당 영상을 공개 재판에서 다룰 수 있도록 기밀 해제 절차를 진행 중이었기 때문이다. 또 그날 조태열 전 외교부 장관에 대한 증인신문도 그가 가족 진료 문제 등으로 출석하지 않아 이뤄지지 않았다.

대통령실 CCTV 영상 공개

10월 13일 2차 공판에선 법정에서 군사기밀인 비상계엄 당일의 대통령실 CCTV 영상 일부가 공개됐다. 특검 측이 CCTV 영상을 일부 공개해도 된다는 대통령경호처의 공문을 바탕으로 재판부에 증거조사에 대한 중계를 요청하고 재판부가 이를 허가한 데 따른 것이다. 그날 공개된 영상은 전체 32시간 가운데 20분 분량 정도였다.

CCTV 영상이 공개되기 전까지 한총리는 '계엄을 막기 위해 국무회의를 소집했다', '계엄 문건은 본 적 없다'고 주장해왔다. 그러나 CCTV에 담긴 모습은 달랐다. 계엄 당일 밤 9시 10분쯤 한총리는 대통령 집무실에서 윤 전 대통령으로부터 비상계엄 선포 계획을 듣고 나와 대접견실로 들어왔다. 그때 그의 손에는 문건이 2개 들려 있었다.

당일 밤 9시 14분, 영상엔 손가락으로 숫자를 헤아리는 김용현 장관의 모습이 잡혔다. 계엄 전에 국무회의 개최를 위한 정족수를 함께 세고 있었던 것. 밤 9시 47분쯤 한총리와 조태열 외교부 장관, 김영호 통일부 장관 등이 그 문건들을 돌려 읽는 모습도 공개됐다. 밤 10시 44분에는 한총리가 상의 안주머니에서 또 다른 문건을 꺼내 읽는 듯한 모습이 포착됐다. 계엄 선포 직후인 밤 10시 49분엔 대접견실에 이

2025년 10월 13일 한덕수 전 총리의 내란중요임무종사 혐의 공판에서 처음 공개된, 계엄 당일 밤 대통령실 CCTV 영상. **사진** KBS 뉴스 화면 캡처

상민 장관과 둘이 남아 16분간 '계엄 문건'을 두고 협의하는 모습도 나왔다. 이장관이 가볍게 웃는 장면도 있었다. 비상계엄이 해제된 뒤인 다음 날 새벽 5시 18분쯤에는 강의구 대통령실 부속실장이 결재판을 들고 한총리에게 다가가는 등 계엄선포문을 사후에 작성하려는 듯한 장면도 담겼다.

그날 법정에서 CCTV 영상이 공개된 뒤, 재판장은 한총리에게 "할 말 있으세요?"라고 물었다. 한총리는 "전체적인 취지라고 할까, 저러한 지금 CCTV에 나온 모습들이 현출된 것에 대해서는 앞으로도 제가 기억이 없는 부분도 있고…"라고 답했다. 기억이 안 난다는 취지였다.

재판장은 비상계엄 상황에서 국민을 위해 어떤 조처를 했는지 물었다. 한총리는 "전체적인 계획에 대해 전혀 알지 못했고, 대통령 집무실에서 비상계엄이 경제나 대외신인도 등에 상당한 문제를 일으킬 것이기 때문에 반대했다"며 "더 많은 국무위원이 모이면 모두가 반대할 거라고 생각했고, 국무위원들끼리 좀 더 이야기를 해야 한다 해서 국무위원들로 하여금 모인 자리에서 좀 더 확실히 의견을 얘기하도록 요청했다"고 답했다.

그러자 재판장은 "무장 군인들이 출동해 국민과 대치했는데 그걸 막기 위해 어떤 조치를 했는지 묻는 것이다"라며 재차 답을 구했다. 한총리는 "국무위원에게 주어진 국무회의라는 것을 통해 본인들의 입장을 밝혀야 한다고 생각했다"며 "국민의 일원으로 할 수 있는 일들을 해야 하는 그런 상황이었다"고 했다.

그날 재판에는 계엄 선포 전 국무회의에 맨 처음 호출됐던 김영호 전 장관이 증인으로 출석했다. 김장관은 2024년 12월 3일 저녁 8시 45분쯤 대통령 집무실로 들어간 뒤 24분간 머물렀는데, 당시에 대해 "대통령이 계엄 담화문에 있는 취지의 얘기를 하면서 비상계엄을 하겠다고 얘기한 것으로 기억한다"고 밝혔다. 그러면서 한총리가 "국가 신인도가 하락하고 국가 경제에 심각한 문제가 발생할 수 있다'는 취지의 얘기를 한 것으로 기억한다"며 "반대라는 용어는 쓰지 않았지만 '계엄을 재고해달라'는 취지로 이해될 수 있는 발언이었다"고 설명했다. 한총리가 직접 계엄을 만류했는지는 수사 내내 내란우두머리 방조 혐의를 가르는 큰 쟁점이었다.

또 김장관은 "비상계엄을 처음 들은 건 한 전 총리(부터)가 아니고 윤 전 대통령이라는 게 정확한 기억이다"고 말했다. 그는 수사기관에선 한총리로부터 "대통령께서 계엄을 선포하려는 것 같다"는 말을 들었다고 진술한 바 있다.

'구체적으로 어떤 행위를 했는지는 모른다'

10월 20일 3차 공판에서도 한총리가 계엄을 하려는 윤 전 대통령을 만류했는지가 쟁점이었다. 그날 증인으로 출석한 조규홍 전 보건복지부 장관은 한총리가 국무위원들 앞에서 "최선을 다해 계엄을 말렸다"고 말했다고 진술했다. 다만 한총리가 구체적으로 어떤 행위를 했는지는 모른다는 취지로 말했다. 재판부가 "한덕수가 만류를 위해 어떤 행위를 했다고 스스로 말했는지 아느냐?"고 묻자, 조장관은 "모른다"고 답했다.

이에 특검 측은 "CCTV 영상을 모두 확인했지만, 한덕수가 윤 전 대통령을 만류하는 장면은 전혀 없었다", "영상에는 김용현 전 국방부 장관이 서류를 달라고 하자, 한덕수가 노란 봉투를 건네거나, 김 전 장관이 국무회의 정족수까지 4명 남았다고 손가락을 펴면서 협의하는 모습, 이상민과 단전·단수 관련 서류를 협의하는 모습 등만 확인됐다"고 발언했다.

조장관은 "윤 전 대통령이 (국무회의에서) 자리를 떠난 뒤 최 전 장관(최상목)이 한 전 총리에게 약간 따지듯이 '왜 계엄을 말리지 않으셨나' 질문했고, (한덕수) 총리는 '나도 최선을 다해 말렸다'는 취지로 답변했다"며 "이때 최 전 부총리 말의 톤이 강했다. 내가 보기에는 예의에 어긋날 정도로 말해서 깜짝 놀랐다"고 덧붙였다.

'전공의 처단' 내용이 포함된 포고령과 관련해선 조장관은 "(계엄 선포 전) 국무회의가 끝나고 이동하면서 복지부 내부에서 봤고 천천히 보면서 내용에 크게 놀랐다"고 밝혔다.

한편 조장관에 앞서 같은 날 오전 재판에 증인으로 출석한 안덕근 전 산업통상자원부 장관은 '계엄'을 듣고 "택시를 타고 돌아가는 와중에 라디오에서 비상계엄 선언이 나와서, '저게 뭔가? 라디오에서 개그 프로그램을 하는 건가?'" 하고 생각했다고 증언했다. 이어 그는 계엄 해제를 위한 국무회의에 참석했으나 회의는 형식을 갖추지 못했다고 증언했다. 또 "안건 번호도 확인하지 않고 (발제자인) 김용현 전 국방부 장관의 표현도 이상해서 한 전 총리가 '국무회의가 처음도 아닌데 왜 그러냐. 정확히 형식을 맞추라'고 했다"고 말했다.

한편 재판부는 특검 측에 내란중요임무종사 혐의를 넣어 공소장을 변경할 것을 요청했다. 즉 "기본적 사실관계가 동일한 범위 내에서 형법 제87조 2호(내란중요임무종사)로 선택적 병합하는 형태로 공소장 변경을 요구한다"고 말했다.

'사후 계엄선포문' 폐기 지시

10월 27일 4차 공판에는 강의구 전 대통령실 부속실장이 증언대에 섰다. 강실장은 비상계엄 선포 후 김주현 당시 민정수석으로부터 '대통령의 국법상 행위는 문서가 필요하다'는 말을 듣고 한총리에게 비상계엄 선포 관련 자료를 가져갔다고 밝혔다. 이어 2024년 12월 6일 오전 한총리로부터 계엄선포문을 받은 뒤 '요건을 갖춰야 한다'며 한총리와 김용현 전 장관에게 서명을 받았다고 진술했다.

강실장은 이후 12월 8일 한총리가 전화로 '나중에 작성된 게 알려지면 괜한 논란이 될 수도 있으니 폐기했으면 좋겠다'고 말해 폐기했다고 증언했다. 한총리는 1차 공판에서 허위공문서작성 등 관련 혐의에 대해 '계엄 요건을 갖추기 위한 의도가 없었다'는 취지로 혐의를 부인했는데, 이를 뒤집는 증언이 나온 것이다.

재판부가 "대통령이 서명한 문서를 국무총리 의견에 따라 폐기했다는 말인데, 상식적으로 이해가 안 간다"고 지적하자, 강실장은 "그 문서를 임의로 만들었기 때문에 크게 의미를 부여하지 않았다"고 답했다.

그날 재판에는 김정환 전 대통령실 수행실장도 증언대에 섰다. 김실장은 비상계엄 선포 직전 윤대통령이 일부 국무위원을 특정해 부르라고 했다가 한총리로부터 '(국무회의) 요건을 갖춰야 한다'는 말을 듣고 추가로 몇 명을 더 부르라고 지시했다고 말했다.

재판부가 "숫자를 제한해 부르라고 한 것이 맞냐?"고 묻자, 김실장은 "다 부르라고 하지 않았고, '불러주는 사람만 불러라'고 했다"고 밝혔다. 이어 "대통령은 무언가를 신속하게 하려는 것 같았고, 총리는 기다려달라고 하는 느낌이었다"고 설명했다.

재판부가 "한덕수가 윤 전 대통령에게 비상계엄을 반대한다고 들었냐?"고 물었고, 김실장은 "없다"고 답했다.

그날 재판부는 공소장 변경을 허가했다. 앞서 특검 측은 공소장에 내란중요임무종사 혐의를 선택적 병합해달라는 취지로 공소장변경허가신청서를 제출했다.

"공직 생활을 마무리하려고 했습니까?"

11월 3일 5차 공판엔 조태열 전 장관이 증인으로 출석했다. 조장관은 계엄 당일 저녁 7시 55분쯤 윤대통령으로부터 '부인한테도 얘기하지 말고 오라'는 전화를 받고 1시간 뒤 대통령 집무실에 도착했다고 말했다. 당시 집무실에는 한총리와 김용현·이상민·박성재 장관이 미리와 있었고, 윤대통령은 조장관에게 '재외공관 안정화' 등의 지시가 담긴 A4 용지를 건네주며 계엄 선포 계획을 말했다고 한다. 이어 한총리가 자신에게 생각을 묻고 자신이 '이건 아니라고 생각한다'고 말하자, 윤대통령이 '개인을 위해 한 일이라고 생각하느냐'며 목소리를 높였다고도 진술했다.

또 조장관은 국무위원들이 대통령 집무실에서 나온 뒤 "한덕수가 '도착 전에 대통령께 비상계엄에 대해 여러 상황을 들어 반대했다. 문제가 많다고 말씀드렸는데 듣지 않는다'고 말했다"고 진술했다. 또 "윤대통령이 계엄을 선포하러 나가자, 최상목 부총리가 한총리에게 '왜 반대 안 했냐, 50년 공직 생활을 마무리하려고 했냐?'고 강하게 따졌다"고 증언했다. 최부총리가 이상민 장관에게도 '원래 예스(YES)맨이니 노(NO)라고 못 했겠지'라고 말하는 것을 들었다고도 했다.

조장관은 계엄 해제를 위한 국무회의가 끝나고 있었던 언쟁도 증언했다. 그는 계엄 선포 다음 날 새벽, 비상계엄 해제를 위한 국무회의가 끝난 뒤 자신이 "(계엄 선포 전 열린 국무회의가) 회의라는 것에 동의할 수 없다"고 말하자 이상민 장관이 "어폐가 있다"고 따져 서로 언쟁을 벌였다고 말했다.

불출석한 증인에게 과태료·구인영장

11월 5일 6차 공판은 오전에는 최상목 전 부총리, 오후에는 이상민 전 장관에 대한 증인신문이 예고돼 있었으나 두 사람 모두 불출석했다.

재판부는 최부총리 불출석에 대해 "여러 차례 연락했는데 안 되는 상태고 소환장이 송달되지 않은 상태로 확인된다"고 밝혔다. 이장관은 '전날 오후 5시 넘어서 증인 소환 통보를 받아 시간이 촉박하다'라는 내용의 불출석 사유서를 냈지만, 재판부는 정당한 사유가 아니라며 "과태료 5백만 원을 부과하고 구인영장을 발부하겠다"고 말했다.

그날 재판에 증인으로 참석한 박상우 전 국토교통부 장관은 '계엄을 할 상황이었냐?'는 재판부 질문에 "전혀 상상도 하지 못했다"고 답했다. 또 그는 "국무위원도 피해자"라며 "국무위원으로 역할을 할 수 없는 상황에서 일이 벌어지고 검찰에서 두 번 조사받고 변호사비를 내며 법정에 나왔다. 조금이라도 논의하거나 증거가 있다면 (모르겠지만) 그렇지 않은 상황에서는 피해자라고 생각한다"고 말했다.

그러자 재판장이 "그게 당시 국무위원으로서 답변이 적절하냐?"고 되물었다. 그러면서 "일반 국민들 입장에선 장관이면 국정 운영에 관여하는 최고위급 공무원"이라며 "증인은 그 자리에 가서 아무 말도 안 하셨다"고 지적했다. 계엄을 막지 않은 국무위원들의 '침묵'을 질타한 것.

그렇게 재판부가 계엄 선포 직후 반대 의사를 표시하지 않은 점을 지적하자, 박장관은 "비상계엄에 대해 굉장히 잘못된 일이라고 생각한다. 책임 있는 국무위원으로서 송구하다"고 말했다.

"막상 해보면 별것 아니다"

11월 10일 7차 공판에선 송미령 농림축산식품부 장관이 증인으로 출석했다. 송장관은 윤석열 정부에 이어 이재명 정부에서도 유임되어 재직 중이다.

그는 비상계엄 당일 윤대통령이 비상계엄을 선포한 이후 다시 대통령실 대접견실로 돌아온 상황에 대해 "윤대통령이 들어오셔서 '마실 걸 갖고 와라' 이런 이야기도 했고, 앉으신 후 '막상 해보면 별것 아니다. 아무것도 아니다' 이런 유의 말씀도 하신 게 기억에 남는다"고 말했다. 이어 "(윤대통령이) 한총리에게 본인이 가셔야 할 일정이나 행사에 대신 가달라는 말씀도 하셨던 것으로 기억난다"며 "각 부처에 몇 가지 지시를 했던 것으로 생각이 난다"고 진술했다.

그는 비상계엄 선포 전후의 상황에 대해서도 구체적으로 증언했다. 계엄 당일 울산에서 행사를 마치고 김포공항에 도착했을 때 강의구 실장으로부터 '지금 대통령실로 들어오라'는 연락을 받았고, 이후에는 한총리가 전화해 국무회의 참석을 독촉했다고 밝혔다.

그는 "밤 9시 37분 한총리와 통화했는데 '오시고 계시죠?'라며 도착 예정 시간을 물었다"며, "밤 10시 10분쯤 도착한다고 하자, 한총리가 '좀 더 빨리 오시면 안 되냐'고 서너 차례 이야기했다"고 말했다.

또 그는 한총리가 "나도 반대한다"고 답한 사실도 증언했다. 다만 한총리가 윤 전 대통령 앞에서 반대라는 용어를 사용한 적은 없었다고 했다.

그는 "저로서는 영문을 모르고 저 자리에 갔다"며 "국무회의에 동원됐다는 생각이 든다. 머릿수를 채우기 위해 불려 가서 자리에 앉았다가 나오게 됐으니 그렇게 느꼈다. 저 상황인 줄 알면 당연히 안 갔어야 한다. 저희가 안 갔으면 저 상황이 안 벌어졌을 수도 있지 않느냐"며 울먹였다.

"증인 출석과 증언 거부는 별개 문제"

11월 12일 8차 공판에선 재판부가 증인 소환에 불응한 윤 전 대통령과 김용현 전 장관에게 5백만 원의 과태료를 각각 부과하고 구인영장을 발부했다. 두 사람 모두 불출석 사유서를 제출하고 나오지 않았다.

김장관 측은 진행되고 있는 재판만으로도 부담이 극심해 다른 재판에 증인으로 출석하기는 불가능하고 건강상 이유로도 어렵다고 주장했다. 이에 재판부는 "증인 출석과 증언 거부는 별개 문제다. 증언 거부 사유가 있어도 출석이 원칙이다"며 "여러 재판을 받는 것은 김장관이 여러 상황에 개입돼서 재판받는 것이지 재판부 책임으로 돌릴 게 아니다"고 지적했다. 또 재판부는 2026년 1월 21일 또는 1월 28일에 선고하겠다고 재판 일정을 발표했다.

'최상목 쪽지'

11월 17일 9차 공판에는 추경호 의원과 최상목 전 부총리가 증인으로 나왔다. 추의원은 증언을 거부했다. 그는 "현재 저는 관련 사건으로 구속영장이 청구된 상황이다"며 "대학 시절부터 2024년 5월 원내대표 취임 시점 이후 계엄 해제 의결 이후까지 영장에 기재됐다. 부득이하게 일체 증언을 거부하고자 한다. 양해해달라"고 말했다. 그는 특검 측의 주신문과 한총리 측의 반대신문에도 증언하지 않았다.

재판부는 "경제부총리도 하신 것으로 알고 있고 원내대표도 하셨는데, 어떻게 보면 당당한 모습을 보일 수 있다고 생각하는데, 그런 측면에서 하시고 싶은 말씀은 없냐?"고 물었다. 추의원은 "대단히 송구스럽지만, 모두(앞부분)에 말씀드린 상황 취지로 증언을 거부하게 됐음을 양해 부탁드린다"며 다른 답변은 하지 않았다. 증인신문은 20분 만에 끝났다.

반면 최부총리는 계엄을 못 막아 송구하다고 증언했다. 그는 "(비상계엄은) 이건 안 되겠다는 생각이 들어서 말씀드려야겠다고 생각했다"며 "윤대통령이 (집무실에서) 나오자 벌떡 일어나서 '안 된다. 절대로 안 된다. 다시 생각해달라'는 취지의 이야기를 했다"고 말했다.

이어 그는 집무실로 들어가 "어떤 이유로도 계엄은 안 된다. 우리나라 신인도가 땅에 떨어지고 경제가 무너진다"고 말하고, 윤대통령이 "대통령으로서 결정한 것이다. 준비가 다 돼 있기 때문에 돌이킬 수 없다"고 답했다고 설명했다.

"한총리가 직접 반대 의사를 표시한 걸 본 적 있냐?"는 특검 측의 질문에 그는 "한총리는 그 전에 오래 계셨기 때문에 여러 번 (반대한다고) 말씀드렸다고 했다. 하지만 제가 있는 동안에 그런 기억은 없다"고 답했다.

또 그는 한총리에게 "왜 반대 안 했냐, 50년 공직 생활을 마무리하려고 했냐?"고, 이상민 장관에게는 "예스맨이니 노라고 못 했겠지"라고 말한 사실을 인정했다.

재판부는 비상계엄 당시 윤대통령이 최부총리에게 전한, '비상입법기구 예비비 확보' 관련 지시가 담긴 이른바 '최상목 쪽지'에 대해 집중적으로 물었다. 최부총리는 국회 등에서 '최상목 쪽지'에 대해 '누군가 접힌 쪽지 형태로 자료를 줬고, 경황이 없어 보지 못했다'는 취지로 말했으나, 대통령실 CCTV 영상에 따르면 윤대통령이 직접 그에게 문건을 건네는 모습이 보이고 A4 용지도 펴진 상태였다.

재판부는 "기억이 안 날 수는 있는데, 적극적으로 객관적 상황과 다르게 말하는 건 의심할 수밖에 없다"며 "기존에 실무자가 줬고, (문서가) 세 번 접혀 있다고 하지 않았냐?"고 따졌다. 또 "비상입법기구 이야기도 있는데, 법학을 전공했는데 법을 아는 사람에게는 굉장히 충격적인 내용일 수 있다"고 말했다.

최부총리는 "계엄 당시에는 계엄이 한국의 신인도에 어떤 충격을 주고 있을까(만 생각했다). 평생 경제 관료로서 그 부분은 엄두가 나지 않았다. 그게 훨씬 더 충격적이었다"고 답했다.

재판부는 증인신문이 끝날 무렵 "계엄을 경험한 세대라서 질문드린다. 국회에 경찰이나 군인들이 출동해서 일부 점령하기도 한 상황에 대해 어떻게 생각하느냐?"고 물었다. 최부총리는 "지금 와서 생각해보니 몸이라도 던져야 하지 않았을까 (생각한다). 사후적으로는 계엄을 막지 못한 게 국무위원의 한 사람으로서 송구스럽다"고 말했다.

"반대 취지로 이야기했다"

11월 19일 10차 공판에선 윤 전 대통령이 증인으로 출석해, 한총리가 계엄 선포를 재고해달라고 요청했다고 증언했다. "한덕수 당시 국무총리가 내게 이야기를 듣고 재고를 요청한 기억이 있다."

재판장이 "피고인이 명확하게 반대했냐?"고 재차 묻자, 그는 "반대라는 단어를 썼는지는 모르지만, 반대 취지로 내게 이야기했다"고 진술했다. 이어 "당시 계엄에 대해 모든 걸 자세히 말해줄 수는 없어서, 대통령 입장이 돼보면 다를 거라는 취지로 이야기했다"고 설명했다.

지난 재판들에서 나온 증인들 대부분이 '한총리가 계엄에 적극적으로 반대하지 않았다'고 증언한 것과는 다른 취지였다.

그러면서 국무회의에 참석한 다른 장관들도 계엄에 반대하는 취지로 이야기했다고 증언했다. 그는 "각자 부처 입장에서 계엄이 자신 업무와 관련해 도움이 안 되고 부정적이라는 이야기를 했던 것으로 기억한다. 다 반대하는 취지로 이야기를 많이 했다"고 말했다.

특히 최상목 부총리와 조태열 장관이 금융시장과 우방국 등 외교 문제를 우려했다며 "당시 내가 다 이야기할 수는 없지만 오래가지 않고 끝날 계엄이기 때문에 금융시장은 걱정하지 말라, 미국이나 일본에는 안보실을 통해 설명할 테니 걱정하지 말라는 취지로 이야기했다"고 설명했다.

또 한총리 측의 반대심문에서 그는 "국무회의를 해야 하기 때문에 국무회의 최소 요건은 갖춰야 한다는 생각은 갖고 있었다"고 했다. 다시 재판장이 "국무위원을 소집하라고 누가 건의했나, 아니면 증인이 그렇게 하려 한 것이냐?"고 묻자, 그는 "제가 안 하면 다른 사람이 누가 하겠냐?"고 대답했다.

특검 측: 피고인(한총리)의 건의에 따라서 국무회의 의사정족수를 채우려고 한 것으로 보이는데….

윤 전 대통령: 아니, 그러면 국무회의 없이 하려다가 총리의 건의에 따라서 국무회의를 하기로 했다는 이야기입니까?

특검 측: 뭐, 그것도 포함돼 있습니다.

윤 전 대통령: 그거는 뭐, 난센스라고 말씀드리겠습니다.

다만 그는 민주당 당사와 언론사 등 특정 기관에 병력을 보내라는 명령은 하지 않았다고 증언했다. 당시 김용현 장관이 전화를 걸어 와 "여론조사 꽃, 민주당 당사, 언론사 등에 병력을 보내야 할 것 같다. 선관위 관련해서 거기도 확인할 게 있다"고 말했으나 자신이 반대했다고 말했다.

그는 "김장관이 '선관위 관련해서 해당 기관을 확인할 게 있다'고 말했지만, 내가 펄쩍 뛰면서 '거기는 민간기관이니 안 된다, 군을 여기저기 보내려고 하냐, 하지 마라'라고 잘랐다. 그래서 출발했던 사람들 올스톱하고 그랬다"고 설명했다.

그날 특검 측이 계엄 당일 대통령실 CCTV 영상을 제시하며 '피고인(한총리)이 오후 9시 29분에 대통령 집무실에 들어갔다가 6분 뒤에 접견실로 나왔다. 이때 피고인과 무슨 얘기를 했나?', '이상민 전 장관이 자리에서 일어나 증인과 얘기하는 모습이 보인다. 별도 지시 같은데 무슨 얘기를 했나?' 등 질문을 이어갈 때는, 그는 "이미 1년 가까이 지난 일이라 기억이 정확하지 않다. 이런 식으로 분 단위로 물어보면 답변하지 않겠다"고 말했다.

당초 윤 전 대통령은 불출석 사유서를 제출했다. 하지만 재판부가 강제 구인 의사를 밝힌 것을 알고 출석했다. 김용현 장관도 마찬가지로 불출석 사유서를 냈지만 강제 구인 경고에 증인으로 출석했다. 특검 측이 준비한 질문 대부분엔 답변을 거부하면서도 일부 질문에는 길게 답변했다.

증인 선서 거부한 이상민 장관

같은 날 10차 공판에는 이상민 전 장관도 증인으로(이장관, 김용현 장관, 윤 전 대통령 순서) 출석했다. 하지만 자신도 내란 관련 재판을 받고 있다는 사유를 들어 증언을 거부했다.

재판장은 "그래도 (증인) 선서는 하셔야 합니다. 형사재판에서는 선서 거부권이 없다"고 말했다. 하지만 이장관은 "해석 나름일 것 같다. 형사소송법 제160조에 의하면 정당한 사유가 있을 때에는 선서를 거부할 수 있는 취지로 해석되기 때문에 저는 선서하지 않겠다"고 답했다.

재판장은 과태료 50만 원을 부과했다. 과태료 부과 결정에 이장관은 "그러시라"고 하기도 했다. 선서를 거부하고 증인석에 앉은 그는 특검 측의 신문에 답변을 거부하거나 "왜 저에 대한 공소사실에 대해 증인신문을 통해 물어보시냐?"며 질문 내용에 대해 반발하기도 했다.

1시간 정도의 증인신문이 끝난 뒤 재판장은 선서 거부 행위에 대해 지적했다. "제가 재판하면서 형사재판에서 선서 거부는 처음 봤다. 선서 거부 사유 없음에도 거부해서 과태료 50만 원 부과했다"고 말했다. 곧바로 이장관이 "과태료 근거 규정에서 정당한 사유 없을 경우에"라고 받아쳤으나 재판장은 "그건 알아서 하십시오"라고 대꾸했다. 이장관은 "즉시 이의 제기한다는 것을 조서에 남겨달라"고 덧붙였다. 재판장은 "그런 말씀 말고 할 말 없습니까?"라고 되물었다.

김용현 장관 변호인 감치

한편 같은 날 10차 공판에서 증인으로 출석한 김용현 전 장관의 변호인이 법정 소란으로 감치 대기를 명령받았다. 김장관이 법원의 구인영장 집행이 예고된 뒤 출석하는 과정에서 변호인이 신뢰관계인 명목으로 변호인 동석을 주장하면서 소란이 인 것이다.

재판장은 형사소송법상 '범죄 피해자가 증인으로 나올 때' 신뢰관계인이 동석할 수 있다며, 김장관이 피해자가 아닌 점을 들어 변호인 동석을 불허했다. 그러나 변호인이 방청석을 떠나지 않은 채 발언을 시도했고, 재판부는 "누구시냐. 왜 오신 거냐. 이 법정은 방청권이 있어야 볼 수 있다. 퇴정하라"고 명령했다. 변호인이 "퇴정하라는 거냐?"고 반문하자, 재판장이 "감치하겠다. 나가시라"고 다시 경고하고 그래도 퇴정하지 않자 "감치하겠다. 구금 장소에 유치하겠다"고 했다.

재판부는 변호인 둘에 대한 별도의 감치 재판을 열고 이들에게 감치 15일을 선고했지만, 서울구치소는 당일 그들의 인적 사항이 특정되지 않았다는 이유로 집행을 거부했다. 감치란 법정 질서를 어지럽히는 사람을 재판장의 명령에 따라 교도소 등에 일정 기간 가두는 제재를 뜻한다.

"거의 멘붕 상태였다"

11월 24일 11차 공판에선 한총리에 대한 피고인신문이 진행됐다. 피고인신문은 재판부나 검사 또는 변호인이 피고인에게 필요한 사항을 물어보는 절차로 통상 증거조사가 끝난 뒤에 진행된다.

대통령 집무실에서 문건을 들고나오는 모습이 담긴 CCTV 영상을 보고 한총리는 "무슨 문건인지 잘 기억나지 않는다"는 취지로 진술했다. "거의 멘붕(정신이 나간) 상태였다"며 "뭔가 보고 듣고는 합니다만 그것이 제대로 들어와서 인지된 상황은 아니었다"고 했다. 그러면서

"그런 것이 부끄럽기도 하고, 국민들께 죄송하기도 하다"고 말했다.

김용현 전 장관이 손가락으로 국무위원을 세는 듯한 모습이 담긴 영상에 대해서도 그는 "숫자를 모니터링하는 듯한 것들은 전혀 인식하지 못한 것 같다", "너무 큰 충격을 받아 눈을 뜨고는 있는데 뭘 보는지 명확하지 않았다"고 밝혔다.

다만 그는 헌법재판소 탄핵심판에서 "계엄 담화문·포고령을 받은 적이 없다"고 위증한 혐의는 인정했다. "대통령실로부터 받은 문건을 파쇄한 것이 적절하지 못하다고 생각해 위증한 것이 맞냐?"는 특검 측의 질문에 "네. 제가 헌재에서 위증했다"고 답했다.

재판장은 한총리에게 "피고인이 계엄 선포를 막을 의사가 있었다면, 최상목 전 경제부총리가 '계엄 선포를 재고해달라'고 할 때 왜 가만히 계셨냐?"고 물었다. 또 "만약 피고인이 비상계엄을 막을 의사가 있었다면, (최부총리가) 재고해달라고 할 때가 같이 '안 된다'고 호응할 수 있는 아주 좋은 시기"라고 꼬집기도 했다.

이에 한총리는 "저는 두 번 정도 집무실 들어갈 때마다 만류하는 입장을 계속 전달하고 있었다. 최상목, 조태열 등 연륜 있는 분들이 말씀해주시는 게 좋지 않은가 생각했다. 지금 생각해보면 저도 좀 더 열심히 거기에 합류해서 행동을 했으면 더 좋았겠다는 아쉬움을 갖고 있다"고 답했다.

한편 재판장은 재판을 시작하면서 "(김장관 변호인들에 대한) 기존의 감치 결정은 집행할 예정이다"며 "적법한 절차로 인적 사항을 확인해 구치소에서 요구하는 조건을 맞춰 집행할 것"이라고 말했다. 또 "비공개로 진행된 감치 재판에서 한 변호사가 재판부를 향해 '해보자는 거냐', '공수처에서 봅시다'라고 진술했다"며 "이는 기존 감치 결정에 포함되지 않은 별도의 법정 질서 위반과 모욕 행위로 별도로 감치 재판이 진행될 예정"이라고 고지했다.

징역 15년 구형

11월 26일 결심 공판에서 특검 측은 한총리에게 징역 15년을 구형했다. 그러면서 "피고인은 행정부 2인자이자 국무총리로서 내란을 막을 수 있는 사실상 유일한 사람이었음에도 국민 전체에 대한 봉사자 의무를 저버리고 계엄 선포 전후의 행위를 통해 내란 범행에 가담했다"며 "이 사건은 대한민국 민주주의에 대한 테러다. 국가와 국민 전체가 피해자"라고 지적했다.

또 특검 측은 별도 브리핑을 통해 "한덕수는 내란 사태가 일어나지 않게 할 수 있었던 '키맨'이었다"며 "사실상 오늘 구형이 향후 모든 구형의 기준이 될 것 같다. 과거 내란 관련 선고형을 충분히 고려한 구형이다"고 설명했다.

한총리는 최후진술에서 "대통령을 막을 도리가 없다고 생각해 국무위원들 모셔서 다 함께 대통령의 결정을 돌리려 했으나 역부족이었다", "저는 그 괴로움을 죽는 날까지 지고 가야 할 사람이라고 생각한다"고 말하고 무죄를 주장했다. 한총리 변호인들은 피고인이 비상계엄 선포를 저지하려고 노력했다고 강조하며 '방조'와 '중요임무종사'는 양립할 수 없는 범죄라고 주장했다.

그렇게 한덕수 사건이 12·3 비상계엄과 관련해 기소된 전직 대통령과 국무위원들 가운데 맨 처음 법적 판단을 받게 됐다.

헌법재판소, '변호사 동석 불허 위헌' 각하

12월 2일 헌법재판소는 김용현 전 장관이 제기한 '신뢰관계인 동석신청 거부처분 등 위헌확인' 헌법소원 심판 청구를 각하했다. 관련된 효력정지 가처분 신청도 각하됐다. 앞서 헌법재판소는 그해 11월 19일 사건을 접수한 뒤 헌법재판관 3인으로 구성된 지정재판부에서 사전 심사를 진행했다.

징역 23년, '12·3 비상계엄은 내란·친위쿠데타'

"주문, 피고인을 징역 23년에 처한다."

2026년 1월 21일 오후 2시, 서울중앙지법 형사합의33부는 한총리의 내란중요임무종사 혐의 등을 유죄로 인정해 징역 23년을 선고했다. 특검 측이 구형한 징역 15년보다 8년이나 높았다. 그리고 증거인멸 우려가 있다며 그를 법정 구속했다.

그날 선고는 12·3 비상계엄을 내란으로 볼 것인지를 법원이 처음 결정하는 자리였다. 우선 재판부는 12·3 비상계엄을 '내란'으로 인정했다. 즉 "윤석열이 국무회의 심의라는 외관을 형성한 후 비상계엄을 선포하고, 헌법에 따라 보장되는 의회·정당 제도 등을 부인하는 내용의 포고령을 발령하며, 군과 경찰을 동원해 국회와 선관위를 점거하고 출입 통제하거나 압수·수색했다"며 "국헌을 문란하게 할 목적으로 다수인과 결합해 유형력을 행사하고 해악을 고지함으로써 한 지방의 평온을 해칠 정도의 위력이 있는 폭동을 일으켰다고 인정된다"고 판단했다.

특히 재판부는 이번 '12·3 내란'에 대해 더 엄한 기준을 적용해야 한다고 강조했다. "12·3 내란은 국민이 선출한 권력자인 윤석열 전 대통령과 그 추종 세력에 의한 것으로 성격상 '위로부터의 내란'에 해당한다. 이른바 '친위 쿠데타'로 불린다. 그 위험성의 정도가 '아래로부터의 내란'과 비교할 수 없다"며 "국민이 선출한 권력자가 헌법과 법률을 경시하고 위반하는 내란 행위를 함으로써 국민의 민주주의와 법치주의에 대한 신념 자체를 뿌리째 흔들기 때문이다"고 설명했다.

그러면서 한총리에 대한 형을 정할 때 기존 내란 사건 대법원 판결들을 기준으로 삼을 수 없다고 밝혔다. 재판부는 "현재 대한민국은 선진국으로 인정받고 있고, 그 위상도 기존과 비교할 수 없다"며 "이런 대한민국에서 '친위 쿠데타'가 발생했다는 사실로 받게 될 경제적·정치적 충격은 기존 내란 행위와 비교할 수 없는 정도에 이른다"고 봤기 때문이다.

또 2025년 1월 19일 발생한 '서울서부지법 사태'도 언급하며 '12·3 내란'의 위험성도 밝혔다. 재판부는 "12·3 내란은 계몽적 계엄을 당연하다고 주장하는 사람, 서부지법 폭동 사건과 같이 자신의 정치적인 입장을 위해서는 헌법과 법률을 쉽사리 위반할 수 있고 다른 사람에게 피해를 줄 수 있으며 이를 당연하다고 생각하는 사람, 민주주의 근본이 되는 선거제도를 정당한 근거 없이 부정하는 사람들을 양산하거나 그 사람들 상태를 더욱 심각하게 만들었다"고 지적했다.

1심 판결문 별지에는 한총리와 이상민·조태열 전 장관 등의 진술요지와 대통령실 CCTV 영상이 초 단위로 분석돼 있었다. 이를 통해 계엄 선포 전부터 해제 직후 상황을 자세히 알 수 있다.

재판부 "12·3 비상계엄은 내란"

2026년 1월 21일 한덕수 전 총리의 내란중요임무종사 혐의 선고 공판. **사진** KBS 뉴스 화면 캡쳐

판결문에 따르면 한총리는 2024년 12월 3일 저녁 8시 40분 대통령실에 도착했다. 그는 김영호 장관과 '윤대통령이 비상계엄을 선포하려는 것 같다'는 취지로 대화했다. 한총리가 윤대통령에게 "국가 경제에 심각한 문제가 발생할 수 있다"고 말했으나 대통령은 "내가 책임지고 국가를 구해야겠다"고 말했다.

이에 한총리는 윤대통령이 비상계엄 선포 계획을 재고할 의사가 없음을 알고 생각을 바꿔 "비상계엄을 선포하기 위해선 국무회의를 거쳐야 한다"고 건의했다. 그 과정에서 국무회의 의사정족수를 채우기 위해 일부 국무위원들을 부르자는 논의가 이뤄졌다.

이후 대접견실에 들어온 조태열 장관이 "70여 년간 대한민국이 쌓아온 모든 성취를 한꺼번에 무너뜨릴 만큼 엄청난 파장을 일으킬 수 있으니 재고해달라"고 말했지만, 윤대통령은 "내가 원래 국무위원들도 안 부르고 그냥 선포하려다가 부른 것이다. 내 처도 모른다"고 대응했다. 재판부는 그때 조장관에게 동조해, 비상계엄 선포에 반대한다는 취지로 말한 사람은 없었다고 밝혔다.

최상목 부총리는 밤 9시 57분쯤 대통령실에 들어왔다. 최부총리는 윤대통령에게 "이건 절대로 안 된다. 재고해달라"라고 말하고, 조장관도 따라 일어나 "제발 재고해달라"라고 말했다. 그러자 박성재 장관은 "경제와 외교가 걱정이 많은가 보다"라고 말했고, 윤대통령이 "내가 한 결정이다. 돌이킬 수 없다"고 말했다. 밤 10시 7분 윤대통령이 대통령 집무실로 들어가자 최부총리와 조태용 국정원장, 정진석 대통령 비서실장 등이 차례대로 따라 들어가고, 최부총리가 말렸지만 한총리는 그들의 뒷모습을 지켜봤다.

① '비상계엄 선포 반대' 명확히 말하지 않았다

재판부는 한총리의 내란중요임무종사 혐의에 대해 유죄로 인정했다. 윤대통령의 비상계엄 선포에 한총리가 형식적 국무회의 소집을 건의함으로써 내란 행위에 중요한 임무를 종사했다고 볼 수 있다고 판단했다.

재판부는 "피고인(한총리)은 윤석열, 김용현 등이 있는 자리에서 '비상계엄을 선포하려면 국무회의를 열어야 한다. 지금 있는 국무위원만으로는 부족하고, 국무위원을 더 불러서 정족수를 맞춰야 한다'는 취지로 건의하여 의사정족수를 채운 국무회의 심의라는 절차적 외관을 갖출 것을 제안했다"고 봤다.

이어 "피고인은 윤석열에게 비상계엄 선포에 대한 우려를 표명했을 뿐 명확히 '비상계엄 선포에 반대한다'거나 '반대 의사를 표시하라'

는 취지로 말하지 않았다"며 "최상목과 조태열이 대접견실에서 일어나 윤석열에게 반대 의사를 표시할 때에도 별다른 의견을 표명하지 않았고, 최상목이 '대통령 집무실에 들어가서 설득해보겠다'고 말할 때에도 휴대전화를 사용할 뿐 별다른 관심을 갖지 않았다"고 지적했다.

재판부는 "윤석열이 비상계엄을 선포하러 나갈 때에도 그를 만류하지 않았고, 오히려 '국무회의 심의를 마쳤다'는 취지로 고개를 끄덕였다", "윤석열이 주장하는 이 사건 비상계엄 선포의 필요성과 정당성에 동의하여 그 실행을 지지했기 때문이라는 강한 의심이 든다"며 총리에게 부여된 직무상 의무를 이행하지 않았다고 결론 내렸다. 그러면서 "한총리가 작위 의무를 이행했더라면 비상계엄 선포 등 내란 행위를 방지할 수 있었다"고 지적했다.

또 재판부는 "한총리가 윤대통령이 비상계엄을 선포한 뒤 김용현을 통해 군 병력을 동원함으로써 강압에 의하여 국회의 권능 행사를 불가능하게 하는 등 다수인을 집합하여 폭동을 일으킬 것임을 충분히 예상할 수 있었다"고 판단했다.

한총리는 재판에서 자신이 보기에 당시 윤대통령의 비상계엄 선포 의지가 확고해 보였다고 주장했다. 그러면서 박정희 전 대통령을 살해한 김재규 중앙정보부장의 사건을 언급하며 자신이 계엄을 만류했다고 피력했다. 그는 "어려울 때마다 국무위원들이 모여서 대통령의 상황을 잘 보고 일이 제대로 가도록 하는 분들이 있었던 것이 떠올랐다"며 "박정희 전 대통령 서거 문제가 있었을 때에도 국무총리(당시 부총리) 신현확이 국방부에 다 모아서 김재규에게 대통령이 어떻게 된 것인지 묻고 '제대로 된 체제를 갖춰서 해야 한다'고 바로잡은 역사가 기억났다"고 진술했다.

하지만 재판부는 바로 그 김재규 부장의 '내란 목적 살인 사건' 대법원 판결을 거론하며 한총리의 내란 혐의를 인정했다. 즉 "형법 제87조에서 규정하는 폭동이란 다수인이 결합해 폭행 또는 협박하는 것을 말하고, 폭행 또는 협박은 일체 유형력 행사나 외포심을 생기게 하는 해악의 고지를 의미하는 최광의 폭행·협박을 말하는 것이다"며 김재규 사건 관련 대법원 판례를 거론했다.

이어 재판부는 이석기 통합진보당 의원의 '내란 음모 사건' 대법원 판례를 같이 적었다. 재판부는 "이를 준비하거나 보조하는 행위를 전체적으로 파악한 개념이며, 그 정도가 한 지방의 평온을 해할 정도의 위력이 있음을 요한다"고 밝혔다. 내란중요임무종사 혐의자는 반드시 폭행을 수반할 필요까지는 없다는 의미다.

② 언론사 단전·단수 논의하고 지시 이행을 독려했다

판결문에는 '언론사 단전·단수 지시' 등 이상민 장관의 행적도 자세히 담겼다. 판결문에 따르면, 이장관은 비상계엄 선포 당일 저녁 8시 36분 대통령실에 도착해 대접견실을 거치지 않고 바로 대통령 집무실로 들어갔다. 윤대통령은 그 자리에서 이장관에게 '단전·단수 조치 지시 사항' 문건을 건넸다.

밤 9시 9분 이장관은 한총리 등과 함께 지시 사항 문건을 상의 안주머니에 넣고 대접견실로 이동했다. 그리고 밤 9시 13분 휴대전화로 '헌법'을 검색해 '비상계엄을 선포하면 언론의 자유에 특별한 조치를 할 수 있고, 대통령의 계엄 선포는 국무회의 심의를 거쳐야 한다'는 내용의 헌법 규정을 찾아 윤대통령에게 보고했다. 또 휴대전화로 '정부조직법'을 검색해 행정안전부 장관으로서 경찰청장과 소방청장에게 비상계엄 관련 지시를 내릴 법률상 근거가 있는지 찾아보았다.

밤 9시 35분 이장관은 한총리에게 '4명이 더 와야 한다'는 취지로 손가락 4개를 펴 보여주면서 김용현 장관을 가리키자 김장관이 고개를 끄덕였다.

비상계엄 선포 후인 밤 10시 42분, 윤대통령은 자리에서 일어나 이장관과 악수하고 오른손으로 '전화하라'는 취지의 동작을 취했다. 한총리와 이장관은 대접견실에 남아 논의했다. 이장관은 한총리에게 '단전·단수 조치 지시 사항' 문건을 보여준 다음 그에게 넘겼다.

밤 11시 2분 이장관은 자기가 소지하고 있던 또 다른 문건도 한총리에게 보여주고 읽어줬다. 그 과정에서 이장관이 단전·단수 조치 지시 사항과 이행 계획을 설명하는데, 한총리는 제지하지 않고 오히려 이행을 독려하는 취지로 말했다. 이장관은 고개를 끄덕이며 "네"라고 답했다.

재판부는 "대통령실 CCTV 영상에 따르면, 이상민은 대접견실에서 조태열과 대화하면서 손날을 세워 몇 차례 내리치는 동작을 취했고, 윤석열도 대접견실로 나와 이상민과 대화하면서 같은 동작을 취했다"며 "이러한 동작은 일반적으로 무언가를 끊는다는 의미를 담고 있는바, '단전·단수'를 의미하는 것으로 이해된다"고 분석했다.

이어 "피고인은 비상계엄 선포 후 특정 언론사 단전·단수 조치 지시의 내용과 근거, 이행 방안 등에 대해 논의했다"며 "피고인은 이상민이 (언론사 단전·단수) 지시에 따르지 않도록 제지하거나 만류하지 않았다는 것이 아니고, 오히려 대통령실 CCTV 영상에 따르면 피고인은 그 지시의 이행을 독려했다"고 비판했다.

그러면서 "피고인이 국무총리로서 자신의 지휘·감독을 받는 이상민과 특정 언론사 단전·단수 조치 지시에 대해 논의하고 이행하도록 함으로써 윤석열 내란 행위에 중요 임무를 종사했다"고 판단했다.

또 재판부는 비상계엄 직후 윤대통령 등과 함께 허위로 '사후 계엄 선포문'을 작성한 것에 대해 허위공문서작성과 대통령기록물관리법 위반, 공용서류손상 등의 혐의를 유죄로 인정했다. 헌법재판소 탄핵심판에서 위증한 혐의도 유죄로 인정했다.

③ '사과의 진정성 인정하기 어려워'

재판부는 한총리의 태도를 문제 삼으며 양형에 불리한 사유라고 밝혔다. "피고인은 내란이 성공할지도 모른다는 생각에 의무와 책임을 끝내 외면하고, 오히려 일원으로서 가담하기로 선택했다"며 "안위를 위하여 비상계엄 관련 문건을 은닉하고 비상계엄 선포가 적법한 절차에 따라 이뤄진 것처럼 보이기 위해 허위공문서를 작성했다가 폐기했으며, 헌법재판소에서 위증했다"고 설명했다.

이어 "재판 과정에서도 허위로 진술을 번복하고, 대통령실 CCTV 영상 같은 증거에도 불구하고 아무런 기억이 나지 않는다고 주장하는 등 진실을 은폐하고 책임에서 벗어나고자 할 뿐이다", "최후진술에 이르러서야 '가슴 깊이 죄송스럽게 생각한다'는 취지로 진술했지만 그 사과의 진정성을 인정하기 어렵다"고 강조했다.

특히 재판부는 비상계엄이 사망자가 발생하지 않고 몇 시간 만에 끝나게 만든 주체에 대해서도 "이는 무엇보다도 무장한 계엄군에게 맨몸으로 맞서 국회를 지켜낸 국민의 용기에 의한 것이고, 위법한 지시와 명령에 저항하거나 혹은 어쩔 수 없이 따르더라도 소극적으로 참여한 일부 군인과 경찰공무원의 행동에 의한 것이다", "결코 12·3 내란 가담자에 의한 것이 아니다"고 강조했다.

다만 재판부는 '계엄 해제 국무회의 심의 지연' 혐의, 추경호 의원과 통화하고 계엄 선포의 국회 통고 여부 확인을 위한 절차적 요건을 구비한 혐의, 허위공문서인 사후 계엄선포문을 행사한 혐의 등에 대해선 무죄로 판단했다.

또 재판부는 특검팀이 한총리를 처음 기소할 때 적용한 '내란우두머리 방조' 혐의는 범죄로 성립할 수 없다고 했다. "내란죄는 필요적 공범으로서 관여자의 의사 방향이 일치하는 집합범죄이므로, 내부자들 사이에서는 각자 수행한 역할에 따라 우두머리, 지휘자, 중요임무종사자 등으로 처벌될 뿐 방조범에 관한 형법 총칙 규정이 적용될 여지가 없다"는 법리였다.

한편 재판장은 선고 말미에 양형 이유를 설명하는 부분에서 비상계엄을 막은 주역으로 '국민의 용기'를 언급할 때 수 초간 말을 잇지 못했다. 1심 선고 공판에 출석해 재판부를 미동도 없이 바라보던 한총리는 4천 자의 1심 선고문 낭독이 끝나자 "겸허하게 받아들이겠다"고 말했다. 며칠 뒤 한총리 측과 특검 측 모두 1심 재판 결과에 불복해 항소했다.

이상민 장관 재판

'언론사 단전·단수'에 연루된 최측근

'피고인 이상민'은 14년 동안 법관으로 재직하다 2022년 윤석열 정부의 초대 행정안전부 장관으로 발탁됐다. 충암고, 서울대 법과대학 출신으로 윤 전 대통령의 직속 후배이자 복심으로 통하기도 했다. 159명의 희생자가 발생한 10·29 이태원 참사 당시, 국민의 생명과 안전을 책임지는 주무 부처 장관이었던 그는 사건이 '내사 종결'되며 혐의를 벗고 끝내 장관직을 지켰다. 하지만 12·3 비상계엄에 가담한 책임은 피해 갈 수 없었다.

비상계엄 선포 다음 날 박성재 전 장관 등과 대통령 안가에서 회동하고, 국회 현안 질의에 출석해선 "계엄은 고도의 통치·정치 행위"라며 비상계엄을 옹호하는 듯한 발언을 했다. 출국금지 조처를 당한 2024년 12월 8일, 국회의 탄핵소추안 처리가 가시화되자 장관직을 사임했다.

이후 내란특검팀이 출범하면서 '언론사 단전·단수'를 지시한 의혹 등으로 구속되고 재판에 넘겨졌다. 1심 재판부는 그의 '언론사 단전·단수' 의혹 등을 인정하고 "민주주의를 훼손했다"고 꾸짖었으나 결국 형량은 징역 7년, 특검 측의 구형량 징역 15년의 절반에도 못 미쳤다.

국무위원으론 두 번째 구속

2025년 7월 31일 이장관의 영장실질심사가 서울중앙지법 정재욱 영장전담 부장판사 심리로 열렸다. 심사는 오후 2시부터 오후 5시 52분까지 3시간 50분여간 이어졌다.

특검팀이 적용한 혐의는 세 가지다. 대통령의 계엄을 돕기 위해 언론사의 단전·단수를 지시한 혐의(내란중요임무종사), 행정안전부 장관으로서 소방청장에게 의무 없는 언론사 단전·단수를 지시한 혐의(직권남용), 계엄 선포 전에 관련 지시를 받은 바 없다고 헌법재판소에서 거짓말을 한 혐의(위증) 등이다.

특검팀은 심사 법정에서 이장관이 '언론사 단전·단수 지시'로 추정되는 문건을 챙기는 모습이 담긴 대통령실 집무실 CCTV 영상도 재생한 것으로 알려졌다. 다음 날인 8월 1일 새벽 0시 45분, 정재욱 부장판사는 이장관에 대해 "증거인멸의 염려가 있다"는 이유로 구속영장을 발부했다. 김용현 전 장관에 이어 윤석열 정부 국무위원 가운데 나온 두 번째 구속이었다.

구속적부심 기각

8월 8일 이장관은 구속적부심사를 청구했다. 서울중앙지법 형사항소81부는 오후 4시 10분부터 5시 50분까지 1시간 40분간 구속적부심

2025년 7월 31일 이상민 전 장관이 영장실질심사를 위해 서울중앙지법에 들어서고 있다.

사진 연합뉴스

심문을 진행했다.

특검팀에선 이장관에 대한 구속이 유지돼야 한다고 주장한 반면 이장관 측은 기존과 마찬가지로 혐의 대부분은 부인한 것으로 알려졌다. 재판부는 기각 결정을 내렸다. 그러면서 "증거인멸의 염려가 있다고 믿을 만한 충분한 이유가 있어 계속 구금할 필요도 있다"고 설명했다.

8월 19일 특검팀은 이장관을 내란중요임무종사 및 직권남용, 위증 등 혐의로 구속 기소했다.

혐의 전면 부인

10월 17일 서울중앙지법 형사합의32부(재판장 류경진)는 이장관의 내란중요임무종사 혐의 1차 공판을 열었다. 그는 넥타이를 매지 않은 남색 양복 차림으로 법정에 모습을 드러냈다. 왼쪽 가슴에는 수인 번호 '52'가 적힌 명찰이 달려 있었다.

그날 재판부가 취재진의 촬영을 허가하면서 피고인석에 앉은 그의 모습이 1분 정도 공개됐다. 또 특검 측의 요청에 따라 재판은 처음부터 끝까지 중계됐다.

특검 측이 공소사실 요지를 발표했다. 그가 비상계엄 당시 윤 전 대통령의 지시에 따라 언론사에 대한 단전·단수 조치를 하라고 소방청에 지시하는 등 내란에 가담했다는 혐의를 설명했다. 또 계엄 관련 문건을 미리 받아보고도 헌법재판소에선 위증했다고도 지적했다.

이장관 측은 특검팀이 제시한 혐의를 전면 부인했다. 변호인은 "사전에 비상계엄을 모의한 적이 없으며, 당일 오후 8시 36분경 대통령과 다른 국무위원이 있는 자리에서 비상계엄 선포를 처음 들었다"고 말했다. 또 당시 이장관이 비상계엄에 대해 반대 의사를 분명히 전달했다고 밝혔다. 대통령 집무실을 나온 직후 '헌법'을 검색했다는 점을 근거로 사전에 계엄 관련 정보를 알지 못했다고 강조했다.

또 당시 허석곤 소방청장에게 전화해 언론사 단전·단수를 지시했다는 혐의에 대해서도 강하게 부인했다. 이장관 측은 "행정안전부 간부 회의 전 경찰청장과 소방청장에게 전화해 상황을 파악하려 한 것이다"며 "이태원 인명 피해 사건을 경험한 만큼 시민과 안전 관련 사항은 혼자만 알고 도외시할 수 없었다"고 덧붙였다.

특검 측은 소방청 관계자와 경찰청 관계자, 국무위원 순서로 증인 신문을 하고, 비상계엄 선포 당일 그의 행적을 말할 수 있는 수행비서와 보좌관 등에 대한 신문을 이어가겠다고 설명했다. 이와 더불어 지난 10월 13일 한덕수 전 총리 재판에서 공개된 계엄 당일의 대통령실 CCTV 영상에 대해 해당 재판에서도 조사하겠다고 밝혔다.

재판부는 "이장관의 계엄 당일 행적 관련한 부분을 먼저 확인하고 그걸 기준으로 소방청장 등에 대한 지시 내용을 확인하는 게 맞을 것 같다"며 2차 공판 때 이장관의 비서관 등 3명을 증인으로 부르겠다고 말했다.

계엄 당일 "서울로 빨리 가게 될 수 있다"고 언급

10월 24일 2차 공판에선 이장관의 비서진들이 증인으로 나왔다. 당시 수행비서관이던 A씨는 계엄 선포 당일 이장관이 비서실 직원들과 점심 식사를 했다고 밝혔다.

특검 측이 "점심 식사 때 이장관이 비서실 직원들에게 그날 일정에 대해 어떤 말을 했냐?"고 묻자, A씨는 "(이장관이) '일정이 좀 변경될 수 있으니 KTX 기차표를 끊어놓으라'고 말했다"고 답했다. A씨는 "원래 비행기로 오기로 돼 있었는데 '일정이 변경될 수 있으니 비행기 시간보다 빠른 KTX 표를 끊어놓으라'고 했다"고 설명했다. 그러면서 이 장관이 일정 변경 이유는 말하지 않았다고 덧붙였다.

또 A씨는 계엄 선포 다음 날 이장관을 삼청동에 있는 대통령 안가로 수행했다고 말했다.

"단전·단수가 우리 소방의 임무냐"

10월 30일 3차 공판엔 김학근 소방청 장비총괄과장이 증인으로 출석했다. 김과장은 계엄 선포 직후 출근 지시를 받고 소방청에 도착해 허석곤 소방청장 등 소방청 간부들과 상황판단회의를 열었다고 진술했다. 또 허청장이 회의 도중 이장관과 통화했다며 "회의장이 소란스러웠는데 청장이 전화를 받으며 조용히 해달라는 손짓을 했다"고 말했다.

특히 허청장이 통화하던 중 특정 언론사를 언급하며 메모했다고 증언했다. 언급된 언론사에 대해서는 "MBC, 한겨레, JTBC가 기억난다. 몇 군데를 더 말했는데 모르는 곳도 있었다"고 설명했다. 이어 "전화를 끊은 뒤 허 전 청장이 '단전·단수가 우리 소방의 임무냐, 우리가 할 수 있냐'고 말했던 것으로 기억한다"며 "제 기억으로는 행정안전부 장관으로부터 전화를 받은 것으로 기억한다"고 말했다. 그리고 허청장의 발언 이후 "회의 참석자들이 당황해 웅성웅성했다"고도 증언했다.

같은 날 재판에는 황기석 전 서울소방재난본부장도 출석했다. 황본부장은 계엄 당일 밤 11시 40분쯤 이영팔 전 소방청 차장으로부터 전화가 와 "비상계엄 포고령과 관련해 경찰청에서 협조 요청이 오면 잘 협조해달라"는 취지의 말을 두 차례 들었다고 밝혔다. 이어 밤 11시 50분쯤에는 허청장으로부터 전화가 와 "서울 상황이 어떠냐고 묻고, 경찰청 협조 요청 여부를 확인한 뒤 상황 관리를 잘하라는 취지의 말을 했다"고 진술했다.

한편 이장관은 증인신문 순서와 관련해 직접 의견을 밝혔다. 그는 "허 전 청장의 진술에 이상한 부분이 있다"며 "결정적인 부분은 '경찰 협조 요청이 오면 협조해줘라'는 부분인데, 경찰 이야기를 먼저 들어야 하므로 조지호 전 경찰청장을 신문한 다음 허청장을 신문해달라"고 요구했다.

"경찰에서 협조 요청이 오면 단전·단수를 하라"

11월 3일 4차 공판엔 배덕곤 전 소방청 기획조정관이 증인으로 출석했다. 배조정관은 비상계엄이 선포된 직후 소방청 상황판단회의에 참석했다. 회의에는 허석곤 청장과 이영팔 차장 등 소방청 간부 십여 명이 참석했다.

배조정관은 "상황판에 뜨는 언론 뉴스를 보면서 이런저런 이야기를 나누던 중 허청장이 전화를 받았다"며 "청장이 '장관님'이라고 말해서 조용해졌다"고 밝혔다. 이어 "허청장이 통화 중 언론사 몇 곳을 되뇌었다. 정확하진 않지만 MBC와 JTBC 같은 단어가 있었던 것으로 기억한다"고 설명했다.

또 "청장이 '경찰에서 협조 요청이 오면 단전·단수를 하라'는 취지의 말을 한 것으로 이해했다"고 증언했다. 특검 측이 "허청장이 이영팔 전 차장에게 '장관님이 언론사 단전·단수 협조가 오면 도우라고 했는데, 우리가 어떻게 해야 하나. 언론사가 서울에 있으니 서울본부에 연락해야 하지 않나' 이런 대화를 한 게 맞냐?"고 묻자, 배조정관은 "네"라고 답했다.

또 특검 측이 "허청장과 이장관이 통화한 후 이영팔 전 차장이 부정적인 반응을 보인다든지, '단전·단수는 우리가 할 게 아니다'라고 반발한 기억이 있냐?"고 질문했고, 배조정관은 "그랬던 것 같지는 않다"고 답변했다.

다시 특검 측이 "증인이 (특검팀 조사에서) 언론사 단전·단수가 '언론사 기능 마비'를 위해서라고 했는데 맞냐?"고 묻자, 배조정관은 "네"라면서 "전기와 물이라는 것은 건축물의 기능을 유지하는 가장 기본적인 인프라이기 때문에 그런 인프라를 차단한다는 것은 결국 건물의 기능을 중단시키는 것이라 그렇게 진술했다"고 말했다.

이번엔 재판장이 "증인은 장관이 청장에게 언론사 단전·단수를 지시하고 청장과 차장이 상의 끝에 차장이 서울본부에 장관 지시를 전달하는 그런 상황으로 이해한 것이 맞냐?"고 묻고, 배조정관이 "맞다"고 답했다.

반면 이장관 측은 배조정관의 진술이 부정확하다고 맞서며 통화 내용을 직접 들은 것이 아닌 만큼 '지시'라고 단정하기 어렵다고 주장했다. 또 "단전·단수 지시가 있었다면 행안부보다 국방부 장관에서 연락이 왔어야 할 것이다"고 주장하기도 했다.

앞서 이장관은 2024년 2월 헌법재판소 탄핵심판에 증인으로 출석해 비상계엄 선포 당시 "허청장과 통화했다"고 인정했다.

"JTBC·MBC로 기억한다"

11월 10일 5차 공판에는 백승두 소방청 대변인이 증인으로 나왔다. 백대변인은 비상계엄 당일 밤 11시 30분에 소방청 상황판단회의에 참석한 인물 중 한 명이다. 그는 그 자리에서 허석곤 청장이 어디선가 걸려 온 전화를 받고 회의실에 있는 다른 사람들에게 조용히 해달라고 손짓했다고 증언했다.

그의 증언에 따르면, 통화를 끊은 뒤 허청장은 이영팔 차장에게 "장관이 전화가 와서 단수·단전을 언급하는데 이게 무슨 말인지 모르겠다"고 말했다. 옆에 앉아 있던 배덕곤 조정관이 "단전·단수는 우리 일이 아니지 않으냐?"고 했고, 허청장이 "그렇지"라는 뉘앙스로 답했다.

특검 측이 "회의 때 단전·단수 대상이 어딘지 몰랐다가 다른 과장으로부터 들었냐?"고 묻자, 백대변인은 "그때 듣기로 JTBC·MBC로 기억한다"고 답했다. 이어 "회의 석상에서도 단전·단수 이야기가 나올 때 과장들한테 묻고, (단전·단수 대상이) 국회냐 물었는데 언론사가 언급되는 것 같다는 이야기를 회의 석상에서 들었냐?"고 질문하자, 그는 "그때도 방송국 이야기를 들었다"며 "MBC와 JTBC는 옥상에서 들었다"고 답변했다.

한편 그날 증인신문이 예정돼 있던 김봉식 전 서울경찰청장은 불출석했다. 재판부는 11월 24일에 김청장을 다시 부르겠다고 밝혔다. 조지호 경찰청장은 12월 공판에 부르기로 했다.

"장관의 말이 빨라지며 언론사 몇 곳을 말했다"

11월 17일 6차 공판에는 허석곤 전 소방청장이 증인으로 출석했다. 허청장은 계엄 당일 밤 11시 37분쯤 이장관과 1분 30초간 통화한 내용을 설명했다. 이장관이 "소방청이 단전·단수 요청을 받은 것이 있냐?"고 물었고, 없다고 답하자, 그가 언론사를 언급했다고 진술했다.

허청장은 "장관의 말이 빨라지며 언론사 몇 곳을 말했고, 한겨레·경향신문·MBC·JTBC·김어준의뉴스공장을 빠르게 언급했다"며 "말이 너무 빨라 몇 차례 되물었다"고 말했다. 이어 "(이장관이) '24시에 경찰이 그곳에 투입되거나 진입한다'고 말했고, '연락이 가면 서로 협력해 어떤 조치를 취하라'고 말했다"고 진술했다.

또 허청장은 "경찰이 자정에 언론사에 투입되면 내부 인원이 저항하지 않겠냐"며 "언론사를 완전히 장악하기 위해, 옛날에 성을 공격할 때처럼 물과 식량을 끊듯이 단전·단수를 요청할 수 있겠다고 생각했다"고 말했다. 이어 "문을 열어달라고 하거나 사다리차를 요청하는 등 다른 요구가 있을 수도 있는데, 앞서 단전·단수 요청 여부를 물었기 때문에 경찰이 이를 요청할 것이라 생각했다"고 덧붙였다.

그리고 단전·단수는 소방에서 사용하는 용어도 아니라며 "30년간 근무하며 청장까지 했지만 단전·단수를 해본 적도, 지시한 적도 없다. 단전·단수를 하면 엘리베이터가 멈추고 소방은 물이 필수인데 물이 차단돼 건물이 위험해진다"고 말했다. 그러면서 당시 이영팔 차장에게 '단전·단수가 우리 의무냐?'고 물었고, 차장뿐 아니라 다른 간부들도 '신중하게 판단하라'고 말해 결국 단전·단수는 소방청의 의무가 아니라는 결론에 이르렀다고 진술했다.

이 장관과 통화한 뒤 서울소방재난본부와 경기도재난본부 등에 전화한 것에 대해선 "국회뿐 아니라 다른 곳에서도 충돌이 일어나고 인명 피해가 발생할 수 있겠다고 판단해서 시·도본부장에게 상황 관리를 잘하라고 당부한 것이다"고 설명했다.

그날 오후 증인으로 출석한 이영팔 차장은 "이 사건과 관련해 피의자로 입건돼 형사처벌 우려가 있다"며 증언을 거부하겠다는 뜻을 밝혔다. 재판부는 그의 증언 거부를 받아들였다.

"단전·단수 지휘를 경찰이 어떻게 하겠냐"

11월 24일 7차 공판에는 김봉식 전 서울경찰청장이 증인으로 나왔다. 김청장은 비상계엄 당일 저녁, 조지호 경찰청장과 함께 대통령 안가에서 윤대통령과 김용현 장관을 만나 '장악 기관' 등이 적힌 A4 용지를 받았다. 그는 이와 관련한 질문 대부분에 대해 "공소 제기된 상태라 구체적인 답변이 어렵다"고 말했다.

김청장은 당시 받은 문건에는 계엄군 출동과 관련해 "국회 외에 시간(숫자)과 기관들이 적혀 있었다"고 설명했다. 특검 측이 "증인이 수사기관에선 'MBC, (여론조사 기관) 꽃, 이런 곳도 문건에 있다고 기억난다'고 했냐?"고 묻자, 그는 "사후 언론 보도를 보고 알았다고 말씀드렸다"며 "MBC나 이런 기관들이 기재된 것은 당시에는 기억 못 했고, 사후 보도에 기재됐다고 나오면서 '그런 기재가 있었겠구나'라고 추정했다"고 답했다.

이어 특검 측이 "문건에 단전·단수 내용이 있었냐?"고 질문하자, 김청장은 "기억이 없다"고 답변했다. 그러면서 "조지호 청장과 국회 상황에 대해 통화했지만, 국회 상황만 통화했지 언론사 부분은 전혀 언급이 없었다"고 증언했다.

이번엔 이장관 측이 "안가에서 단전·단수 이야기가 있었나? 이상민 혹은 행안부 장관 이야기가 나왔나?"고 물었으나, 김청장은 "들은 바 없고, (윤대통령) 말씀 도중 언론사나 단전·단수 언급은 없었던 것으로 기억한다"고 진술했다.

김청장은 테러 상황이나 대규모 화재 등 위급 상황이 발생할 때 소방과 상호 협력한다고 밝혔다. 이장관 측이 "경찰이 '단전·단수해라' 그런 지휘 권한이 있냐?"고 묻자, 그는 "단전·단수 지휘를 경찰이 어떻게 하겠냐"고 반응했다. 다시 이장관 측이 "경찰 스스로가 민간 건물에 대해 단전·단수 권한이 있냐?"고 질의하자, 그는 또 한 번 "경찰이 어떻게 하냐"고 대답했다.

한덕수 총리와 김용현 장관 등 증인 채택

11월 26일 재판부는 공판준비기일을 열어 증거 정리와 증인 소환 일정 등을 논의했다. 그날 재판부는 한덕수 전 총리와 김용현 전 장관을 포함해 박성재, 조태열 전 장관 등을 증인으로 채택했다. 이장관 측이 신청한 다른 증인들에 대해선 "나머지 사람들은 (양측이) 주장한 부분과 직접 관련 있는 사람들로 추리겠다"며 증인 채택을 보류했다.

재판부는 박성재 전 장관에 대해 "공소사실을 보면 처음부터 (대통령실에) 불려 갔고, 당시 피고인과 대화를 많이 했기 때문에 부를 필요가 있다"고 설명했다. 노상원 전 사령관에 대해선 김용현 전 장관에 대한 증인신문의 내용을 보고 결정하겠다고 밝혔다.

이장관 측은 "노상원 작성 수첩에 '언론봉쇄 X'라는 문구가 있고, 노상원이 김용현과 긴밀히 협의했다는 언론 보도가 나온다"며 "어떤 경위로 해당 문구가 수첩에 기재됐는지 직접적인 증언을 들어볼 필요가 있다"고 주장했다. 반면 특검 측은 "노상원 수첩에 대해 피고인과 관련해 직접 연결해서 (공소장에) 기재한 건 없다"고 밝혔다.

"그 지시는 요즘 애들 말로 '씹었다'"

12월 1일 8차 공판에는 조지호 경찰청장과 그 배우자인 윤 모 씨가 증인으로 출석했다. 조청장은 계엄 당일 밤 11시 15분부터 1시간 동안 윤 전 대통령으로부터 모두 6차례 전화를 받았다고 증언했다. 그러면서 "처음에는 국회를 통제하라고 해서 법률 근거가 없어 안 된다고 했다"며 "이후 윤 전 대통령이 국회로 월담하는 의원들에 대해 '다 잡아라', '체포하라'고 지시했다"고 말했다.

특검 측이 "국회에 들어가는 건 모두 불법이니 체포하라'고 했냐?"고 묻자, 그는 "그 표현을 분명히 기억한다"고 답했다. 그러면서 "그 지시는 요즘 애들 말로 '씹었다'"고 말했다.

조청장은 계엄 당일 밤 11시 36분 이장관과 통화했다. 당시 조청장은 국회에 배치한 경찰 상황을 보고했다고 증언했다. "행안부 장관이 경찰청장에게 구체적으로 지시하는 경우가 없기 때문에 일반적인 선에서 보고했다."

하지만 국회의원 체포 지시에 대해선 보고하지 않았다고 설명했다. 조청장은 "'이건 아니다'라는 생각이 들어 이행하지 않기로 마음을 굳힌 상태에서 장관의 전화를 받았기 때문에 그 말은 확실히 드리지 않앉을 것이다"고 밝혔다.

조청장의 배우자 윤씨는 "조청장이 윤 전 대통령으로부터 받은 계엄 문건을 찢으라고 했다"고 밝혔다. 또 자신이 당시 문건에 적힌 '꽃'이라는 표현을 보고 '꽃이 뭐냐?'고 묻자, 조청장이 "'김어준의 뉴스공장'과 관련된 여론조사 '꽃'"이라고 설명했다고 말했다. 그러면서 "건강 상태가 좋지 않은 남편이 여러 일에 관여하지 않았으면 좋겠다는 생각에 갖고 있지 말고 찢어버리는 게 낫겠다고 판단했다"고 증언했다.

'상의 안주머니 속 문건' 영상 공개

12월 12일 9차 공판에서 재판부는 비상계엄 당일 대통령실 CCTV 영상에 대해 증거조사를 벌였다.

특검 측이 공개한 영상에선 이장관이 문건을 상의 안주머니에 넣었다가 꺼내 보는 장면이 포착됐다. 특검 측은 "오후 9시 50분께 (이장관이) 문건을 보다가 주머니에 집어넣는 등 장면이 나온다"며 "꺼냈던 문건을 상의 왼쪽 안주머니에 넣고 10초 뒤에 넣었던 문건을 다시 꺼내서 보는 장면도 확인된다"고 설명했다. 앞서 비상계엄 당일 저녁의 대통령실 CCTV 영상은 지난 10월 한덕수 전 총리의 재판에서 공개됐으나 이장관이 상의 안주머니에서 종이를 꺼내는 장면은 이번 재판에서 처음 공개됐다.

이장관 측은 해당 문건은 계엄 관련 문건이 아니라고 반박했다. 그러면서 "피고인은 갑작스럽게 계엄 선포 사실을 듣게 돼 '멘붕' 상태였기 때문에 많은 부분을 기억하지 못한다"며 "그날 배우자와 김장 행사를 다녀왔는데, 배우자가 혹시 올라오지 못할까 걱정돼 일정표를 꺼내봤던 게 아닐까 싶다"고 주장했다.

이장관도 직접 발언했다. 그는 "당시 상황을 잘 보면 모든 국무위원 등이 망연자실해서 아무 대화가 없는 상황이다"며 "하늘만 쳐다볼 수도 없고 해서 습관적으로 꺼내서 보고 휴대폰도 꺼내서 본 거지 뭔가를 읽으려고 한 게 아니다"고 말했다.

재판부는 이장관 측이 "초반엔 '팸플릿'이라고 했다가 프레스 가이드(인터뷰 자료)로 바뀌고, 다시 행사 일정표라 언급한다"며 종이가 하얗다는 점에서 팸플릿이 아니라는 점은 명백해 보인다고 지적했다.

한편 재판부는 "1월 12일에는 공판을 종결해야 2월 중 구속 만기 전에 선고할 수 있을 것 같다"며 "가급적 설 연휴 전에 선고가 이뤄져야 하지 않을까라는 게 재판부의 생각이다"고 말했다.

"국무회의록이 작성되지 않은 사례"

12월 15일 10차 공판에는 국무회의 업무와 속기를 담당하던 김한수 전 행정안전부 의정관이 증인으로 출석했다. 행안부 의정관은 국무회의 서무 간사로 회의록 작성을 담당한다. 김의정관은 당시 간사로서 모든 국무회의 일정을 관리하고 참석해 속기록을 남겨야 했지만, 의정관실 직원 모두가 계엄 당일 국무회의를 공지받지 못해 참석하지 못했다고 밝혔다.

그는 "2024년 12월 4일 계엄이 해제된 오전, 이장관이 집무실로 저를 불러 당시 상황에 대해 언급했다"며 "간사로서 궁금할 텐데 어제 회의가 국무회의였는지는 판단을 받아봐야 할 것 같다고 말했다"고 진술했다. 이어 "국무회의가 되려면 성원이 돼야 하니 성원이 됐는지를 물었고, 이장관은 '성원은 된 것 같다'고 말했다"고 설명했다.

또 특검 측이 "이장관이 계엄 선포 후 대통령실 직원을 통해 참석 장관과 모인 시각, 발언 요지 등을 메모하라고 요청한 바 있다고 한다. 전달받은 적 있냐?"고 묻자, 그는 "대통령실을 방문하고 공문으로도 요청했지만 참석자와 일부 시간, 안건명만 회신받았고 안건 내용과 발언 요지는 받지 못했다"고 답했다.

그러면서 "회의록 작성은 법령상 제 임무이기 때문에 회의록을 작성하려고 노력했고, 자료를 확보하기 위해 노력했다"며 "당시 국무회의에는 참석하지 못해 어떤 상황으로 전개됐는지는 답변하기 어렵고, 통상적인 절차는 아니었다"고 설명했다. 끝으로 "지금까지 근무하며 국무회의록이 작성되지 않은 사례는 없었다"고 덧붙였다.

한덕수·김용현 증언 거부

12월 19일 11차 공판, 한덕수 전 총리와 김용현 전 장관은 증인으로 출석하고도 증언하지 않았다. 두 사람 모두 증언하게 될 경우 자신의 형사재판에 영향을 줄 우려가 있다고 이유를 댔다.

재판부는 이장관의 보석 심문을 30분간 비공개로 진행했다. 앞서 이장관은 12월 16일에 법원에 보석을 청구했다. 심문에서 이장관 측은 증거인멸과 도주 우려가 없어 불구속 상태에서 재판을 받을 필요가 있다고 강조한 것으로 알려졌다(이후 12월 24일 재판부는 이장관의 보석 청구를 기각했다).

12월 22일 12차 공판에는 정진석 전 대통령비서실장과 신원식 전 국가안보실장이 증인으로 출석했다. 먼저, 신실장은 2024년 3월 삼청동 대통령 안가 회동과 같은 해 7월 하와이 순방 등 두 차례에 걸쳐 윤 전 대통령이 계엄을 암시했다며 자신은 "분명히 반대 의사를 전달했다"고 진술했다. 이어 "대통령이 당시 김용현 경호처장과 술을 마시는 과정에서 일시적으로 나온 이야기라고 말했기 때문에 이를 믿고 있었는데, 실제로 계엄이 발생해 크게 실망했다"고 말했다.

특검 측이 "원래 국방부 장관이었다가 비상계엄을 반대해 안보실장으로 가고, 비상계엄을 찬성한 김용현이 장관으로 갔다고 알려져 있는데 맞냐?"고 묻자, 신실장은 "비상계엄에 반대했고, 그 이유 때문에 교체됐는지는 모르겠다"고 답했다.

신실장은 계엄 선포 전 열린 국무회의에 대해 "허망해하는 분위기였고, 김용현 전 장관을 제외하고 찬성하는 인사는 없었던 것 같다"며 "한덕수 전 총리, 최상목 전 부총리, 조태열 전 장관이 서로 무슨 일이냐고 묻는 정도의 대화만 오갔다"고 증언했다.

계엄 당일 수석비서관회의와 관련해서는 "계엄 선포 계획을 알게 돼 저와 다른 수석들이 말렸지만 대통령이 이를 거절하고 자리를 떠났다", "대통령이 계엄 선포를 하러 가고 국무위원들이 있는 자리에 정진석 전 비서실장과 함께 들어갔는데 매우 침통한 분위기였다"고 설명했다.

정진석 실장도 계엄 당일 밤 9시 50분쯤 박종준 전 경호처장으로부터 비상계엄 소식을 들었다며 "비상계엄을 발동하면 안 된다. 시민들이 거리로 쏟아져 나올 것이고 국민을 설득하기가 어렵다"고 윤 전 대통령을 만류했다고 진술했다. 이어 "그러자 윤 전 대통령이 '나는 결심이 섰으니 실장님은 더 이상 나서지 말라. 더 이상 설득하지 말라'고 말했다"고 전했다. 또 "이상민 전 장관을 포함한 국무위원들이 윤 전 대통령을 말렸고, 김장관을 제외한 모든 장관이 계엄 조치를 만류하는 상황이었다"고 설명했다.

정실장은 김용현 장관에게 항의했다고도 증언했다. 즉 자신이 "역사에 책임질 수 있냐고 언성을 높였다"고 했고, "김장관은 '해야지요'라고 말했다"고 밝혔다.

"넌 원래 예스맨이니까"

12월 23일 13차 공판에는 조태열 전 장관이 증인으로 출석했다. 조장관은 윤 전 대통령으로부터 비상계엄 선포 계획을 듣고 "이건 아니라고 생각한다. 외교적 파장과 대한민국이 70여 년간 쌓아온 성취가 한순간에 무너질 수 있다"며 재고를 요청했다고 증언했다.

특검 측이 "최상목 전 부총리가 피고인(이상민)에게 '넌 원래 예스맨이니까 노라고 못 했겠지'라고 말한 것을 봤냐?"고 묻자, 그는 "네", "말이 좀 과하다, 표현이 과하다고 생각해서 기억하고 있다"고 답했다. 이어 "(이장관과 최부총리가) 가까운 사이라 평소에 말을 놓고 지내는 것으로 알고 있다"며 "그래도 (표현이) 과하다고 생각했다"고 설명했다. 또 "최부총리가 제게 '법대 1년 후배라고 편하게 하고 있는 사이다'고 말해서 그렇게 알고 있다"고 덧붙였다. 이에 이장관 측은 최부총리와 이장관은 가까운 사이가 아니라고 주장했다.

최부총리의 말을 들은 이장관의 반응이 어땠는지를 묻는 특검 측의 질문에 조장관은 "민망한 표정을 지었던 것으로 기억한다"며 "약간 체념한 것이 아닌가 하는 생각이 들었다"고 설명했다. 다시 특검 측이 이장관이 윤 전 대통령에게 반대 의사를 밝혔냐고 묻자, 그는 "면전에서 대통령께 그런 말씀을 하는 것은 본 적 없었다"고 진술했다.

조장관은 당시 국무위원들이 모인 상황을 국무회의라고 볼 수 없다고 강조했다. 그러면서 "안건 공지나 제안 설명, 토론 기회도 전혀 없었다"며 "대통령은 오로지 10시 방송(대국민 담화) 시간에만 정신이 팔려 있었다"고 밝혔다.

징역 15년 구형

2026년 1월 12일 결심 공판이 열렸다. 특검 측의 구형이 발표되기 전 피고인신문이 진행됐다. 피고인신문에서 이장관은 "'12·3 비상계엄'과 내란을 연결 짓는 것 자체가 창의적인 발상이라고 생각한다"고 말했다. 그러면서 "계엄은 계엄이고, 내란은 내란이라고 생각한다"며 "내란은 형법상 범죄 행위고 계엄은 헌법에 규정된 대통령의 긴급권 중 하나인데 이걸 같다고 보는 게 창의적이다"고 주장했다.

이에 특검 측이 이장관이 사법시험을 보고 판사로 재직한 점을 거론하며 "피고인은 (전두환 신군부의 1980년) 5·17 비상계엄 확대 조치가 내란으로 처벌받았다는 건 시험 문제로 안 푸셨냐?"고 따졌다. 이장관은 "5·17과 이번 계엄은 완전히 다르다고 생각한다"고 맞섰다.

또 그는 최상목 전 부총리의 '예스맨 발언'에 대해서도 부인했다. "조태열 장관님은 뭐 들으셨다고 그러는데, 만약에 그 자리에서 그런 얘기가 나왔으면 제가 가만히 있을 리 없다. 그렇게 모욕적인 언사를 들었는데." 그러면서 "(조장관이) 이해가지 않고, 만약에 그렇다면 최 전 부총리와 따로 뒷담화를 했을 수는 있겠다"고 주장했다. 또 "경제 부처 장관과 사회 부처 장관이 만날 일 자체가 거의 없다", "국무회의 때 일주일에 한 번 보는 정도다. 대통령께 같이 보고한 적 없다"고 덧붙였다.

이후 최종 구형 의견을 발표하는 자리에서 이윤제 특검보는 "이 사건 내란은 군과 경찰이라는 국가 무력 조직을 동원한 친위 쿠데타고, 윤석열 전 대통령의 쿠데타 계획에서 피고인의 역할이 너무나 중요했다"며 "윤 전 대통령은 정부에 비판적인 언론사를 단전·단수하고 친정부적 언론을 이용해 국민의 눈과 귀를 속여 장기 집권하려 했다"고 꾸짖었다.

이어 "판사 생활만 15년 한 엘리트 법조인 출신인 피고인이 단전·단수가 언론 통제 용도였고 심각한 인명 피해가 발생할 수 있는 중대한 범죄임을 몰랐을 리 없다"며 "윤 전 대통령에 대한 개인적 충성심과 그 대가로 주어진 권력을 탐해 국민의 생명과 안전을 책임지는 행정안전부 장관의 의무를 저버렸다"고 질타했다.

중형을 선고해야 하는 이유에 대해 특검 측은 "피고인과 같은 최고위층의 내란 가담자를 엄벌해 후대에 경고하지 않는다면 또다시 시대착오적 쿠데타를 기획하는 자들이 준동할 수 있다"고 말했다. 그 같은 설명을 하면서, 전두환·노태우 전직 대통령이 내란 혐의로 중형을 선고받고도 특별사면을 받는 바람에 그 후 다시 내란이 일어났다고 지적했다.

이상민 장관 재판

이장관 측은 내란중요임무종사 혐의가 성립하려면 관련 법적 요건이 모두 충족돼야 한다고 맞섰다. 즉 내란중요임무종사죄는 내란우두머리의 내란죄 성립을 전제로 하는데 해당 사건에 대해 아직 1심 판단이 나오지 않았으며, 국헌문란 목적과 폭동 요건 역시 충족되지 않았다고 주장했다.

변론하던 도중 이장관 측 한 변호인은 "42년째 피고인을 알고 지내고 있다. 피고인 성품이 절대 무리하지 않는 스타일이다"며 울먹거리기도 했다. 또 그는 "오늘 낮에 갑자기 눈이 왔다. 상서로운 눈이라고 생각한다. 이상민의 '상' 자는 상서로울 '상'으로 알고 있다. 상서로운 일이 피고인에게 생겼으면 좋겠다"고 말하기도 했다.

최후진술에 나선 이장관은 "윤석열 정부의 행정안전부 장관으로서 유종의 미를 거두지 못해 국민 여러분과 행안부 공직자들께 송구하다"며 "이 사건 수사와 공판 과정에서 어려움과 번거로움을 겪은 소방청·경찰청·행안부 관계자들에게도 안타깝고 미안한 마음뿐이다"고 말했다.

이어 "사전 모의나 공모 없이 불과 몇 분 만에 즉흥적으로 가담해 중요한 역할을 맡았다는 이유로 법정에 서게 된 지금의 상황이 아직도 믿기지 않는다", "평생 공직자와 법조인의 길을 걸어왔고 정치에 참여하거나 관심을 가진 적도 없는데, 무엇을 얻기 위해 가담했다는 것인지 도무지 이해할 수 없어 가슴이 답답하고 황망하다"고 호소했다.

한편 그는 자신의 변호인들이 자신과 함께 사법시험을 준비했던 사이라는 말을 꺼낼 때는 울먹이며 눈물을 보였다.

2월 12일 서울중앙지법 형사합의32부는 이장관에 대해 징역 7년을 선고했다. 내란중요임무종사 혐의는 유죄로 판단했으나 직권남용 혐의에 대해선 무죄로 결론 내렸다. 위증 혐의에 대해선 '언론사 단전·단수'와 '조태열 문건' 발언에 대해선 유죄, '최상목 문건' 발언에 대해선 무죄로 판결했다.

'12·3 비상계엄은 내란인가' 그 질문에 대한 법원의 두 번째 판단이 나왔다. 재판부는 이장관에 대한 유무죄를 판단하기에 앞서 12·3 비상계엄이 내란에 해당하는지를 먼저 따졌다. 즉 "윤석열, 김용현 등이 일련의 지휘 체계에 따라 집단적으로 다수의 군 병력과 경찰을 동원해 국회, 선거관리위원회를 점거하거나 출입을 통제하고 활동을 제한하려 한 이상, 이들은 국헌을 문란하게 한 목적으로 다수인이 결합해 유형력을 행사하고 해악을 고지함으로써 한 지방의 평온을 해할 정도의 폭동, 즉 내란 행위를 일으켰다"고 판단했다.

우선 재판부는 비상계엄 당일 윤 전 대통령 지시로 국회가 봉쇄됐다고 판단했다. "아직 의결정족수가 채워지지 않은 것 같으니 문을 부수고 안에 있는 인원을 끌어내라"는 윤 전 대통령 지시도 실제로 있었다고 봤다. 영장 없이 중앙선관위를 점검하고 출입을 통제한 뒤 직원들의 휴대폰을 압수하고 그들을 구금한 사실도 인정했다.

그러면서 재판부는 비상계엄을 모의, 주도한 윤 전 대통령과 김용현 전 장관 등을 '내란 집단'으로 칭했다. 즉 그들의 내란 행위가 "헌법이 정한 절차를 무시하고, 폭력적인 수단을 통해 국회를 포함한 국가기관의 권능 행사를 불가능하게 해, 그 기능을 마비시키려 한 것으로

징역 7년 선고…특검 구형량 절반 못 미쳐

2026년 2월 12일 이상민 전 장관의 내란중요임무종사 혐의 선고 공판. **사진** KBS 뉴스 화면 캡처

민주주의의 핵심 가치를 근본적으로 훼손한 것이다", "그 목적의 달성 여부와 무관하게 엄중한 처벌이 불가피하다"고 지적했다.

또 언론사 단전·단수 지시에 대한 비판을 강조했다. 재판부는 "민주주의의 초석이 되는 언론사를 물리적으로 봉쇄해 이들의 기능을 마비시키려고 했는데, 민주적 기본질서의 규범적 효력을 상실하게 하여 본질적인 기능의 작용을 사실상 소멸시키려 했다"고 밝혔다.

① CCTV 영상 속 문건, '언론사 단전·단수 지시' 말고 다른 가능성은 희박하다

재판부는 윤석열 정부에 비판적인 특정 언론사에 대한 단전·단수 계획은 윤 전 대통령과 김용현 장관이 최초로 수립했다고 명시했다. 이어 이장관이 계엄 당일 윤 전 대통령으로부터 언론사 단전·단수 지시 문건을 건네받고 이행하라는 지시도 받았다고 판단했다.

계엄 당일 국무회의가 열린 대통령실 대접견실의 CCTV 영상엔 국무위원들이 A4 크기의 문건을 들고 있는 모습이 담겼다. 이장관이 상의 왼쪽 안주머니에서 그 문건을 여러 번 꺼내 펼쳐보는 모습도 담겼다. 모든 국무위원이 떠난 뒤, 이장관과 한덕수 전 총리는 둘만 남아 이 문건을 보며 11분간 대화하기도 했다.

재판부는 그 문건이 윤 전 대통령이 이장관에게 직접 건넨 '언론사 단전·단수 지시'라고 봤다. 그 근거로 '기관명과 시간이 적힌 문건이 있었다'는 김장관과 조지호 전 청장 등 복수의 증언을 들었다. 이장관 스스로도 '집무실 원탁에서 해당 문건을 봤다'고 진술했다고도 짚었다.

반면 이장관 측은 그 문건이 무엇인지 정확히 기억하지 못하나 국무회의 전 참석한 김장행사의 일정표일 가능성이 있다고 진술했다. 이에 재판부는 "CCTV상 확인되는 이 전 장관의 상의 왼쪽 안주머니에 있던 문건들과 (김장행사) 팸플릿은 그 크기, 색상 등에서 차이가 있다"고 지적했다. 또 "(해당 문건에 대해) 대화를 나누던 한덕수는 '이 전 장관으로부터 당일 일정에 대한 이야기를 들은 기억이 없다'라는 취지로 진술했다"며 이장관의 주장을 받아들이지 않았다.

이장관이 아내의 귀경에 대한 걱정에 일정표를 봤을 수도 있다고 진술한 점에 대해서도, 재판부는 "인터넷으로 '헌법', '정부조직법'을 검색하는 등 휴대전화를 지속적으로 사용한 점을 볼 때, 얼마든지 아내에게 추가 연락을 할 수 있었을 것이다"며 그의 주장을 일축했다. 또 "조태열 전 장관은 '대통령실 집무실 위 원탁에서 부처 지시 사항이 담긴 문건을 보지 못했다'고 증언했다", "('언론사 단전·단수 지시' 등) 문건들이 놓여 있었다면, 동시간대 집무실에 들어갔던 대통령비서실 직원들이 비상계엄 선포에 대해 인식하지 못하기는 어려웠을 것이다"며 마찬가지로 그의 주장을 배척했다.

② 당일 '단전·단수'를 언급한 유일한 사람

재판부는 이장관이 '언론사 단전·단수 지시' 문건을 받고 소방청에 이 내용을 지시했다고 봤다. 이런 판단에는 소방청 관계자들의 법정 증언이 주요하게 작용했다. 허석곤 전 소방청장은 증인으로 나와 "이 장관으로부터 단전·단수 지시를 받았다"고 증언하며 "성을 공격할 때 물을 끊고 쌀을 끊는 모습"을 연상했다며 당시 상황을 구체적으로 묘사했다.

이장관 측은 "국민의 안전과 생명이 최우선이니, 그 과정에서 경찰 협조가 필요하면 언제든 협조하라"는 일반적인 지시를 내렸을 뿐이라고 주장했지만, 재판부는 "단순한 업무 협조 요청이라고 볼 수 없고, 직접 소방청장에게 언론사 경찰 투입 관련 업무를 지시한 것으로 보는 게 타당하다"고 판단했다.

진술이 갈리는 상황에서 재판부는 그 지시를 받은 소방청 관계자들의 후속 조치에 주목했다. 이장관의 전화가 온 뒤 소방청 내에서는 단전·단수가 소방청 업무에 포함되는지를 논의하고, 언론사 관할인 서울소방재난본부에 경찰의 협조 요청이 있었는지 확인하는 절차가 진행됐다.

이를 들어 재판부는 "행정안전부 장관인 피고인이 직접 소방청 또는 소방청장에게 특정 언론사에 대해 경찰이 투입되는 것과 관련한 구체적인 업무 지시를 하달했다고 봐야 한다"고 판단했다. 결국 "재난 및 안전관리 등 소방청 본연의 업무에 대한 지시 내지 당부였다면 '신중히 검토해야 한다'라는 취지의 의견은 나오지 않았을 것이다"며 "소방청 관계자들이 이장관의 지시에 의문을 가지지도 않았을 것이다"고 짚었다.

그러면서 "피고인 전화 이후 단전·단수에 대한 논의가 주로 이뤄졌고, 특정 언론사에 경찰이 투입될 경우에 발생할 수 있는 사상 및 이에 대비한 구호 조치 등에 대한 논의는 이뤄지지 않은 것으로 보인다"고 덧붙였다.

재판부는 "이장관이 허석곤에게 전화해 경찰의 24시 언론사 진입 계획을 알리고 언론사 단전 단수를 언급했다"며 "당일 소방청에 경찰의 언론사 진입 계획 및 단전·단수를 언급한 사람은 이 전 장관이 유일하다. 피고인을 제외하고 소방청에 그런 취지의 지시나 언급을 한 사람이 없다"고 설명했다.

더 나아가 재판부는 언론사 단전·단수는 결과적으로 실행되지는 않았으나 계획 실행 여부와 이장관의 내란 가담 여부는 별개라고 봤다. 즉 "내란 집단의 구성원으로서 전체 구성 내란 행위에 포함되는 개개의 행위에 부분적으로 참여하여 내란 행위에 가담함이 인정되는 이상, 일련의 폭동 행위로 인하여 기수에 이른 내란죄의 죄책을 면할 수 없다", "언론사에 대한 단전·단수 결과가 발생하지 않은 경우에도 마찬가지라고 봐야 한다"고 설명했다.

③ 직권남용이나 '형식적·외형적으로 직무 집행 외관'

특검 측은 이장관이 소방청에 '언론사 단전·단수'를 지시한 것에 대해 직권남용 혐의로도 재판에 넘겼으나 재판부는 그 부분을 무죄로 판단했다.

우선, 언론사 단전·단수 지시는 직권을 남용한 것이라 봤다. 재판부는 "(언론사 단전·단수는) 비판 여론을 잠재우고, 정권에 대한 우호적인 여론을 형성하려는 위헌·위법한 목적에 이뤄졌다"며 "구체적으로 위법·부당한 행위를 한 경우로, 직권을 남용한 경우에 해당한다"고 판단했다.

그러나 재판부는 "이장관이 허청장에게 한 '언론사 단전·단수' 지시는 형식적·외형적으로 직무 집행으로 보이는 외관을 갖췄다"고 밝혔다. 행정안전부 장관이 전화로 소방청에 대한 지시를 소방청장 등 지휘 체계를 통해 하고 소방청장 등은 장관의 전화를 직무 집행의 일환으로 인식한 점 등을 근거로 들었다.

또 이장관이 허청장에게 의무 없는 일을 시켰다고 보기 부족하다고 결론 내렸다. 일선 소방서에서 언론사 단전·단수와 관련해 경찰의 요청에 즉각 대응할 준비 태세를 갖췄다고 보기 어렵고, 허청장이 소방청 간부에게 지시한 것도 경찰의 협조 요청에 대한 대응을 강조한 일반적인 지시에 불과하다는 것이다.

④ '단전·단수 지시 문건', '조태열 문건' 발언은 위증

이장관은 2024년 2월 11일 헌법재판소의 윤 전 대통령 탄핵심판에 증인으로 나갔다. 그는 증언대에서 "언론사 단전·단수 지시 문건을 받지 않았다", "조태열 전 장관이 재외공관 지시 문건을 받는 것을 보지 못했다", "최상목 전 부총리에게 쪽지 주는 걸 보지 못했다" 등의 증언을 했다.

재판부는 3개 발언 중 2개는 위증이라고 판단했다. 먼저, '언론사 단전·단수 지시 문건' 발언에 대해선 위증이 맞다고 인정했다. 재판부는 "이장관이 헌재에서 증언한 시점은 비상계엄 선포 이후 약 3개월밖에 지나지 않은 2025년 2월 11일이다"며 "이장관이 불과 3개월 만에 기억을 상실했다고 보기 어렵다"고 설명했다. 그러면서 "윤석열의 책임을 축소하거나 향후 발생할 수 있는 자신의 형사책임을 회피하기 위한 것으로 위증의 동기나 목적도 충분히 인정된다"고 덧붙였다.

또 '조장관 문건' 발언도 허위 진술이라고 봤다. 이장관을 포함해 당시 집무실에 있던 사람들은 윤 전 대통령과 조장관에게 집중할 수밖에 없던 상황인 점, 김영호 전 통일부 장관과 김용현 전 장관이 "조장관에게 문건이 전달됐다"고 동일하게 진술한 점을 근거로 삼았다.

반면 국회를 대체할 비상입법기구에 대한 예산과 관련한 이른바 '최상목 쪽지'에 대한 증언은 위증이 아니라고 판단했다. 송미령 장관과 신원식 전 국가안보실장 등도 최부총리에게 윤 전 대통령이 문건을 건네는 모습을 본 적이 없다고 진술하므로, 이장관이 봤더라도 증언 과정에서 단순히 기억하지 못했을 가능성도 배제하기 어렵다고 봤다.

⑤ 적극적 임무 수행은 안 보이는 점

재판부는 '고위 공직자'인 이장관에 대해 "내란 행위를 적극적으로 만류했다고 볼 만한 자료는 없고 내란 행위의 진실을 밝히고 그에 합당한 책임을 지기는커녕, 진실을 은폐하고 책임에서 벗어나고자 헌법재판소에서 위증했다는 점에서 비난 가능성은 더욱 크다"고 꾸짖었다.

다만 계엄 선포 이전에 내란을 모의하거나 예비한 정황이 발견되지 않은 점, 반복적으로 단전·단수 조치를 지시하거나 지시 사항의 이행 여부를 점검하는 등 적극적으로 임무를 수행했다고 볼 만한 자료가 없는 점 등은 유리한 정상으로 양형에 고려했다고 밝혔다.

⑥ 형량이 갈린 이유

같은 혐의(내란중요임무종사)에 같은 특검팀 구형량(징역 15년)을 받고도 1심에서 한덕수 전 총리는 징역 23년이고 이장관은 징역 7년이었다. 두 재판부 모두 계엄을 적극적으로 만류하지 못한 점을 지적했으나 비상계엄에서 맡은 지위와 책임이 다르다고 본 것이 형량을 가른 것으로 분석된다.

한총리의 재판을 담당한 형사합의33부는 이번 비상계엄을 '위로부터의 내란'으로 규정하고 기존 내란 사건 판결들을 형량을 정하는 데 기준으로 삼을 수 없다고 밝혔다. 전두환·노태우 내란 사건보다 더 중하게 판단하겠다는 뜻이었다. 또 한총리의 '부작위 책임'을 강조했다. 국정 2인자인 그가 윤 전 대통령을 적극 말렸다면 비상계엄은 선포되지 않았을 거라며 국무총리로서 해야 하는 일을 하지 않음에 대한 책임을 중하게 물었다. 그뿐 아니라 그가 국무회의 의결정족수를 맞추기 위해 국무위원 소집을 주도한 것을 두고 비상계엄에 선제적으로 가담했다고 판단했다.

반면 이장관 재판을 맡은 형사합의32부는 '내란'으로 판단했으나 한총리 선고처럼 '위로부터의 내란' 등 12·3 비상계엄에 대한 별도의 평가도 있지 않았다. 이장관에 대해선 계엄 주무 부처인 행정안전부 장관의 역할이 아니라 '고위 공직자'라는 추상적인 책임만 따졌다. 특검 측이 결심 공판에서 "경찰청과 소방청을 지휘 감독해 국민의 생명, 신체, 안전을 책임지는 지위"라며 행정안전부 장관 역할을 강조한 것과 거리가 있다. 또 특검 측이 그가 국무위원 소집과 회의록 작성 등 '국무회의 서무 책임자'로서 역할을 다하지 않았다고 주장했으나 그에 대한 판단도 없었다. 언론사 단전·단수 지시도 '전화 한 통에 그쳤다'고 표현했다.

선고 공판이 시작된 시각은 그날 오후 2시였다. 하지만 재판은 15분 이상 지연됐다. 재판장은 "피고인 탑승 차량 도착이 지연돼, 피고인이 도착하면 진행하겠다"고 공지했다. 이장관이 오후 2시 17분 재판정에 앉으면서 재판이 시작됐다. '징역 7년' 주문이 선고됐을 때 방청객에서 가족들이 "아빠, 괜찮아, 사랑해"라고 외쳤다. 1심 선고 내내 굳은 표정으로 있던 이장관은 그제야 방청석을 향해 밝은 미소를 지었다. 그는 1심 선고 다음 날인 2월 13일 항소했다.

내란재판 몰아보기

12·3 내란 1심 재판

2026년 3월 23일 1판 1쇄 발행

지은이 이호준, 신현욱, 이화진
펴낸이 임후성 **펴낸곳** 북콤마
디자인 *sangsoo* **편집** 김삼수
등록 제2023-000246호
주소 (10449) 경기도 고양시 일산동구 호수로 336 103-309
전화 031-955-1650 **팩스** 0505-300-2750
이메일 bookcomma@naver.com
블로그 bookcomma.tistory.com

ISBN 979-11-87572-55-8 03910

, BOOKcomma